天津市哲学社会科学规划项目

项目编号：TJLJ12-016

推动天津市文化产业成为国民经济支柱性产业研究

天津市文化产业研究

李云娥　著

南开大学出版社

天　津

图书在版编目(CIP)数据

天津市文化产业研究 / 李云娥著. —天津：南开大
学出版社，2015.11
　ISBN 978-7-310-04933-2

　Ⅰ.①天… Ⅱ.①李… Ⅲ.①文化产业－研究－天津
市 Ⅳ.①G127.21

中国版本图书馆 CIP 数据核字(2015)第 213181 号

版权所有　侵权必究

南开大学出版社出版发行
出版人：孙克强
地址：天津市南开区卫津路 94 号　　邮政编码：300071
营销部电话：(022)23508339　23500755
营销部传真：(022)23508542　　邮购部电话：(022)23502200
*
天津市蓟县宏图印务有限公司印刷
全国各地新华书店经销
*
2015 年 11 月第 1 版　　2015 年 11 月第 1 次印刷
230×160 毫米　16 开本　21.75 印张　2 插页　310 千字
定价：45.00 元

如遇图书印装质量问题,请与本社营销部联系调换,电话:(022)23507125

前　言

自 20 世纪 90 年代以来，文化产业以其独特的魅力和惊人的成长性吸引了全球的目光。越来越多的国家开始将文化产业视为一种战略产业，加以谋划和推动。时至今日，文化产业在一些发达国家，已经成为一项重要的支柱产业。从其前景看，文化产业具有广阔的发展空间，有着"无烟产业""朝阳产业"的美誉。无论发达国家还是发展中国家，都已把大力发展文化产业作为培育新的经济增长点和改变经济增长方式的最有效途径之一。

中国文化产业发展的最初脉络可以追溯到 20 世纪初叶，期间文化产业发展一直跟随国家的命运跌宕起伏。研究者们分别从不同的视角展开研究。

从产业经济角度进行研究的有：Edmond Preteceille（2010）研究了巴黎市区文化生产者职业碎片化这一趋势；David Hesmondhalgh（2010）从文化从业者的工资、工作时间和其工会组织情况等方面，分析了英国推动文化创意产业发展过程中政策可能存在的偏差与遗漏；David Bell 和 Mark Jayne（2010）注意到，英国文化创意产业政策中存在着忽略乡村文化创意产业，过于强调城市在创意产业中核心地位的弊端；焦德武（2010）利用 SCP 范式实证分析研究了安徽省文化产业的发展情况；左鹏等（2010）基于 625 份调查问卷的数据分析得出结论，居民家庭整体文化消费支出水平较高，但未来预期支出将大幅度降低；Omar Lizardo 和 Sara Skiles（2009）利用因子分析法研究了欧洲知识分子阶层对于电视节目的偏好性；马萱等（2010）、王家庭等（2009）则采用数据包络分析（DEA）方法分别得到中国文化产业技术效率、纯技术效率和规模效率的评价结果；陆立新（2009）利用协整分析得出如下结论，从长期来看我国文化产业投资与经济增长之间存在着协整关系，文化投资关于经济增长的弹性系数为 0.2375，存在着明显的正向相关关系；王志标（2009）和蔡旺春（2010）基于向量自回归（VAR）模型，检验出中国文化产业对于经济的拉动和辐射效应；袁海（2011）利用 Theil 指数与 Moran.s I 指数对中国文化产业的区域差异与空间自相关性进行了衡量，并运用空间计量经济模型对要素禀赋、集聚经济与产业政策因素对文化产业区域差异的影响进行了实证检验；高秋芳等（2012）利用产业经济的投入产出分析法对我国文化产业的产业关联度进行测算，用消耗系数与分配系数、感应度系数与影响力系数等指标来定位我国文化产业；成学真等（2013）利用基于 VAR 模型上的 Johansen 协整检验、误差修正模型（ECM）及 Granger 因果关系检验，针对文化产业的发展对经济增长的影响进行了实证分析；施卫东等（2013）基于 PLS 模型，构建文化产业对经济增长的影响路径模型，选取我国 31 个省(自治区、直辖市) 的数据分析文化产业对经济增长的影响路径及效用；马骏（2014）基于 1991—2011 年文化创业产业增加值和人均 GDP 的相关数据，分别进行了协整检验、格兰杰因果关系检验、VAR 模型分析及脉冲响应函数分析等，得出了我国文化创意产业对经济增长的动态影响较大，且具有较长的持续性的结论；安景文等（2015）利用基于规模报酬可变的 RD-Malmquist 指数模型，从细分行业视角构造决策单元，采用两投入两产出的变量设计，对 2006—2012 年北京市文化创意产业及其细分行业的全要素生产率（TFP）变化进行测算与分解，并重点分析了效率变化的原因。

从文化产业集群角度进行研究的有：欧阳友权（2010）认为我国文化基地的集聚化文化产业集群化已是大势所趋，从全球范围看，文化产业集群式发展模式的成功案例不胜枚举；Yu-YuanKo（2009）以台湾地区的 UFO 文化创意园为研究样本，阐述了服务创新设计已经越来越成为创意文化产业必不可少的环节；袁海（2010）、雷宏振等（2010）构建了一个包含经济地理变量、新经济地理变量和产业政策变量在内的计量模型，利用该计量模型分析了我国省域文化产业集聚的影响因素；李兰（2010）对文化产业园区的相关研究文献进行了归纳总结；

史征（2009）利用 GEM 模型分析了杭州数字娱乐产业集群的竞争力；基于资源整合的企业 R&V 战略联盟嬗变演化过程，史征、李文兴（2010）提出所谓 R&V 是一种现实（Real）和虚拟（Virtual）相结合的商业模式，而 R&V 战略联盟是将传统产品经济植入虚拟市场和网络产品中，以其非竞争性、稳定性、高盈利性和开放性，达到节约交易费用和资源的目的，促进了网络游戏、博客等新媒体的发展，并催生了一种新媒体形式——多方互动传媒平台；张荣刚（2011）通过对集群竞争力的生成动力机制和协同演进路径的分析，认为产业集群的竞争力来自于集群系统的自组织整合过程，正是基于系统化的集群企业间充分竞争、密切合作的机制，构成了集群总体上存在的竞争力的核心框架；曾咏梅（2012）在对文化产业的集群化特征深入剖析基础上，提出文化产业应走集群化道路，在进一步分析文化产业集群形成的影响因素的基础上，提出了如何培育文化产业集群的建议；杨英法（2013）认为文化产业集群的壮大、文化消费市场的兴旺是文化产业繁荣兴旺的两个最关键因素，二者之间又并非各自独立、互不相干，而是存在着相互依存、相互带动、一荣俱荣、一损俱损的关系；麻敏等（2014）探讨了文化产业集群内部协调创新机制，在建立不确定环境下的文化产业集群竞争力评价模型的基础上对文化产业集群竞争力进行了评价；方慧等（2014）通过分析英国文化产业发展的经验，将知识创新、产业集群等关键要素整合在文化产业的框架内，揭示了文化产业集群创新的微观机理，并对我国文化产业集群创新发展中存在的问题进行分析，进而提出政策建议。

从文化产业竞争力和竞争力提升角度进行研究的有：花建（2005）、祁述裕（2005）、毕小青等（2009），李雪茹（2009）；程臻宇（2011）认为，我国幅员辽阔，受文化本身的多样性所决定，不同地区的文化产业也表现出异质性，各省文化资源和文化产业的发展情况差距明显，因此，针对各地情况的省域文化产业竞争力评价体系对于地区文化产业发展具有更强的现实指导意义。方彦富（2009）总结了以美、日、韩、法四国为代表的四种文化产业管理模式，韩美群（2009）总结了当代西方国家区域文化产业的四种发展模式；研究者如钱紫华等

3

(2010)将 20 世纪 90 年代以来西方地理学界对文化产业的研究总结为文化产业就业的地域特征、文化产业对于区域和城市的作用、全球化与文化产业发展、文化产业集聚体（集群）实证研究、文化产业的发展机制、信息产业对于文化产业的影响、文化产业规制等七个方面；而李怀亮等（2010）的研究则着眼于更为宏观的层面，关注的是文化产业与经济增长之间的关系，他们将诸多对文化产业和经济增长的研究进行了梳理，认为这些研究成果可以归纳为文化生产力论、文化资本论、文化产业促进传统产业升级和推动区域经济增长功能四方面；钱明霞等（2011）基于波特钻石理论模型，构建了文化产业竞争力评价指标体系，并运用网络层次分析法确定文化产业竞争力评价指标的权重；梁君等（2012）通过构建文化产业竞争力评价指标体系，利用因子分析法，实证分析我国省级区域文化产业竞争力水平，得出了我国省级区域文化产业发展水平与其 GDP 总量有较大的相关性，但又并非完全一致，各省区文化产业竞争力水平两极分化现象较为严重等结论；熊正贤等（2013）通过构建不完全信息静态博弈模型和不完全信息动态博弈模型，分析了西部文化产业区域合作的可能性，结果表明：在重复博弈条件下，区域竞合的"囚徒困境"可以打破，区域之间存在合作的可能性；杨蕙馨等（2014）认为根据国家文化安全的不同内容和层次以及文化产业发展的关键内容，文化企业需要承担起不同的社会责任。在全球化条件下，文化产业发展需要借力于文化企业社会责任，打破文化贸易壁垒，建立起全球性文化品牌，促进文化产业的融合发展，进而提升文化产业实力，从而增强文化产业的国际竞争力。

通过对中外文献的梳理发现，国外研究者对于文化产业的研究已经进入成熟期，研究领域细致深入，研究基本采用实证分析方法；但由于各个国家经济、社会、文化、政治、历史环境的不同，尤其是政府职能和市场发育程度不同，将发达国家的理论框架搬来照用显然是不合适的。目前我国文化产业统计刚刚起步，数据来源缺乏，导致实证研究不能广泛采用。基于此，本课题试图在理论和实证研究上有所突破。

目　录

第三部分　天津市文化产业的实证分析

第一部分
文化产业与国民经济支柱产业

第一章

文化产业和国民经济支柱产业

第一节　文化产业

一、文化产业的概念

国内外关于文化产业概念的讨论很多，有人统计其定义有上百种之多。[①]

---

① 胡惠林认为，文化产业是一个以精神产品的生产、交换和消费为主要特征的产业系统。该定义强调产品精神范畴，使具有文化涵义的诸如文化用品等被忽视了，缩小了文化产业的范围。美国学者斯科特（Allen J. Scott）认为，文化产业是指基于娱乐、教育和信息目的的服务产出和基于消费者特殊嗜好、自我肯定和社会展示等目的的人造产品的集合。很明显，这里强调的是产业的目的，而没有指出产业特征。上述基本上是从文化角度来定义的。从产业角度，英国学者贾斯廷·奥康纳（Justin O'con-nor）认为，文化产业就是"以经营符号性商品为主的那些活动，这些商品的基本经济价值源于它们的文化价值"。这里把文化产业的产出认定为"符号性商品"，扩大了产业范围。李江帆认为，文化产业就是国民经济中生产具有文化特性的服务产品和实物产品的单位的集合体。该定义借用了产业的概念，但只重视了生产环节，忽视了构成产业活动的诸如流通、销售等环节。美国学者提摩·坎泰尔认为，文化产业是"那些使用同类生产和组织模式如工业化的大企业的社会机构，这些机构生产和传播文化产品和文化服务"。这从"生产和组织模式"上把文化产业等同于工业，模糊了二者实际活动的区别。一些官方的定义则从国家角度出发，基于自身的产业发展状况和产业利益，不仅定义互不相同，对其称谓或名称各国也不同，如法国定义为"传统文化事业中特别具有可大量复制性的产业"，韩国界定为"与文化商品的生产、流通、消费有关的产业"；日本、芬兰和欧盟国的《信息社会 2000 计划》将其称为内容产业，澳大利亚称为文化娱乐业，英国称为创意产业，美国称为娱乐产业或版权产业。在我国，全国政协与文化部所组成的文化产业联合调查组、国民经济和社会发展第十个五年规划纲要等对此都有界定，而目前沿用较多的是 2004 年国家统计局《文化及相关产业的分类》的定义：文化产业是指为社会公众提供文化、娱乐产品和服务的活动，以及与这些活动有关联的活动的集合。这一定义是基于产业统计需要，但没有指出文化产业的市场特征，似乎包括文化事业，无法依此明确产业范围。

文化产业的概念至今还未得到十分严格和统一的界定，各国官方和学者在不同的背景下和不同的意义上理解和使用着这一概念。为明确文化产业的概念，必须先厘清文化产业、文化事业、文化工业、文化内容、文化创意产业、创意产业等的区别及联系，才能给出文化产业的具体含义，从而分析文化产业的特征，进而对文化产业进行分类。

从历史的发展来看，首先出现的是大众文化。"大众文化"是相对于"精英文化"而言的，20世纪30、40年代，随着科技的进步、经济的进步和机械化的生产，产生了一部分针对社会最底层阶级的文化娱乐内容，这个意义的大众文化就是文化产品的大量复制。与此同时，出现了许多对大众文化批判的理论，其中有英国传统的精英文化理论和德国的法兰克福学派的批判理论。法国的法兰克福学派的批判理论对后世有着深刻的影响，法兰克福学派的阿多诺和霍克海默1947年在《启蒙的辩证法》一书中首次正式使用"文化工业"这一概念。用文化工业来批判当时社会的文化产品的生产并不是满足大众的文化需求，而是较高的阶级用来控制底层人民思想的工具，具有很强的贬义色彩。文化工业即对文化产业的最初表述，文化产业是一个中性色彩的词语。随着对大众文化批判理论的产生，出现了对大众文化批判理论的批判和质疑，更多的学者开始研究大众文化及文化产业的发展。对于文化产业和大众文化而言，其实质是一样的，只是两者的观察角度不同，一个是从受众的角度来分析，一个是从产业、生产的角度来分析。

1963年，晚年的阿多诺在《文化产业的再思考》一文中总结了他对文化产业的看法："文化产业是把旧的东西和熟悉的东西融合成一种新的特质。在其各个分支中，专为大众消费而生产出来的产品，这种在相当程度上决定了那种消费性质的产品，或多或少是依据计划来生产的……所以，尽管文化产业无疑会考虑到成百万人被诱导的意识和无意识状态，但大众显然不是首要因素，他们是第二位的；他们是文化产业所预先设想的对象，是这个机器的一个附件。并不像文化产业要我们相信的那样——消费者是上帝，相反，他们甚至不是其主体而是其对象"。

文化产业和文化事业是相对应的概念，长期以来，文化产业和文化事业在很多场合和领域混合使用，人们没能准确认识到两者在很多方面存在显著差异。随着社会生产力的进一步解放和市场经济体制的逐步完善，伴随着快速发展的高新科技和不断进步的现代生产方式，文化产业日益融入大众日常生活视野并风生水起，逐渐成为一种新兴产业。文化产业和文化事业是我国文化产业发展的一体两翼。

一般来说，文化事业是由政府主导，具有公益性质，通过提供无差别的公共文化产品和服务而满足人们的文化需求；文化产业则由市场主导，是经营性的，主要利用市场来配置资源，推动文化企业发展壮大，调动更多非公益性资源和民营资本激活文化市场，以丰富的文化产品和服务满足人们多元化的精神需求。①从资本来源上看，文化事业的生产资本由国家或社会统一集中提供；而企业商品生产的资本来源则不同程度地呈现出多元化，广泛吸收民营经济进入文化产业经营领域。从管理体制看，文化事业通常实行公益性管理体制，文化产业实行经营性企业管理体制。从调控方式上看，对企业单位，国家主要通过税收政策、法律制度和价格杠杆进行间接调控并进行合理引导；而对文化事业，则偏重以国家直接调控为主。

文化事业的特征主要体现在三个方面。一是社会公益性。绝大部分公益性文化事业如图书馆、博物馆、文化馆和美术馆等都是国家投资兴建和拨付日常经费进行管理的，理所应当归社会全体公民所有。二是社会共享性。公益性文化事业为社会公有并且共享。三是社会公用性。主要是为最大限度地满足不同层次的人民群众日益增长的精神文化方面的多方面需求，更好地服务社会主义精神文明建设，大力发展群众文化事业。

在国家政治、经济和文化政策的制定与实施方面，文化事业起着重要的文化服务引导作用，文化事业导向和滋养着文化产业的发展。文化产业是文化产品的市场化，可以增强文化发展的生机和活力，激发社会开办公益事业的积极性，加快文化消费步伐，满足人们对文化消费的需求。文化产业的发展对文化事业的建设具有基础性的补充作

①孙小婷.中国文化产业研究[D].长春：吉林大学硕士学位论文，2012.

用，两者相互区别又紧密联系，都是社会主义特色文化建设的重要内容和实现形式。①

党的十八大报告提出，推行十多年的文化体制改革很重要的一项任务就是明确了新的文化建设理念，明确区分了文化事业由政府主导，文化产业由市场主导。文化产业既有商品消费的经济属性，又有精神享受的意识形态属性。文化产业既可以成为一个国家实实在在的强大经济实体，又能体现国家软实力，是一个具有无限生机的经济增长点，能够为文化大发展大繁荣奠定坚实的体制基础。②在全面推进文化强国战略的时代背景下，推动文化事业繁荣和文化产业快速发展，要"两手抓、两加强"，要尊重两大规律——社会主义精神文明建设规律和社会主义市场经济规律；处理好两对关系——文化发展之"魂"与文化传播之"体"的关系，社会效益和经济效益的关系。加快文化产业发展，并不意味着只注重市场规律而不遵循文化发展规律，不能随意夸大或简单理解发展文化产业就是文化产业化或文化市场化。在加快文化产业发展进程中始终要引导文化企业把社会效益放在首位，自觉担当社会责任，绝不能以牺牲社会效益、影响和谐稳定及国家安全来获取经济效益。③

文化产业与创意产业相比，主要从产出的角度，从所提供的产品及服务的精神文化性质着眼，只要是为社会公众"提供文化、娱乐产品和服务"、满足人们精神文化需求的产业都是文化产业。从内涵上，文化产业更强调其中的工业化复制和商业化推广，体现的是经济的文化化与文化的经济化。而创意产业不是对文化产品的简单复制，更强调创造性，强调"一种在全球化的消费社会的背景中发展起来的，推崇创新、个人创造力，强调文化艺术对经济的支持与推动的新兴的理念、思潮和经济实践"。

文化产业与创意产业，在国家层面，我国对文化产业和创意产业

---

①张彩凤.全球化与当代中国文化产业发展[M].济南：山东大学出版社，2009：26.
②高书生.文化体制改革的10年 谱写文化发展新篇章[N].人民日报，2012-10-17.
③孙志军.更加自觉、更加主动地推动文化产业又好又快发展[J].红旗文稿，2012（17）.

这两个概念的使用有着明确的区分，并没有不加区别地对待。在《国家"十二五"时期文化改革发展规划纲要》《"十二五"时期文化产业倍增计划》以及党的十七大、十八大报告中涉及有关文化产业内容时，普遍使用"文化产业"这一概念。两者主要区别在于"创意"二字，文化产业并不是创意产业，创意只是发展文化产业的重要途径和手段，而所有的文化产业都只是围绕着创意来展开活动的。

文化产业更加注重以政策引导带动产业转型加值，将文化部门直接转换成产业部门。结合创作、生产等方式，把本质上无形的文化内容商品化。这些内容受到知识产权的保护，其形式可以是商品或是服务。与之不同，文化创意产业一般则指那些"来源于创意或文化的积累，通过知识产权的形成与运用，具有创造财富与就业机会潜力，并促进整体生活环境提升的行业"。

国内的文化创意产业最初出现在中国台湾地区。2002年，中国台湾"经济部工业局"提出："文化创意产业是源于创意或文化累积，透过智慧财产的形式与运用，具有创造财富与就业机会潜力，并促进整体生活提升之行业"。

提出"创意产业"的城市主要以上海为代表，包括广州、深圳、重庆、西安等。在《上海创意产业发展"十一五"规划》中，明确了上海创意产业具体是指以创新思想、技巧和先进技术等知识和智力密集型要素为核心，通过一系列创造活动，引起生产和消费环节的价值增值，为社会创造财富和提供广泛就业机会的产业，主要包括研发设计、建筑设计、文化艺术、咨询策划和时尚消费等几大类。提出"文化创意产业"的城市主要以北京为代表，包括南京、杭州、成都等城市。北京市"十一五"规划中明确提出，要把发展文化创意产业作为推进首都产业结构升级和经济增长方式转变的重要途径。文化创意产业是以创作、创造、创新为根本手段，以文化内容和创意成果为核心价值，以知识产权实现和消费为交易特征，为社会公众提供文化体验的具有内在联系的行业集群。

而相对于文化产业，具有信息密集性和高知识性特征的创意产业是高智慧和创意的结晶，始终处于价值链的高端。任何一种创意活动都必须在一定的知识背景下，利用人文积淀，通过重塑传统产业结构来完成创意点燃和价值实现。如当今的 3D 电影、3D 打印和高清数字电视等高科技文化产品都是通过数字新技术完成的。没有创新也就没有创意，创意是一种新科技理念。由于创意产业处于文化产业价值链条的高端环节，因此它的创新思维凝结在文化产品及服务当中，通过价值传导进而实现它的附加值增加，完成跨行业、跨领域的重组与合作，进而推动文化产业实现深度发展。

创意产业与文化产业关联极为密切。文化中有创意，创意中有文化。无论是在学术研究领域还是在政府制定实施决策方面，对"创意产业"一直存有较大分歧，特别是一谈到文化必然提及文化产业，这一对平行的概念具有高度的相似性，但也有显著差异。有时创意产业与文化产业之间有明确的区分，有时两者之间又可以互换使用。①在我国提出建设创新型国家的形势下，虽然强调创意产业具有一定的积极意义，在知识创新、产业升级和效益倍增等方面有巨大的增量空间，但由于当前我国文化产业发展的条件所限，且其与我国文化产业发展的目标、侧重点等方面有所不同，与我国倡导的自主创新也不完全一致。因此，目前看来，盲目照搬英国等国的创意产业发展模式既不符合我国国情，也不利于政府的统一管理。在理论和实践上加强两者研究，有助于明晰各自归属的产业边界，廓清文化产业与创意之间认识上的误区。

可以发现，对文化产业的称呼不同源于各国或各地区侧重文化产业的发展重点不同，当侧重文化产业发展中的法律问题，文化产业称为版权产业；当侧重文化产业发展中的文化价值问题，即符号意义，则称之为文化产业；当侧重文化产业发展中的价值增值问题，称之为文化创意产业；当侧重发展中的与信息技术的融合，称之为信息内容产业；当侧重文化产业的核心产业问题，称之为内容产业；当侧重文

---

①多斯桑托斯.2008 创意产业经济报告[M].张晓明译.北京：三辰影库音像出版社，2008：10.

化产业的受众问题研究，称之为大众文化。

目前我国文化产业的发展仍处于较低水平，产业深度不够，相关的配套设施政策还不完善，还处于基础的文化工业的层面，因此，在众多相关概念中，使用文化产业来表述是较为合理的。而在众多文化产业表述中，欧阳友权的定义："以生产和经营文化商品和文化服务为主要业务，以创造利润为核心，以文化企业为骨干，以文化价值转化为商业价值的协作关系为纽带，所组成的社会生产的基本组织结构"，被认为最为中肯。[①]随着文化产业的覆盖范围不断扩大，可能又有一些新的相似的概念出现，但只要掌握文化产业的本质发展，其称谓只是一个代称。

二、文化产业的分类

文化产业包含的内容和门类非常丰富，是一个多系统多组织构成的有机整体，长期以来没有一个规范科学的分类标准，现在的分类标准是在各种产业分类标准的基础上演化而来的。因为对文化产业进行分类有一定的难度和复杂性，加之文化产业概念的模糊性、不确定性和多义性，世界各国地域、经济、文化背景、产业政策等各不相同，所以与文化产业的内涵和外延相对应的文化产业分类标准和体系也不尽相同。随着文化产业的快速发展，各国政府纷纷采取措施，根据各自的国情和发展目标制定本国的文化产业分类体系，以应对文化产业发展带来的各种挑战和机遇。

目前在国际上各种产业分类标准中，以英国著名经济学家费希尔在其1935年出版的《安全与进步的冲突》一书中提出的三大产业分类法最广为人知。根据社会生产活动的历史发展顺序将全部经济活动划分为第一产业、第二产业和第三产业：第一产业为农业，第二产业为工业和建筑业，第三产业主要指"服务业"，即为生产和消费服务的部门，包括除第一、二产业之外的其他相关产业。除此之外，一些国际

---

①欧阳友权. 文化产业概论[M]. 长沙：湖南人民出版商，2007：4.

组织根据组织内部的产业划分原则也制定了自己的产业分类标准。从世界范围看，文化产业从组织结构上基本可以划分为三类：一是生产与销售以相对独立的物态形式呈现的文化产品的行业（如生产与销售图书、报刊、影视、音像制品等行业）；二是以劳务形式出现的文化服务行业（如戏剧舞蹈演出、体育、娱乐、策划、经纪业等）；三是向其他商品和行业提供文化附加值的行业（如装潢、装饰、形象设计、信息咨询、文化旅游等）。（见表 1.1）

表 1.1　不同国家和组织文化产业的内容与分类

国家或组织	名称	内容与分类
联合国教科文组织	文化产业	文化遗产、出版印刷、音乐、表演艺术、视觉艺术、社会文化活动、体育和游戏、环境和自然等 10 类
美国政府	版权产业	文化艺术业（表演艺术、艺术博物馆）、影视业、图书报刊、出版业等
加拿大政府	文化创意产业	信息和文化产业（影视、因特网、信息业）、娱乐和消遣（演艺、体育、古迹遗产机构、游乐、娱乐业）
澳大利亚政府	创意产业	自然遗产、艺术（文学和印刷、音乐创作和出版、广告设计、广播和电影）和其他文化娱乐等
法国政府	文化产业	文化建设、文化设施管理、图书出版、电影、旅游业等
德国政府	文化创意产业	音乐、图书、艺术和电影、广播、表演艺术、设计等
英国政府	创意产业	影视、音乐、出版、互动休闲软件、软件等 13 类
日本政府	娱乐观光业	电影、音乐、游戏软件、观光旅游、艺术设计等
韩国政府	文化内容产业	影视、广播、动漫、游戏、卡通形象、演出、文物等
印度政府	娱乐和媒介产业	电视业、电影业、广播业、唱片业和出版业等

不同国家和地区对文化产业的阐述不尽相同。由表 1.1 可见，世界各国根据本国文化产业发展的实际状况，分别对本国文化产业进行了具体而宏观的行业划分。最早建立文化产业分类标准的是联合国教科文组织，其定义是：文化产业就是按照工业化的生产标准，经过生产、复制、流通和传播等主要环节的一系列活动，强调其知识产权的属性。

联合国教科文组织从文化产品的工业标准化生产、流通、分配和消费的角度进行科学界定，为我国建立文化产业分类框架提供了重要参考。我国学术界对文化产业的分类也有系统研究，但划分类别上存在差异性。21 世纪初，有学者认为，我国文化产业已经初具规模，初步形成了包括文化旅游、新闻出版、广告、娱乐等较为细致的综合性文化体系[1]，但划分范围太宽泛，过于笼统。另有学者将文化产业区分为文化艺术、文化出版、广播影视和文化旅游等四个领域[2]。这种粗略划分虽有些过于狭隘，缺乏具体操作性，但划分较为清晰。为更好适应我国文化产业的快速发展，制定科学规范的分类标准和体系已势在必行。

我国统计部门最早于 1985 年首次把"文化艺术"纳入第三产业统计项目中，开始借鉴发达国家发展相对成熟的产业分类标准，并制定符合中国国情的文化产业分类标准和体系。2002 年党的十六大明确提出加强文化建设，推进文化体制改革，在国家文化产业发展形势下和国家政府部门的高度重视下，制定科学的文化产业分类标准被正式提上议事日程。2004 年国家统计局会同多个部门广泛调研、共同研究，在《国民经济行业分类》（GB/T4754—2002）的基础上制定颁布了作为首个国民经济分类指导标准的《文化及相关产业分类》，首次对文化产业的内容进行科学划分和全面统计，有力地推进了我国文化体制改革和文化产业宏观发展决策的制定实施。此次分类标准对文化产业概念的界定提供了有价值的思考，认为文化产业是为全社会提供各类文化产品及服务的相关活动，以及与这些活动相关联的围绕文化消费的活

① 戚鸣.文化产业：全球新兴产业[N].光明日报，2002-09-12.
② 王慧炯.对发展中国文化产业的思考[J].北京工业大学学报，2002（2）.

动集合。主要包括文化产品制作、文化产品销售活动、文化用品生产和销售活动等六大类①。再具体进行划分，主要分为核心层、外围层和相关服务层（见表1.2）。

表1.2 《文化及相关产业分类》（2004）划分层次

核心层	新闻服务，出版发行和版权服务，广播、电视、电影服务，文化艺术服务
外围层	网络文化服务，文化休闲娱乐服务，其他文化服务
相关服务层	文化用品、设备及相关文化产品的生产与销售

通过表1.2可以看出，我国在文化产业的分类上比较宽泛，涉及的领域和门类较多，涵盖的内容十分庞杂，既有物质文化生产、制造和销售活动，又有精神文化生产、代理和经纪活动；既有公益性文化，又有经营性文化；既包括学术性人文社会科学研究，又包括商业活动，文化事业和文化产业交错混杂并存发展。随着新兴文化业态的相继出现，2004年制定的《文化及相关产业分类》越来越不适应文化产业发展的新形势对文化产业统计工作提出的要求，面对不断出现的新情况、新变化，亟须对现行分类体系进行必要调整，使其更加切合现实发展的需要。

我国的文化产业主要指以文化为核心内容，为直接满足人们的精神需求而进行的创造、传播、展示等文化产品（包括货物和服务）的生产活动（包括制造和销售）。2012年7月，国家统计局参照联合国教科文组织发布的《文化统计框架2009》，延续原有的分类原则和方法，对产业类别和结构分别进行了相应调整，新增了以文化创意为核心特征的新兴业态，逐步细分了部分行业小类，去除了少量不相关的产业类别。在《文化及相关产业分类》（2004）的基础上进行修订，颁布实施了《文化及相关产业分类》（2012），对文化产业的定义进行了更为精准的界定：为社会公众提供文化产品和文化相关产品的生产活动的

---

① 国家统计局关于印发《文化及相关产业分类》的通知[EB/OL].http://www.stats.gov.cn/2004-05-18.

集合，并进一步说明了文化产品的生产活动（从内涵）和与其相关生产活动（从外延）的范围指向。

根据 2012 年的分类标准可以概括出，文化产品的生产活动、文化用品的辅助活动和专用文化设备的生产活动成为文化及相关产业的主要内容，其中文化产品的生产活动构成了文化及相关产业的主体，其他方面则是补充。文化产业的统计范围基本与联合国教科文组织的《文化统计框架 2009》规定的范围保持一致。统计上指的"文化及相关产业"覆盖全部文化及相关单位，"文化事业"着重指公益文化单位，而"文化产业"主要指经营性文化单位（见表 1.3）。

表 1.3 《文化及相关产业分类》（2012）主要内容

	新闻出版发行服务	新闻、出版、发行
文化产品的生产	广播电视电影服务	广播电视、电影和影视录音
	文化艺术服务	文艺创作与表演、图书馆与档案馆、文化遗产保护、群众文化等
	文化信息传输服务	互联网信息、增值电信（文化部分）、广电传输等
	文化创意和设计服务	广告、文化软件、建筑设计、专业设计等
	文化休闲娱乐服务	景区游览、服务娱乐休闲、摄影扩印等
	工艺美术品的生产	工艺美术品的制造，园林、陈设艺术及其他陶瓷制品的制造，工艺美术品的销售等
	文化用品的生产	办公用品的制造、视听设备的制造、鞭炮产品的制造、文化用家电的销售、其他文化用品的销售等
	文化专用设备的生产	印刷专用设备的制造、广电专用设备的制造、广播电视电影设备的批发、舞台照明设备的批发等

当文化产业的内涵较为明确时，其外延描述就会更清晰。新修订的《文化及相关产业分类》（2012）标准基本上全面反映了近年来我国文化改革发展的客观进程和可喜成就，特别是新的四层次划分较为合

理,对文化产业链条进行了新的提炼和梳理,更符合文化生产规律,更好地适应了我国文化产业快速发展的趋势。这既回应了社会各界对文化产业的热切关注,同时也澄清了以往在文化产业认识上的不确定性,为我国政府和相关部门进行文化产业统计提供了重要的参考标准和行业导向,在我国文化产业发展史上具有里程碑意义。

随着我国文化产业在实践中不断发展壮大、人们对文化的认识逐步深入、文化与其他领域的加速融合,文化产业的涵盖范围也在不断发展变化,逐步完善文化产业的科学划分体系将是一个长期的过程。在建设中国特色社会主义文化的市场经济条件下,对文化产业内涵进行科学界定和系统划分,能够正确把握文化产业发展的态势,恰如其分地定位其在国民经济中的坐标,以便采取不同的营销策略,制定相应的法规政策以进行有效的区别管理,推进我国文化产业持续健康发展。《国家"十二五"时期文化改革发展规划纲要》明确提出,既要发展壮大出版发行、影视制作、印刷、广告、演艺、娱乐、会展等传统文化产业,同时也要加快发展文化创意、数字出版、移动多媒体、动漫游戏等新兴文化产业门类。

第二节 国民经济支柱产业

一、支柱产业的概念

在日常工作和生活中,人们经常提到支柱产业,那么何谓支柱产业呢?顾名思义,是指在国民经济中生产发展速度较快,对整个经济起引导和推动作用的先导性产业。支柱产业具有较强的连锁效应:诱导新产业崛起;对为其提供生产资料的各部门、所处地区的经济结构和发展变化,有深刻而广泛的影响。我国现阶段的支柱产业是机械电子、石油化工、汽车制造和建筑业。

二、支柱产业的特征

大规模产出，在国内生产总值即 GDP 中占较大比重，有资料证明产业的增加值占 GDP 百分之五以上的，可以称为支柱产业。其特征为市场扩张能力强、需求弹性高，发展快于其他行业；生产率持续、迅速增长，生产成本不断下降；扩大就业；产业关联度高、长期预期效果好；节约能源和资源。

三、支柱产业的准则

作为构造产业结构的倾斜式发展战略，"准则"是根据区域工业发展的总体情况而选择发展先后的规范。但是准则对产业结构的"规范"一定是动态性的，必须随着产业结构的成长而超前变化。关键在于把握准则的绝对变化性不影响一定阶段相对的稳定性。对支柱性产业选择的评价体系大体有这样几种基准：罗斯托准则、筱原基准、产业关联基准、过密环境基准、拓宽瓶颈产业供给基准、丰富劳动内容基准、扩大就业基准、保护环境基准、改善生产力基准等。

罗斯托准则，又称"主导产业扩散效应最大准则"，强调支柱产业对经济和社会发展的影响力。美国经济学家华尔特·惠特曼·罗斯托认为，应选择扩散效应最大的产业或产业群作为一国的主导产业，重点扶持，加速发展，从而带动其他产业发展和社会进步。扩散效应的带动原理在于：一是回顾效应，主导产业高速增长，对各种要素产生新的投入要求，从而刺激这些投入品的发展；二是旁侧效应，主导产业的兴起会影响当地经济、社会的发展，如制度建设、国民经济结构、基础设施、人口素质等；三是前向效应，主导产业能够诱发新的经济活动或派生新的产业部门，甚至为下一个重要的主导产业建立起新的平台。

收入弹性和生产率上升率准则又称"筱原基准"，强调市场需求对支柱产业发展的作用力。日本经济学家筱原三代平早在 20 世纪 50 年代中期就提出，产业的收入弹性和产业的生产率上升率是影响产业发展的两个主要因素。在市场经济条件下，社会需求是推动产业发展最直接，也是最大的原动力，其结构变化也是产业结构变化和发展的原动力。"收入弹性"大的产业，因产品增加而带来更大收入，进而创造了更大需求，从社会获得更大的发展动力；生产率上升较快的产业有着较快的技术进步速度，生产成本低，投入产出高，自然吸引资源向该产业移动，从而在产业结构中占有更大的比例。"筱原基准"的实质在于从供求两方面反映产业结构演进的内在根源，其意向在于把收入弹性和生产率上升率高的产业作为主导产业重点发展，使之上升为支柱产业。

产业关联准则又称"赫希曼标准"，强调产业结构的协同效应。支柱产业必须关联度高，有较强的前向、后向和旁侧关联效应，能够向各方向渗透，带动相关产业和地区经济的发展。产业结构的协同效应如何产生并起作用？阿尔伯特·赫希曼认为，市场扩张能促进生产的发展，而生产的发展又能带动其他产业发展。所以，应当以一个产业的产品需求价格弹性与收入弹性两个标准作为选择主导产业的具体标准，因为需求价格弹性和收入弹性大表明该产品市场前景广阔，这样的主导产业有可能比较顺利地成长为支柱产业。

动态比较优势准则。根据德国历史学派先驱李斯特扶持幼小产业、保护民族工业的学说，在国际市场背景下，扶持本国暂时相对幼小的新兴产业，尽管短期内比较成本较高，但在政府保护下经过努力，就可以扭转生产费用劣势，赢得比较优势。

据此，应当用发展的眼光关注产业的潜在优势，尤其是在后发国家和地区，参照发达国家经历过的支柱产业部门更替，把在先进国家或地区曾经带动或正在带动产业结构演进，但在本国尚处于比较成本劣势的新兴幼小产业作为培育支柱产业的重点对象，通过国家扶持，使其比较费用逐步转向优势，进而成为带动产业结构升级的支柱产业。

四、支柱产业原则

区域优势与特色原则。地理环境、自然资源分布、社会经济发展水平、文化意识形态、传统习俗以及民族宗教信仰等客观因素和既成现实，形成不同区域经济发展的优势与劣势。根据比较优势准则，当然首选有利于充分利用本地特有的自然资源、区位优势，并能适应本地区生产力发展水平的特色产业作为支柱。但是，区位优势和特色形成应当建立于较大的比较范围，才具有较高的优势水准和竞争力；还须进一步区分绝对优势和相对优势。绝对优势是基于一个较大范围内以独有资源所形成的、不可比、不可替代的优势；相对优势是在一定范围内，在同类产业和产品中占据主导地位。具有绝对优势和相对优势的产业都能形成特色，都具有较强的市场竞争力和发展空间，关键在于确实把握特色、发挥优势。

有所不为，突出重点原则。"大而全""小而全"、观望、攀比，这是我国区域经济中常见的小生产习气，是区域间产业结构雷同、生产效率低下、重复发展、恶性竞争的根源。市场竞争最根本的是资源市场和产品市场的竞争，一个地区不可能所有产业都同样具有竞争优势，因此在支柱产业的选择中必须坚持有所不为，突出重点的原则，选择一两个具有确定优势的产业作为突破口，形成"支柱"；再围绕"支柱"培养一批重点产业，形成支柱产业群，支撑整个区域经济协调健康发展。

技术开发原则。科学技术是第一生产力。发展支柱产业必须最大限度地增加其科技含量和发展潜力，因为科学技术水平是产品的产量、质量及实现升级换代的决定性因素；科学技术的推广运用还有利于节约能源，降低成本，保护环境，并且有助于提高生产管理水平，延长支柱产业的生命周期。只有源源不断地将新的科学技术注入支柱产业，才能使其适应市场变化，不断向深度和广度发展，达到投资成本利润最大化。

规模带动原则。规模经济带来规模效应，这是经济发展的一条定律：一是企业规模大更有利于适应社会化大生产和专业化分工，更有利于现代化的生产管理和技术开发；二是较大规模的企业由于各种生产要素相对集中，从而有条件较先使用先进设备和技术，及时根据市场变化而更新产品、提高品质，提高市场占有率；三是规模较大的企业有较强的科技研发能力、资本积累能力和自我发展能力。规模越大，其产学研结合得越好，且内部机制健全，则掌握和利用各种信息的能力就越强，自我发展能力相对越强，因而越具带动效应。

扶持培育原则。支柱产业发展、壮大的"原动力"是市场作用，但并不等于作为市场宏观调控主体的政府可以放手不管，"无为而治"。政府必须采取相应的调节、引导措施以补救市场本身的缺陷，促进支柱产业形成规模，优化结构。尤其在我国，市场机制尚不健全，市场本身的盲目性和滞后性，市场信息的屏蔽以及政治、军事和各种非经济因素影响客观存在，政府更有必要通过产业政策的规范作用和行政干预来引导支柱产业发展；实施有利于支柱产业发展的投资政策来扩大和改善投资、融资机制；加强能源、交通和信息等基础产业建设，改善基础设施，保证生产正常运行；扩大外贸经营自主权，鼓励企业向境外发展，尽快形成跨国大集团和公司。

五、支柱产业指标体系

（一）一般标准

考察一个国家或地区工业在一定时期内的支柱产业，最终须将一系列准则、原则量化为相应的评价指标。一般的指标体系建立包括如下几个方面。

生产率上升率标准，以一定的生产率增长值来反映产业的技术特征。筱原的生产率概念是劳动生产率、资金生产率、能源生产率等诸生产要素生产率的加权平均。在一定时期，产业的生产率增长得快，生产成本相应地下降得也快，经济效益就比较好，因而加快发展生产率增长快的产业就能较快提高整个社会的经济效益。其理论内涵就是通过供给变化来反映支柱产业科技含量高、技术创新能力强的基本特征；实际意义就是政府应当优先发展代表先进技术，并具较高经济效益的产业。

收入弹性标准，表示人均国民收入每增加一个单位时对某一产品需求量的变化额。这种对应关系反映在价格不变条件下产业的产品需求增加率与人均国民收入增加率之比率上，收入弹性大于1，说明随着收入增加，需求增加更快；收入弹性小于1，说明随着收入增加，需求增长慢于收入增长。显然，随着人均国民收入的增长，收入弹性高的产品在产业结构中的比重将逐渐提高，选择这些产业重点发展，符合市场法则，有助于产业结构演进。其理论内涵是通过需求变化反映产业产品的市场前景，获得加快发展的依据；实际意义就是政府应当重点支持那些提供国民收入多和收入弹性高的产业。据世界银行报告统计分析，人均收入为390~1230美元的国家，收入弹性分别为：运输和交通设备1.91，电器1.45，娱乐1.40，家用商品和服务1.28，香烟1.20，燃料电力1.15，酒1.08，服装1.04，食品0.69。

产业关联度标准，反映特定产业在投入产出上对其他产业的前、后向关联程度。影响力系数和感应度系数大于1的产业才有能力促进和带动所有相关产业发展。其理论内涵是通过产业间相互作用的关系变化来反映支柱产业对其他产业的直接推动作用；实际意义是政府应当优先扶持那些能带动其他产业发展的产业。

国家计委政策研究室在《中国支柱产业振兴方略》一书中提出了考察我国目前四大支柱产业的九项量化指标：①工业增加值在GNP中的比重达到5%左右，产值占工业总产值8%左右；②出口创汇稳定增长，国际市场占有份额上升，行业外贸进出口由净进口变为净出口；③就业人员占全国就业人员总数的比重有所提高，同时在紧密相关的工业部门和服务行业就业人员大量增加；④行业关联度高，影响力系数和感应度系数均大于1；⑤较高的产业集中度和骨干企业的市场占有率，集约化、社会化的大生产方式，配套协作的企业组织网络；⑥与国际同行业比较，技术比较成熟；⑦需求收入弹性高于1，大体在1.5左右；⑧经济效益好，附加价值率一般在25%~40%；⑨具有高于国民经济总增长率的、持续的、较高的部门增长率。

（二）相关因素

完整的支柱产业指标体系还应当考察如下因素：社会状况——政治安定、法制健全和社会公平；人口素质——平均年龄、受教育程度、体质、信仰、风俗习惯等非经济因素；技术创新能力——包括整个地区宏观的和产业内微观的科学技术水平、研发能力；基础产业条件——交通运输、物流、邮电通信等；资金保障体系——投资融资渠道、资金筹措方式等；现有产业优势——区域内规模较大、效益较好、市场占有率较高的产业。

指标的选择必须具有：客观性，尽可能排除主观因素的影响；可行性，尽可能采用有数据支撑的指标，而对数据不可得的指标只能舍弃；相对性，为准确反映每一行业在整个经济体系中所处的地位，选用的指标应是相对指标，即采用某一行业与本区域其他行业同一指标相比的指数形式，由此来考察支柱产业相对于其他产业的不同属性；动态性，确定工业支柱产业不仅是不同行业之间静态比较的结果，而且也是反映它们动态变化的过程。为此，比较过程应考虑指标的时间因素，通过指标的动态变化判断支柱产业在常态下的未来变化趋势。

地区支柱产业选择的特定基准，地区支柱产业必须顺应国家振兴支柱产业的方向，大体要以国家确定的支柱产业范围及其选择标准来进行，同时符合地方经济发展的要求，并根据地区经济发展目标的制约因素及在全国的正向作用，增加特定选择基准。

产业强弱系数，目标期内某产业（或子产业）增加值占地区工业增加值（或国内生产总值）比重与区域内或全国平均水平之比。若大于 1 可选，小于 1 则应十分慎重。产业强弱还体现为市场占有率和市场竞争优势指数。市场占有率表明该产业满足国家或地区产业对经济批量的要求，其重点子产业或重点企业产量在全国市场占有率应在 5% 以上；市场竞争优势指数的含义是：当其数值大于 1 时，意味着市场占有率大于产值比重，即产业具有较强的市场竞争力。产业强弱系数的意义在于使地区充分考虑其产业素质水平以及在未来竞争中的地位，理性判断风险利弊。

比较优势系数，由比较集中率系数、比较输出率系数、比较生产率系数、比较利税率系数的乘积构成的一个综合指标。一般而言，支柱产业的比较输出系数都应大于1。数值越大，证明该产业产品的区际商品率越高，即高于全国平均输出率。而当比较优势系数大于1时，说明该产业与全国平均水平比较具有相对优势，数值越大，说明相对优势也越大。比较生产率指标就是产业劳动生产率的地区间比较，比值大于1时，说明该产业全要素生产率高于全国平均水平。比较利税系数大于1，则说明地区某产业的经济效益与全国同产业平均水平相比具有优势，小于1时则处劣势；而当用该指标与地区其他产业作比时，则比较值（CT）值越大越好，选择CT值大的产业作为"支柱"，才能担负起整个区域上缴国家财政收入和发展地方基础产业结构的重任。

从比较优势系数的构成可以看出，所谓"比较优势"包括"外生"和"内生"两个方面，其指归在于竞争优势。外生优势强调"看不见的手"的作用，只要市场价格机制起作用，只要存在资源稀缺性，比较优势就会不以人的意志为转移而客观地发生作用；内生优势是产业内部通过后天的专业化学习获得或通过投资创新经验积累而人为生发的，强调的是规模报酬递增、不完全竞争、知识创新和经验积累。因此，竞争优势实实在在地体现在对比较优势所蕴含的价值量的利用和管理的效率：在产业集聚的基础上，通过有效管理降低成本，提高效率。欠发达地区尤其要明确自己的比较优势之所在。

完全就业系数，一定时期内地方某产业直接吸纳就业、扩展带来机会就业以及社会贡献就业总体上升速度与地方工业就业平均增长率之比，若接近或超过则可行。这一标准侧重考虑了对地区社会发展和稳定就业的权衡。国家选择支柱产业实行有限目标、重点发展，对资金和就业约束不十分在意，而地方政府必须直面这些问题。一般认为，当系数大于1时，这一产业可带动经济和就业全面增长，适宜作为支柱产业。

产业经济效益综合指标，反映某一产业全方位经济效益。由下属六个单项经济效益指标加权求和而得到：增加值率、产品销售率、资金利税率、成本费用利润率、全员劳动生产率、流动资产周转率。各指标权重的求得方式：如果认为两个指标同等重要则取 1，一个指标略重要则取 2，重要取 3，重要得多取 4，极重要取 5，反之则取倒数，依次类推。对各指标两两比较并列出矩阵，矩阵中各行自乘后再按所取的 6 个指标数开 6 次方根，每个指标 6 次方根值与这 6 个指标方根值之和相比较得出的比值，即为各指标的权重值。这六项指标也是一般支柱产业分析模型中采用的变量因素。

特色产业或子产业标准，特色产业指地区资源条件中有高于或低于国家支柱产业技术层次的产业条件，对提高和改善产业结构水平有特殊作用的产业。比如内陆地区发展传统产业的特定优势，沿海开放地区发展高新技术产业的相对优势，以及一些地区的特种工艺技术的产业。特殊产业标准的提出扩大了支柱产业的内涵和外延，有助于地区比较优势的发挥，而在大局上又丰富了产业结构的层次，尤其对于经济规模小的区域是发展支柱产业的一条蹊径。

第二章

文化产业与国民经济的互动效应分析

第一节　文化产业对国民经济的波及效应

文化产业与国民经济的互动效应，可以从文化产业对国民经济的波及效应来了解。产业波及是指国民经济产业体系中，产业部门的变化按照不同的产业关联方式，引起与其直接相关的产业部门的变化，然后导致与后者直接和间接相关的其他产业部门的变化，依次传递，乃至影响力逐渐消减的过程。产业波及对国民经济产业体系的影响就是产业波及效应。

文化产业与国民经济中的其他产业存在着种种联系，其发展会在国民经济体系中产生波及效果。文化产业主要沿着三条路线对国民经济产生波及。

一、逆向波及

文化产业的发展，会沿着文化产业→生产文化产业中间产品的先行行业→这些先行产业的线路，向其先行产业发生逆向波及。例如音乐、舞蹈、戏剧表演，带动影剧院建设和道具、灯光、音像等演出设备的生产,这是逆向波及的第一波。影剧院的建设和演出设备的生产,带动建筑材料、装饰材料、电子元器件的生产,这是第二波。建筑材料、装饰材料和电子元器件的生产带动电子、煤炭、铜材的生产,这是第三波……与此类似,学校、图书馆、博物馆、展览馆、广播、电视、电台提供服务,美术品、工艺制品、书籍、报刊、文物、音像制品和软件光盘的生产,也会对国民经济产生逆向波及。

逆向波及可以用中间投入率来衡量,它是指某产业在一定时期内的生产过程中的中间投入与总投入之比,反映了该产业的总产值中从其他产业购进中间产品所占的比重。

二、顺向波及

文化产业的发展,会沿着文化产业→以文化产业为中间产品的后续产业→这些后续产业的后续产业的线路产生顺向波及。电视台播放的广告(文化产品)被钢铁厂用作中间产品,钢铁厂生产的钢材被建筑公司用作中间产品,这就是文化产业的顺向波及。顺向波及效应用中间需求率来衡量。中间需求率是一个产业的产品被国民经济部门用作中间产品的部分占该种产品总量的比重。中间需求率越高,表明该产业就越带有提供中间产品的性质,反之则表明该产业就越带有提供最终产品的性质。依据中间需求率,可比较精确地计算各种产品用作生产资料和消费资料的比例,从而把握各产业在国民经济中的地位与作用。

三、间接波及

文化产业的发展会沿着文化产业→与文化产业具有消费互补性的产业→这些互补产业的先行产业和后续产业→这些先行产业和后续产业的直接相关和间接相关产业的线路,对国民经济产生波及效应。这是因为,文化产品具有消费互补性,文化产业的发展,会波及网络、金融、通信、交通、商业、饮食等互补性产业。

第二节　文化产业对国民经济的影响

　　文化产业对国民经济的影响，可以用产业影响力指标来衡量。产业影响力反映某一产业的最终产品的变动对整个国民经济的总产出的变动的影响能力。从另一个角度说，产业影响力就是一个产业对国民经济的影响乘数。例如，某产业的影响力为三，这意味着该产业每增加一单位最终产品（增加值），将会推动国民经济增加三个单位的总产出。影响力的相对水平用影响力乘数来表示。它是某产业的影响力与国民经济各产业影响力的平均水平之比。根据中国人民大学发布的《中国省、自治区和直辖市文化产业发展指数（2013）》，在各省、自治区和直辖市文化产业的生产力指数、影响力指数、驱动力指数等综合排名前十的省份中，北京位列第一，天津位列第七，与上一年度相比，华北各省、自治区和直辖市区域文化产业综合发展格局基本未变。单从影响力指数上看，北京位列第一，天津位于第十位。在首次发布的"中国文化消费指数"前十排名中，北京仅次于上海位列第二，天津第三，山西排在第七位；驱动力指数上，由于天津政府的大力支持，连续三年天津都位列第一。在华北地区，已形成北京领跑，天津其次，山西和河北快速发展的文化产业梯形发展格局（见表2.1）。

表 2.1　2013 年中国省、自治区和直辖市文化产业发展指数前十排名

指数名称	北京	河北	天津	山西
综合指数	1		7	
生产力指数	3（79.0）	8（74.8）		
影响力指数	1（80.5）		10（74.8）	
驱动力指数	2（78.8）		1（81.8）	5（76.5）
文化消费指数	2		3	7

　　数据来源：中国文化产业年度发展报告（2014）。

一、文化产业有助于优化产业结构，促进产业结构调整和升级

按照传统产业的划分方式，文化产业属于第三产业，即服务业。因此，发展文化产业有助于提高第三产业占国民生产总值的比重。目前，各国第三产业占国民生产总值和全部劳动力的比重都呈上升趋势，逐步改变着经济增长对传统工业依赖过大的状况。同时，随着社会的发展进步，现阶段的经济发展已经进入精神经济时代，文化、知识、技术等因素的重要性已经凸显出来。与之相适应，将会有更多的资源由低效率区向高效率区流动和转移，由传统产业流入文化产业，从而加快产业的结构调整步伐，而且以文化产业为代表的新兴产业也将会成为国民经济的先导产业。另外，文化产业的知识密集性、高附加值、高整合值，决定了它对于优化产业结构、转变经济发展方式具有不可低估的作用。

二、文化产业可以增强产业之间的关联效应，促进整个产业系统良性发展

（一）文化产业的关联行业众多，对相关产业的带动作用较强

对于任何一个产业来说，它的发展都不是孤立的，而是与国民经济体系中的其他相关产业紧密联系的。文化产业的行业覆盖范围广，因此它具有较长的产业链和较多的关联性行业，其外溢效应显著，与许多产业产生综合的联动效应，并带动相关产业的发展。按照我国文化产业的统计标准，文化产业相关层面可以看作文化产业关联紧密的行业，包括文化用品、设备及相关文化产品的销售。具体包括造纸及纸制品业、印刷业和记录媒介的复制业、文教体育用品制造业、雷达及广播设备制造业、家用视听设备制造业、文化与办公用机械制造业、工艺美术用品制造业等。

随着文化产业自身的发展，文化产业经由相关产业的关联，会带动更多产业的共同发展。目前，在广泛的文化产业领域，多数部门对

制作硬件设施要求较高，制作成本投资很大，回报也相对丰厚，如电影与影视制作、网络传输、出版传媒、高级印刷设备、大型节庆活动等。就电影业来说，如果没有现代机器制造业和现代化学感光工业，现代电影产业的发展就缺乏在电影产品生产过程中所必不可少的材料和技术装备的支持，而这种对材料和技术装备的依赖和要求，又进一步地为现代机器制造业提供了更大的需求。总之，文化产业的存在，为相关产业的发展提供了原生的动力。

（二）文化产业有助于传统产业的转型升级

文化产业在产业关联上，除带动后向关联产业的发展外，还会对它的前向关联产业产生一定的影响，即文化产业除向消费者提供最终产品之外，它也向其他行业、其他生产部门提供投资品。文化产业可以赋予产品更多的文化魅力，使不同文化含量的产品之间出现价格差异，诱导企业更多地使用文化创意与文化要素，将与文化产业相关的文化理念渗透到设计、生产、营销市场、品牌、经营管理等环节，产品价值创造链条的变化会引起产业结构的调整和升级。比如迪士尼集团将公司创作的动漫人物形象用于各种儿童玩具和儿童服装后，深受儿童的喜爱，大大提升了产品的竞争力。特别是在物质产品极大丰富的今天，物质产品中精神内容的作用逐渐抬高，它是企业提供差异化产品的有效手段。中国经济结构转型，其中一个很重要的方面就是推动中国制造业迅速提升，逐步向高技术和高文化附加值的这样一种"中国创造"的新型制造业转变。在这个转型和提升过程中，文化产业将在传统制造业中获得重大的发展机会。因为目前我国的物质产品的文化含量还非常低，如果在这方面我们增加各种消费品的文化附加值，就会有更大发展空间。比如我国服装设计业的崛起，将提高传统服装业的产品档次和知名度，为传统服装业提供巨大的附加价值。诸如广告业、旅游业等，文化更是其生命力所在。

（三）文化产业易与高新技术产业对接，具有较强的创新应变能力

从内容上看，文化产业是最强调创新、创意的产业；从形式和载体上看，文化产业本身会随着新技术的运用、新消费习惯的出现自发地创新求变。近年来，文化产业与信息技术、网络技术、数字技术对接，派生出一系列新生的文化业态，为文化艺术提供了新的表现形式和传播渠道，展现出文化产业旺盛的生命力和较强的创新应变能力。从创新经济发展的角度，发展文化产业，是一个以知识、文化与人力资源开发为主干的创造性发展战略，是一种内源性、可再生而且可以不断提升的新型发展战略。文化产业发展的趋势表明，文化产业越来越多地成为高科技产业的"内容"，而高科技产业则成为文化产业的"载体"。显然，在这个发展过程中，文化产业日益成为价值主体。

三、文化产业促进经济增长，提高经济效益

综合来看，文化产业对经济增长的贡献表现为两个方面：一是它自身对经济增长的直接贡献，其贡献程度可以计量，表现为相关产业对国内生产总值和就业的贡献程度；二是它通过影响其他生产要素而间接对经济增长发生影响。事实上，文化产业对经济增长的更大贡献体现在它的间接贡献上。文化产业提供的精神产品主要包括文化、知识、信息等成果，精神产品的传播、扩散提升了文化知识的影响力，对人素质的提高及人力资本的积累大有裨益。另外，文化产业可以传承、改变、重塑，甚至创造新的文化观念，从而影响文化资本的形成。而且，知识、技术本身也成为越来越重要的经济增长生产要素。这样来看，文化产业能够通过自身的扩散效应提高生产力水平和劳动生产率，从而间接达到影响经济增长的目的。

第三节　国民经济对文化产业的影响

文化产业与国民经济的互动效应，还可以从国民经济对文化产业影响来了解。

一、一个国家的经济结构和产业结构，很大程度上决定了该国的文化产业结构

以发达国家为例，20 世纪 70、80 年代以后，经济全球化使得发达国家劳动密集型产业加速向后发国家转移，经济结构和产业结构面临深刻调整，文化产业开始受到高度重视。从 20 世纪 80 年代开始，发达国家自觉推动文化产业发展，经济结构和产业结构调整是其基本背景。我国也是如此，20 世纪 90 年代以后，我国经济面临着结构调整和扩大内需两大突出问题，文化产业因此受到关注，人们也从原来习惯于单纯从意识形态角度看待文化发展问题，转为同时从经济角度看待文化发展问题。因此，当代经济转型的现实把文化转型，以及经济与文化的综合平衡、持续高速发展的严峻课题摆在我们面前，现实迫切需要并呼唤新的文化发展的总体战略、管理方式、产业机制和市场运作体系。另外，经济流通的世界文化和当代传媒的高度发展，以及全球文化交流的日益频繁，要求我们重新审视西方及世界各国文化发展的历史与现状，学习、沟通、批判与借鉴其市场模式的运作方式，以适应并掌握当代文化的世界性交往的经济（经营）方略，并逐步建立完善的具有中国特色的文化市场与文化产业体制。

二、经济的发展创造出文化消费者

随着市场经济的高速发展和人们生活水平的提高，全社会表现出日益高涨的文化需求。其特点：一是规模巨大，数量惊人。如影视制品、音像制品、商业演出、商业性体育竞技观赏，都表明我国当代社会对文化产品的需求无论在数量、强度、实现方式（规模、途径、媒介）上都达到一个前所未有的高度。二是需求的多层次、多方位类别。我国当代从普通市民到文化精英，从大众娱乐到艺术精品，各种不同层次的文化消费者都表现出对不同档次、不同品味、不同种类文化产品的强烈需求。

这种需求既可能是对武打、言情等通俗文化及通俗音乐的渴求，又可能是对高品位艺术等的鉴赏与涵容；既可能是生理感官上的颐养、休憩与享乐，又可能是心理精神世界的探寻追索；反映出一个不同等级不同档次的需要序列。三是当代社会浪潮式的文化时尚表明了当代文化需求的迅速转换。由于当代传媒的高度发展，人们追求新颖和刺激的文化心理得到高度张扬。文化热点不断涌现，文化明星迅速更迭。社会舞台经常演出时兴时髦时狂的文化新剧，以满足人们快速变换的强烈心理需求。因此，这种全社会日益高涨的大规模、多层次、快节奏的强势文化需求。单靠原先文化事业的"统管"模式已根本无法满足，它历史地要求与之相应的文化市场和文化产业的运作模式。

三、经济发展和社会进步带来的闲暇时间增多有力地推动文化产业发展

文化产品消费与工农业产品消费的明显差异是闲暇时间对消费量的影响不同。相当多文化产品的消费要占用大量闲暇时间。如果没有闲暇时间，即使收入水平很高，这些文化产品的消费量也不会有大幅度提高。人们也许因没有闲暇时间而不能到剧院看戏，但是不会因为没有闲暇时间而不消费食品、饮料和衣服。由于闲暇时间有利于人们休息、娱乐、锻炼、自修、发展个人爱好或从事创造性活动，所以从本质上说，人们认为闲暇时间是多多益善的。闲暇时间与文化产品的需求存在着正相关关系，闲暇时间的增长，必然会促进文化产品的消费。据《经济日报》在北京、上海等 10 个城市的抽样调查，人们将绝大部分的闲暇时间用于看电视、旅游、打牌、看录像、上网、玩电子游戏等文化消费。这显然有利于文化产业的发展。我国从 2000 年起实行"五一"和"十一"长假期引起对旅游文化的火爆消费就是证明。可以想见，全面小康社会中闲暇时间增长对文化产业的发展将是好消息。

四、经济的发展为一些需要大资金投入的文化行业提供了机会

这在电影业、网络游戏业、主题公园等领域体现得尤为突出。2014年全年固定资产投资（不含农户）502005 亿元，其中第三产业投资281915 亿元，增长 16.8%。对文化、体育和娱乐业的投资达到 6192亿元，增长 18.9%，与 2013 年文化、体育和娱乐业投资的 5318 亿元相比，有较大幅度增长。①

---

① 国家统计局：http://www.stats.gov.cn/tjsj/zxfb/201501/t20150120_671066.html

第二部分
文化产业的经济学分析

基本的经济学原理主要分析市场主体即厂商与消费者行为的微观层面，以及国家财政政策、货币政策对文化产业的影响的宏观层面。文化产业经济学的基本理论与经济学的基本理论大致相同。

文化产业经济学在微观层面所研究的是文化产业单个经济单位的行为，对文化厂商的生产行为和文化产业相关产品分析将贯穿微观分析的始终。此外，对机会成本和相对价格在影响行为过程中所扮演的角色也有所分析。

文化产业经济学宏观层面所涉及的是文化产业在宏观经济总量中所占比例，产业发展对 GDP 增长的贡献率等于宏观经济统计相关的问题。同时，文化产业经济的分析也更加重视货币政策、财政政策等宏观经济政策对文化产业的影响。

第三章

文化产业的微观经济学分析

第一节　文化产业的需求、供给和市场价格决定

一、需求

文化产业经济学中所说的需求与经济学中的需求是一样的。因此，如果以一场排球赛为例，文化产业中所说的需求我们可以理解为消费者愿意并且能够购买该场排球赛门票的数量。而在现实中，文化产业的需求量并不一定和实际的购买数量相同。需求量所要表达的并不只是一个量化的概念，也是时间的范畴。比如一个人一个月打算去看几场话剧，打算去听几场音乐会，打算买几本书（见表3.1）。

（一）需求表与需求曲线

表3.1　一本杂志的需求表与需求曲线

某种杂志的价格（元）	该杂志的需求量（人）
6	3000
5	4500
4	8000
3	15000

续表

某种杂志的价格（元）	该杂志的需求量（人）
2	20000
1	50000

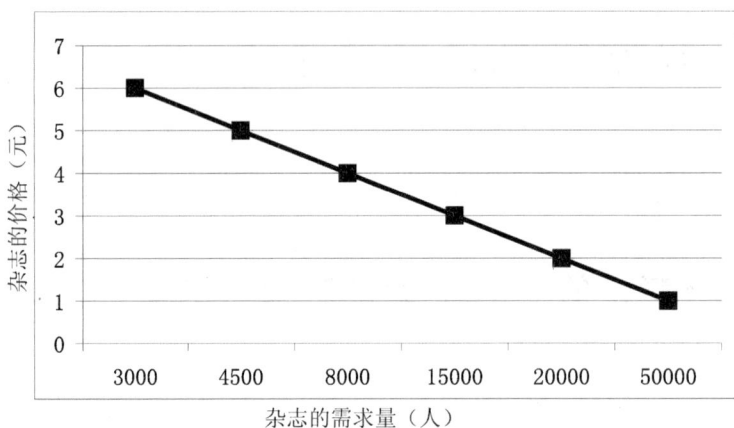

图 3.1　该杂志的需求曲线

　　图 3.1 中的表格表示在不同的价格水平下，一本杂志的销售量。这个表就是一个需求表（demand schedule），它表明在影响消费者购买欲望的其他因素保持不变的情况下，一本杂志的价格与其需求量之间的关系。根据习惯，纵轴代表该杂志的价格，而横轴代表消费者对该杂志的需求量（即观众人数），这种把价格与需求量联系在一起的向右下方倾斜的曲线被称为需求曲线（demand curve）。

　　由上面的需求表和需求曲线我们可以看出，需求量往往随着价格的上升而下降，随着价格的降低而升高。因此，我们可以看出文化产业中的需求与价格关系与我们经济学中常说的需求定理一致。

（二）影响文化产业需求变动的因素

　　除了文化产品本身的价格和时期的长短以外，决定和影响需求变动的还有如下几个因素。

1．消费者偏好

在经济学中，消费者偏好表示在不考虑预算约束的条件下，消费者喜欢或愿意消费的各种物品和劳务的数量。而文化产业经济学中的消费者偏好与其类似，即在不考虑其他条件的情况下，一名消费者是更喜欢听一场相声还是看一场足球比赛。

在其他条件既定的情况下，消费者偏好的变化会影响需求曲线的变动。比如，现在一名消费者比以前更爱听音乐了，那么音乐会的需求曲线就会向右移动。也就是说，在每一种价格水平下，消费者在一段时间内会比以前去听更多场次的音乐会。

2．消费者收入

既然需求是指有支付能力的需求，那么消费者的收入水平自然是决定某种商品市场需求曲线的一个重要因素。

对于某些商品来说，如果消费者的收入水平普遍提高了，那么其需求曲线就会向右或者向左移动，这主要取决于其收入效应。但是一般来说，收入水平的提高会使文化产品的需求曲线向右移动。比如，消费者的收入普遍提高了，那么在其他条件不变的情况下，消费者在一段时间内会增加对于文化产品的需求。

3．预期价格

除了上述因素外，消费者对某种产品价格的预期也是决定该产品市场需求曲线的位置和形状的一个因素。这里所说的消费者对某种产品的价格预期，既包括消费者对该产品本身的价格预期，又包括对其相关产品的价格预期。比如，当消费者预计在不久的将来音乐唱片的价格会上涨时，那么音乐唱片的需求曲线就会向右移动。而当消费者预计音乐会门票下降时，那么音乐唱片的需求曲线就会向左移动。

4．其他相关产品价格

现在人们的娱乐文化生活呈现出百花齐放的趋势，人们可以听古典音乐，也可以听现代音乐演唱会；可以看一场天津泰达队的足球比赛，也可以去看一场天津荣钢的篮球比赛。因此，其他相关产品的价格也会影响某种产品的市场需求曲线。

将以上决定需求的各种因素综合起来，我们便可以得到文化产品的需求函数。所谓需求函数就是在其某一特定时期内某种产品的各种可能的消费量和决定这些消费量的因素之间的关系。所以其公式为：

$$D=f（P，T，I，P_r，P_t，N）\qquad(3.1)$$

公式中的 D 表示一定时期内某种商品的需求，P 是该商品的价格，T 表示消费者的偏好，I 表示消费者的收入水平，P_r 表示相关产品的价格，P_t 表示消费者预期该商品或相关商品的价格，N 表示在该市场上消费者的数量。

（三）需求的价格弹性

以上我们叙述了需求以及决定需求及其变化的各个因素。而在文化产业中，不同商品或市场的需求曲线的形状和位置之所以不同，除了消费者个人偏好的影响之外，主要是需求变动对价格和收入变动的敏感程度不同。为了精确测定不同商品对于其他因素变动的敏感程度，我们将使用弹性这一尺度。在经济学中，弹性是指作为因变量的经济变量的相对变化与作为自变量的经济变量的相对变化之比。而需求弹性则主要包括需求的价格弹性、需求的交叉弹性、需求的收入弹性以及需求的预期价格弹性。而就文化产业而言，这几类弹性与经济学几乎没有区别。

1. 需求的价格弹性

需求的价格弹性表示的是一种商品的需求对该商品本身价格变化的反映程度。它等于需求量的相对变化与价格的相对变化之比。用公式表示就是：

$$E_d=-需求量变化的百分比／价格变化的百分比\qquad(3.2)$$

2. 点弹性和弧弹性

根据价格和需求量变动幅度的大小，需求的价格弹性可以分为点弹性和弧弹性。

所谓点弹性就是需求曲线某一点上的弹性。设一本杂志的原价格和变化后的价格分别为 P_1 和 P_2，与 P_1、P_2 对应的需求量分别为 Q_1 和 Q_2。如果需求量和价格变动很小，则点弹性的公式可以写为：

$$E_d=-[（Q_2-Q_1)/Q_1]/[（P_2-P_1）/P_1]\qquad(3.3)$$

所谓需求的弧弹性就是指需求曲线上两点之间的弧弹性，其公式为：

$E_d = -[(Q_2-Q_1)/(Q_1+Q_2)/2]/[(P_2-P_1)/(P_1+P_2)/2]$　（3.4）

以上关于点弹性和弧弹性的论述，同样适用于其他需求弹性和以后会提到的供给弹性。

通过需求的价格弹性这一衡量指标我们可以看出需求的价格弹性无论是对生产者还是消费者来说都具有重要意义。通过观察和计算我们可以得出：

当$E_d > 1$时，即需求富有弹性时，需求的变动率大于价格的变动率，降低价格对于厂商来说有利可图，因为这样会增加厂商的销售额。

当$E_d < 1$时，即需求缺乏弹性时，需求的变动率小于价格的变动率，此时降低价格对于厂商来说不利，因此理智的厂商不会采取促销行为。

3．决定需求弹性系数大小的因素

替代品的数目及其相近程度。替代品的数目越多，相似程度越大，需求的弹性系数就越大，反之就会越小。以某明星的演唱会为例，其替代品及其相似程度就很低，甚至对于某些人来说是无可替代的，因此提高价格对于演唱会的组织者来说就是有利可图的。这就可以解释为什么某些明星演唱会或者某场重要的体育比赛的门票会贵得惊人。

4．时期的长短

一种消费品在长期内的需求弹性要大于在短期内的需求弹性。

消费品在消费者预算中所占比例大小。一般来说，在消费者总支出中所占比例越大，其需求弹性就越大，反之就越小。

新闻摘录：

对于某些特定的消费群体而言，因为个人喜好问题，某些体育比赛或者演唱会等文化活动是无可替代的，因此我们就会看到许多倒卖门票的案例。

无论你喜不喜欢，倒卖门票是自由市场的一种力量。Charles Stein Chip Case 每年都有一堂关于转售体育比赛门票的课。他的经济学教科书中有一节是同样的主题。

但是对于威尔斯利学院的经济学教授 Case 来说，销售和倒卖门票不仅仅是一种有趣的理论探索。1984 年，为了买每张 11 美元的凯尔特人与湖人队经典系列比赛的门票，Case 在 Causeway 大街排了两个晚上的队。在那个赛季第七场比赛的前一天夜里，他正在洗澡时，他的女儿叫他："爸爸，有人打电话来，想买你凯尔特人比赛的门票"。Case 说他不想卖。"但是，爸爸"，他女儿又说，"他愿意一张票出至少 1000 美元"。

Case 专卖决定。一小时后，一辆豪华轿车开到她家门口取走了两张票。司机走时留下了 3000 美元。

无论球队阻止转售门票的力度有多大，这类交易总会发生。每个赛季全国橄榄球联盟会给各队一些超级碗比赛门票，并禁止他们转售。但其中许多票最终又回到了二级市场。上个赛季，联盟抓住了明尼苏达海盗队的主教练 Mike Tice，他把自己的票卖给了加州一家票务公司。Tice 事后接受《体育画报》(Sports Illustrated) 采访时说："我很遗憾。"或者至少说他很遗憾被抓住了。

与任何一个良好的市场一样，门票市场对信息也十分敏感。Case 也有一个与此相关的故事。在去年扬基队和红袜队之间决赛系列的第四场比赛之前，他在 Kenmore 广场。红袜队已经输了前三场，在 Mudville 已经没有欢乐。票贩子正以略高于面值的价格出售第四场的门票。可能第五场比赛门票的价格会更低。

但是，红袜队在加时赛中反败为胜，赢了第四场比赛。Case 说，到第二天凌晨 2 点，最好的第五场比赛的门票在网上已经被卖到 1000 多美元。熊市已经迅速转变为牛市。

资料来源：Boston Globe，May 1，2005。

从以上资料我们可以发现，现实生活中尤其是文化领域中，消费者偏好对于价格的影响尤为明显。因为对于现实中的人来说，某些文化生活对他们来说效用十分高，甚至可以说是无可替代的。所以文中所说的倒卖门票，无论是演唱会还是体育比赛或是其他演出门票的案例在我们身边几乎随时发生。

40

二、供给

（一）供给定理

单个厂商的供给是该厂商所能提供的数量，整个市场的供给是市场上所有厂商所能提供的产品数量。市场供给指的是某一既定时期在某种价格下对某种商品或服务计划提供的数量。在短期内，即在经济学所定义的不足以改变全部生产要素的时间长度内，市场的供给是所有厂商供给之和；从长期来看，即所有生产要素均可变时，市场的供给会随着厂商数目的变动而变动。

供给定理——在其他条件不变的情况下，某种物品的价格越高，其供给量就越多，以演唱会座位供给为例（见表 3.2，图 3.2）。

供给表和供给曲线

供给曲线是一条向右上方倾斜的曲线，供给量随着价格的升高而增加。关于市场供给曲线，也应该注意以下两点：

（1）市场供给曲线是向右上方倾斜的，其斜率为正，换句话说，商品的供给量随着价格的上升而增加，随着价格的下降而减少，这就是所谓的供给定理。

（2）任何市场供给曲线，都只适用于某一特定时期，比如说演唱会的供给曲线只适用于演唱会举办这一特定时期，而且其形状和位置要取决于该时期的长短及其他因素。

表 3.2　演唱会供给表

门票价格（元）	提供的座位（人）
1000	50000
800	32000
600	20000
400	10000
200	3000

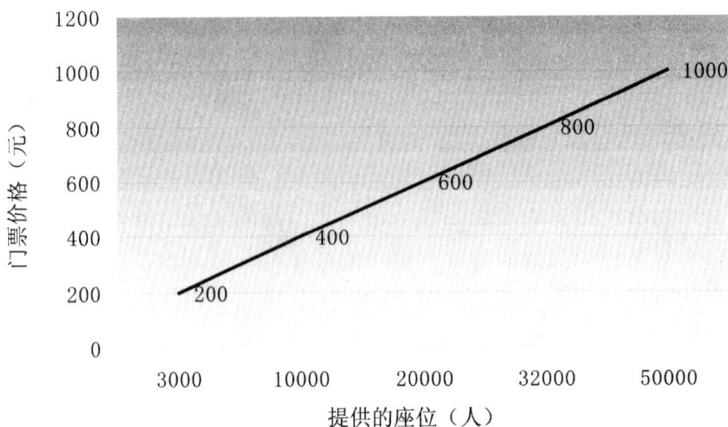

图 3.2　演唱会供给曲线

（二）影响供给变动的因素：供给函数

文化产业的供给比较特殊，有些文化产品与经济学中普通的供给函数并无二样，比如书籍、音乐 CD 等；而有些文化产品则与普通的供给函数有很大不同，因为有些文化产品诸如体育比赛、音乐会、演唱会等，是独一无二的，无法替代，那么影响这些特殊文化产品的供给函数变动的因素和经济学中普通的供给函数则有很大的不同，以下为影响普通文化产品供给函数的因素。

生产要素的价格水平：生产要素的价格构成厂商的成本，它也是决定产品供给的重要因素。

技术的变化：技术水平是决定供给的重要因素。最明显的例子就是 20 世纪 90 年代流行的 VCD，随着技术的进步，其价格迅速下降，随后逐渐被技术水平更高、成本更低的 DVD 所取代，于市场中消失。

其他商品的价格：如果能用相同的资源所生产的其他商品的价格发生了变化，那么，在其他条件不变的情况下，所论及商品的供给曲线就会发生相应的变动。

将以上决定供给的各种因素综合起来加以考察，所谓供给函数所表示的就是在某一特定时期内某种商品的供给与决定供给的各个因素之间的关系。其公式如下：

$$S=g（P，M，V，P_t）\qquad(3.5)$$

公式中的 S 表示一定时期内某种商品的供给，P 是该商品的价格，M 为生产该商品的要素价格，V 表示技术水平，P_t 表示用相同的资源所能生产的其他商品的价格。

（三）供给弹性

正如需求弹性一样，供给弹性也有类似的表达方式：

$$\eta_s=供给量变动率/价格变动率\qquad(3.6)$$

同样的，变动率也是以变动前后供给数量的平均值和变动前后价格的平均值为分母进行计算的。

三、市场价格的决定

正如前文所说，市场是由买方和卖方或者说需求一方和供给一方组成的，那么，商品的价格也就自然是由买卖双方或供求双方共同决定的。如果说所谓均衡指的是一种没有变动的趋势，从而能够维持持续存在的状态，那么，所谓均衡价格也就是在需求和供给这两种力量达到平衡，从而不再变动时的价格，是一种能够维持住的价格。

因为需求和供给可以分别用需求曲线和供给曲线来表示，所以，所谓供求平衡产量，指的是需求曲线和供给曲线的交点相对应的产量为均衡产量（见图3.3）。

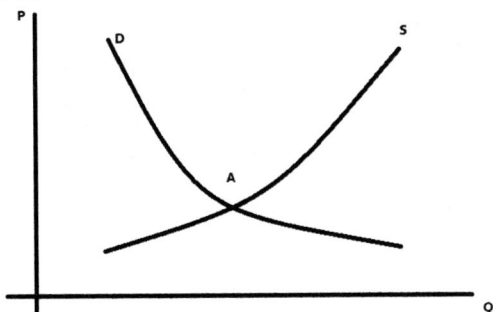

图 3.3 市场价格的决定

（一）均衡价格与实际价格

在现实世界中，我们看到的往往是实际价格而不是均衡价格，而这个实际价格一般会在均衡价格上下波动，只有在极其偶然的情况下才非常接近甚至等于均衡价格。对于文化产业来说更是如此，文化产品的实际价格因为受很多特殊因素的影响，实际价格很难甚至不太可能等于均衡价格。然而经济学中却简单地假定实际价格接近于均衡价格，这种假定是完全有道理的，因为只要实际价格偏离了理论上的均衡价格，供求作用总会推动实际价格向均衡价格移动。

只要实际价格高于均衡价格，那么总存在着一种力量使得现实中的商品价格有下行的压力。同样的，只要实际价格低于均衡价格，就总存在着促使价格上升的推力。当然，实际价格向均衡价格移动需要很长时间，而当实际价格快要接近均衡价格时，这时的均衡价格可能又变了。但不论如何，我们可以说实际价格总是在向均衡价格移动的。而这一假定之所以有价值，就是因为对于许多文化产业的经济活动来说，我们所需要的不过是对价格的运动趋势做出预测。

（二）均衡价格的变动：供求定理

既然均衡价格是由供求水平或供求曲线共同决定的，那么，均衡价格的变动自然也就是由供求曲线所引起的。关于需求曲线和供给曲线移动的原因，前面已经叙述过了。

1. 需求曲线的移动对均衡价格的影响

在供求曲线不同且供给曲线不变的情况下，需求曲线右移，会使均衡价格提高，使均衡数量增加；反之，均衡曲线左移，会使均衡价格下降，均衡数量减少，如图 3.4 所示。这种需求曲线的移动对均衡价格及均衡数量的影响，称为需求变化效应。

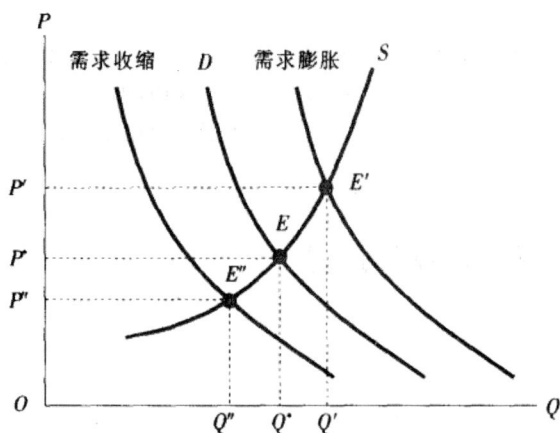

图 3.4　需求曲线的移动对价格的影响

2. 供给曲线的移动对均衡价格的影响

在需求曲线不变的情况下，供给曲线右移，会使均衡数量增加，价格下降；而供给曲线左移，则会使均衡价格提高，使均衡数量减小，如图 3.5 所示。这种供给曲线的移动对均衡价格及均衡数量的影响，称为供给变化效应。

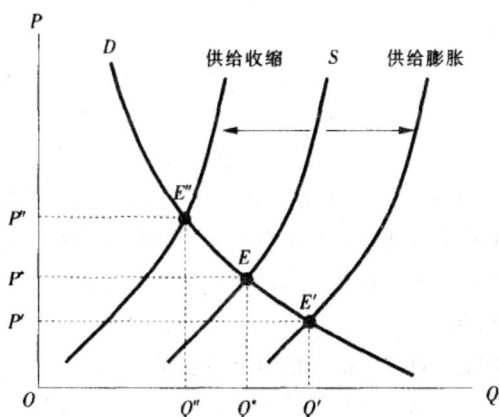

图 3.5　供给曲线的移动对价格的影响

3．供求定理

以上两方面的分析可以概括为两句话：即需求水平的变动引起均衡价格与均衡数量同方向变动；供给水平的变动引起均衡价格反方向变动，引起均衡数量同方向变动，这就是所谓的"供求定理"。

第二节　消费者行为与厂商行为

一、消费者行为

（一）边际效用递减规律

商品的效用分为总效用和边际效用。总效用是指消费者在一定时间内消费一定量某种商品或商品组合所得到的总的满足。边际效用是指消费者在所有其他商品的消费水平保持不变时，增加消费一单位某种商品所带来的满足程度的增加，也就是指增加一单位某种商品的消费所引起的总效用的增加。如果用 TU 表示总效用，MU 表示边际效用，则：

$$MU=\triangle TU/\triangle Q_x \qquad\qquad (3.7)$$

边际效用递减规律：在一定时间内，当一定数量的产品 X 被消费之后，再每多消费一单位产品 X，则增加的这一单位产品的消费所产生的效用增量相对于前一单位该产品的消费所产生的效用增量要小。即当产品消费达到一定数量后，单位产品所产生的效用的增量是递减的。

这一点我们在现实生活中应该深有感触，当你反复听一首音乐时所产生的效用要比第一次听这首音乐产生的效用要小。

（二）消费者行为

边际效用递减规律的存在决定消费者均衡的存在。消费者的消费行为被假定在有限收入或一定预算约束下决定消费者效用最大化的行为。当消费者将有限的预算以效用最大化的方式分配于自己购买的商品或服务时，该消费者则处于消费者均衡之中。

如何在既定花费情况下使得自己的效用最大化？通过消费者行为分析我们不难发现，当消费者将自己最后一元钱花费在 A 产品与花费在 B 产品上的效用相同时，那么这是我们认为消费者的效用已经最大化。

用数学方法表现消费者行为理论：

$$MU_x/P_x=MU_y/Py=\cdots=\lambda \qquad\qquad (3.8)$$

且满足：

$$P_x \cdot Q_x+P_y \cdot Q_y+\cdots=Y \qquad\qquad (3.9)$$

MU_x 指的是购买最后一单位商品 X 所获得的效用的增量，P_x 是指商品 X 的价格，λ 指的是货币的边际效用，Y 是总支出或者总预算。由消费者理论的公式可以看出，当某种商品价格降低时，由于假设货币的边际效用 λ 保持不变，随着商品的价格降低，会带来更多的产品消费，进而带来其边际效用 MU 的降低。根据边际效用递减规律，可以消费更多的产品 X，即某产品的价格越低，在固定支出的情况下，可以将用于其他产品的消费转到该产品上来，以获得效用的最大化。

（三）消费者剩余

消费者剩余指的是消费者消费全部商品所愿意支付的货币的极大值与实际支付的货币值之间的差距。

二、厂商的行为

（一）厂商的短期行为

厂商的行为与消费者不同，厂商的目标是利润最大化，即在既定的投入下使得产出最大化，或者是在既定产出下使得投入最小化。

由于受到技术等因素的影响，生产过程可以分为短期和长期。短期生产指的是部分生产要素不可变的生产阶段，而长期生产指的是全部生产要素均可变化的生产阶段。

在短期成本中，分为总可变成本、总固定成本、总成本、平均可变成本、平均固定成本、平均总成本等众多概念。

总可变成本（TVC），指的是与可变要素有关的成本，是指在整个生产过程中所有可变要素投入的总成本。

总固定成本（TFC）指的是与短期内不变要素有关的成本，是指在生产过程中短期内不变要素投入的总的成本。

总成本（TC）为总可变成本与总固定成本之和。

$$TC=TVC+TFC \tag{3.10}$$

短期边际成本（SMC）指在短期生产条件下，产出每增加一单位带来的总成本的增加量。

平均可变成本和平均固定成本指对于每一单位产品而言平均的可变成本和固定成本。

平均总成本为平均可变成本和平均固定成本之和，即：

$$ATC=AVC+AFC \tag{3.11}$$

定义成本的概念是为了对成本的变化规律有明确地掌握，这样才能让厂商做出更好的决策。

（二）厂商长期行为和规模报酬

厂商在长期内会根据市场的变化而改变自己的全部投入，使得自己的平均生产成本最低。当一个演唱会的组织者发现某场演唱会特别受欢迎时，他不仅仅会扩大场地，而且会增加演出频率，以获得收入最大化。

在长期生产时间段内，当厂商试图进行生产或经营规模扩张的时候，厂商做出扩张或保持原生产规模或缩小生产规模决策的评价指标就是规模报酬的变化情况。

规模报酬通过总投入增加率和报酬增加率的大小关系来衡量。

（1）当总投入增加的百分比小于报酬增加的百分比的时候,称为规模报酬递增。比如若投入增加一倍，而产出的增加即报酬的增加大于一倍的时候，我们将此情况称为规模报酬递增或规模经济。在价格不变的市场条件下，规模报酬递增表现为平均成本的不断下降。

（2）当总投入增加的百分比大于报酬增加的百分比的时候,称为规模报酬递减。

（3）当总投入增加的百分比等于报酬增加的百分比的时候,称为规模报酬不变。

不同的规模报酬的变化情况在长期生产条件下，其规模扩张带来的成本变化如图 3.6 所示。

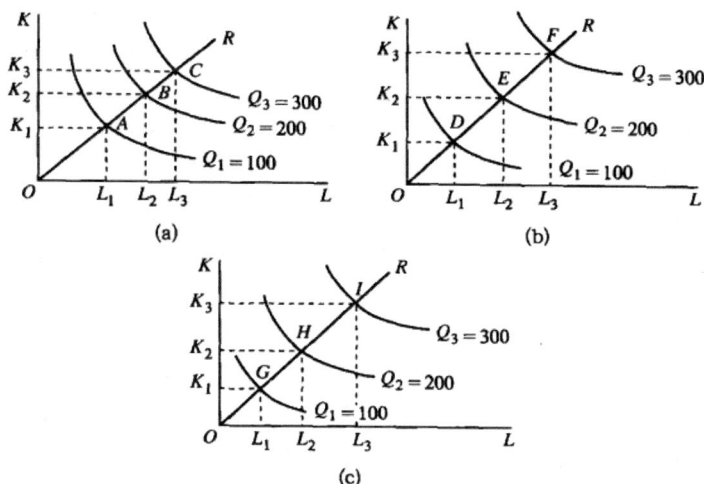

图 3.6　规模报酬

三、厂商的利润

所有厂商包括文化产业领域，其经营的目的都是为了获得最大利润，这是市场经济条件下每个厂商能够继续存在下去的最基本条件。厂商在实际的生产经营活动中不仅仅需要对自己的收益进行考虑，同时也要对其利润加以考虑，在利润最大化的时候做出生产决策。

厂商的总收益（TR）是厂商生产经营活动的总收入，等于商品或服务的价格与产量 Q 的乘积：

$$TR = Q \cdot P \qquad\qquad (3.12)$$

平均收益（AR）指单位产品或服务的售出所获得的收益，等于总收益除以产品出售的数量 Q：

$$AR = TR/Q \qquad\qquad (3.13)$$

由上式我们可以发现：

$$TR=AR \cdot Q \rightarrow AR=P/Q \cdot Q=P \qquad (3.14)$$

所以一个厂商的需求曲线也就是他的平均收益曲线。不同的是，需求曲线表述的是该产品在不同价格水平下的需求数量，而平均收益曲线表示的是在任意需求量上的平均收益。

边际收益（MR）指每增加一个单位产品或服务的销售对于厂商而言所获得的收益的增加值：

$$MR=\triangle TR/\triangle Q \qquad (3.15)$$

通过上面的公式，可以推导出厂商所面对的需求曲线 DS 和边际成本曲线 MR 之间的关系。

假设厂商所面对的需求曲线为：

$$P=a-bQ \qquad (3.16)$$

则有：

$$TR=PQ=Q(a-bQ)=aQ-bQ^2 \qquad (3.17)$$

由于，

$$MR=\triangle TR/\triangle Q=dTR/dQ=a-2bQ \qquad (3.18)$$

可见，MR 曲线的斜率是需求曲线 D 的一半。边际收益曲线 MR 是需求曲线 D 和纵轴之间的平分线。

由于销售量的增加在大部分情况下伴随着价格的下降，在这种情况下，边际收益会随着销售量的增加而减少。同时，正如前面所提到的，伴随着产量的增加，边际成本总会在某一点开始上升。在这种情况下，当边际收益 MR 大于边际成本 MC 的时候，厂商提供这一单位的商品或者服务是明智的；当边际收益 MR 小于边际成本 MC 时，理性的厂商将不会提供该产品的生产。所以厂商利润最大化的点出现在边际成本等于边际收益且边际成本处于上升阶段的时候，这对于处于任何形态的市场环境的厂商都是成立的。可以通过数学方法加以证明。

由利润：

$$\pi =TR(Q)-TC(Q) \qquad (3.19)$$

若要得到利润 π 最大的点，即极大值，则该点的一阶导数为 0。根据实际意义，则该点为极大值点。

利润对产量 Q 求一阶导数为：

$$D\pi/dQ=dTR/dQ-dTC/dQ=MR-MC=0 \qquad (3.20)$$

即：

$$MR=MC \qquad (3.21)$$

即边际收益 MR 等于边际成本 MC 的点即为利润 π 的最大值点。

第三节　文化产业一般均衡理论

一般均衡分析着眼于解决经济学整体知识，解决局部均衡分析方法所不能解决的问题。一般均衡以各产品市场、要素市场、产品市场和要素市场之间的普遍联系为基本背景，着重解决消费者和生产者如何同时达到均衡，各产品和要素供求能否同时达到均衡等问题。

本节将从消费领域、生产领域以及全社会体系这三方面展开一般均衡分析。

1. 消费领域

当实现消费领域一般均衡时，消费者面对产品 X、Y 的边际替代率 MRS_{XY} 等于消费者所面对的产品的比价。所谓边际替代率 MRS_{XY} 指的是在消费者效用不变的前提下，消费者为了获得产品 Y 愿意放弃产品 X 的数量。不同消费者面对的产品比价是相同的，于是有：

$$MRS^A_{XY}=dY/dX=MU_X/MU_Y=(P_X/P_Y)_A \qquad (3.22)$$

$$MRS^B_{XY}=dY/dX=MU_X/MU_Y=(P_X/P_Y)_B \qquad (3.23)$$

得到：

$$MRS^A_{XY}=(P_X/P_Y)_A=(P_X/P_Y)_B=MRS^B_{XY} \qquad (3.24)$$

即不同的消费者在一般均衡实现时，在各自一定满足程度上对产品 X、Y 的边际替代率相等。由此，实现消费领域一般均衡的条件就是各个消费者的边际替代率 MRS_{XY} 相等。

2.生产领域

当生产领域一般均衡得到实现时，由于在竞争性市场环境中厂商只能接受既定的生产要素价格和产品价格，所以为了使产量一定是成本最低或是成本已定时，产量最大，厂商在生产要素投入的选择上总是力求各种要素的边际产量 MP 之比等于各要素的价格之比。这与消费者的选择有异曲同工之处，即都是在支出约束的前提下，使商品所获得的边际"报酬"相等。所不同的是，消费者获得的是边际效用，生产者获得的是边际产量。

于是就得到：

$$MRTS^X_{LK}=dL/dK=MP_k/MP_L=(P_K/P_L)_X \qquad (3.25)$$

其中 X 产品的边际要素替代率 $MRTS^X_{LK}$ 指的是厂商在产品 X 上劳动和资本的边际产量之比。同样我们可以得到：

$$MRTS^Y_{LK}=dL/dK=MP_k/MP_L=(P_K/P_L)_Y \qquad (3.26)$$

毫无疑问的是，生产领域的生产者在不同产品上面对的要素的价格比也是相同的，于是就得到：

$$MRTS^X_{LK}=(P_K/P_L)_X=(P_K/P_L)_Y=MRTS^Y_{LK} \qquad (3.27)$$

因此，生产领域的均衡指的就是生产者在不同产品上任两种要素的边际技术替代率相等。

3.全社会体系

在消费者和生产者均衡都实现后，就要开始研究全社会的一般均衡。在竞争性市场中，消费者和生产者都只能接受既定的市场价格。消费者和厂商所面对的产品比价是相同的。企业的边际转换率 MRT（企业的边际转换率指的是企业在生产过程中为了多生产一个单位的产品 Y 所必须放弃的产品 X 的数量）通过价格联系起来：

$$MRTS_{XY}=（P_X/P_Y）_C=(P_X/P_Y)_P=MRT_{XY} \qquad (3.28)$$

这样全社会范畴的最终的均衡就通过竞争性的市场价格联系起来了。

在全社会实现均衡的时候，我们引入福利经济学最为重要的概念——帕累托最优。

帕累托最优——全社会处于这样一个均衡状态，即任何改变无法使一个经济主体在自己情况不变坏的情况下，使至少一个经济主体的状况变得更好。

新闻摘录：市场的奇迹

感谢"看不见的手"

Jeff Jacoby

感谢全能的上帝是感恩节的主题，而且，自从普利茅斯的清教徒有了第一次好收成以来就一直如此……今天，全国数以百万计的家庭为许多恩赐而感恩上帝：为餐桌上的美食和所爱的人相伴，为即将带来的一年的健康和好运气，为生为美国人或者成为美国人的无数特权。

但是，即使是最虔诚的人也不会为航空公司的航班使我们中的一些人可以在感恩节时飞回家而感谢上帝，也不会有人为节日期间的周末本地电影院准时上映《怒海争锋》而感谢上帝，或者为报纸食品版刊登的一流的小红莓苹果派菜谱而感谢上帝。

我们或多或少地认为这些事情是理所当然的。很少有人把这些事情当作奇迹来解释：为什么好莱坞在重大节日时发行大片。这正是他们需要做的。这些事情有什么稀奇的？

例如，为了把精美的影片送上屏幕，需要成百上千人的共同努力——当然包括那些演技高超的演员、经验丰富的导演、技术高超的摄影师、后期制作者、音乐制作人、影片的投资方等。在这长达数月甚至数年的过程中，无数互不相识人的活动必须精密筹划并严格规划时间。在所有人中，没有一个人高高在上，强迫他们为你的利益合作。但他们确实在合作。当你来到电影院时，好莱坞大片已经为你准备好了。你不用做任何事，只需要买票并欣赏这些影片就好了。如果这不是奇迹，那又是什么呢？

亚当·斯密称它为"看不见的手"——引导千百万为自己利益工作的人促成有利于许多人的结果的神秘力量。在看似混乱的千百万未经协调的私人交易中产生了自发的市场命令。自由的人自由交易，结果是物品和劳务之丰富超出了人们的想象。没有独裁者、没有官员、没有超级计算机提前做出计划。

自由的社会秩序，和它所带来的财富与进步一样，都是一种上天的极大恩赐。在这个感恩节以及生活中的每一天，我们都要心存感激。

资料来源：The Boston Globe, November 27, 2003。

第四章

文化产业的宏观经济学分析

第一节　文化产业基本宏观经济概念

　　文化产业围观经济学层面研究的是个体经济活动参与者的行为、选择以及与其选择相对应的后果，而宏观经济所要研究的问题是国家或社会总体经济运时社会总体的选择以及选择相对应的后果。具体来说就是对国民经济的统计、文化产业在国民经济发展中的作用、国民经济整体形势走向对文化产业发展的影响等诸多方面的内容。

一、国民收入核算的基本概念

　　宏观经济分析的第一步就是相关指标的确立，首先是国民收入核算的基本指标，这不仅关系国计民生的总体情况，同时也是各产业发展状况的参考标准。国民收入的基本核算可以让我们看出国家经济的总体运营情况，结合产业相关数据就可以对产业发展做出有力的分析和指导。

　　（一）GDP

　　GDP（Gross Domestic Product）是国内生产总值的简称，是在国家范围内一年中所生产的最终产品和服务的市场总值。与它相近的概念还有 GNP（Gross National Product），即国民生产总值。国民生产总值是按照国民的原则来计算的，而国内生产总值则是按国土原则来计算的。两者的关系是：GDP=GNP-来自国外的净要素收益。一般而言，国内生产总值和国民生产总值是不同的，但对中国来说，尤其是对中国文化产业而言，两者区别并不大。

（二）GDP 的分解

1.GDP 和 GNP

若要生产产品，我们需要固定资产，固定资产的特点之一就是其价值不是一次性转移到新产品中去，而是逐步转移到新产品中去的，并以成本的方式得到补偿，这就是固定资产的折旧。固定资产是往年生产的产品。各国官方都规定，当年生产的新的固定资产价值应计入当年的 GDP。但是此后的若干年内，为了补偿固定资产的价值要提取折旧费。其基本方式是在固定资产使用期限内将折旧费摊到所生产的产品价格上，这样，由于包含了折旧费，提高的价格部分就没有创造出任何相应的实际价值，它们作为 GDP 的一部分完全是虚构的。所以，GDP 中减去折旧也是为了避免重复计算。此外，折旧是用来补偿其损耗的，它不会作为任何人的收入。因而 GDP 和 NI 存在着差距，这种差距是由于 GDP 的具体核算方法产生的。在 GDP 中扣除折旧，我们就得到净国内生产总值 NDP（Net Domestic Product），即：

$$NDP=GDP-折旧 \tag{4.1}$$

除了折旧以外，政府还要向企业征收各种各样的间接税。所谓间接税和直接税是针对收入而言的。对收入直接征税被称为直接税，包括利润税、个人所得税；间接税是指对营业额、企业销售额等将税收转移到商品价格上。例如，政府对一些音像制品征收商品税时，商人可以通过提高商品价格的方式将货物税转嫁到消费者身上。

2.可支配收入

NI 概括了一个社会所有人的总收入，但总收入并不等于可支配收入。比如一个大学教授，其一个月的总收入要扣除除房公积金、医疗保险金和个人所得税；此外他也会得到一些额外收入，比如国家发给的住房补贴和国家的特殊津贴等，进行了这些加减之后的钱才是这位教授的可支配收入。我们计算全社会可支配收入 DI（Disposable Income）就是从 NI 中扣除相应的项目。

DI=NI-社会保险费-经营利润税-企业留利-个人所得税+国家转移支付+企业转移支付+…   （4.2）

二、宏观经济的其他基本概念

经济增长率（Economic Growth Rate）是末期国内生产总值与基期国内生产总值的比较，以末期现行价格计算末期 GDP，得出的增长率是名义经济增长率，以不变价格（即基期价格）计算末期 GDP，得出的增长率是实际经济增长率。在量度经济增长时，一般都采用实际经济增长率，经济增长率也称经济增长速度，它是反映一定时期经济发展水平变化程度的动态指标，也是反映一个国家经济是否具有活力的基本指标。即：

经济增长率=（今年实际 GDP-去年实际 GDP）/去年实际 GDP×100%   （4.3）

经济福利（Economic Welfare）是对经济总体健康状况的一个全面衡量。当所有物品和劳务的生产增长时，经济福利提高。当然经济福利还受其他因素影响，比如税率、利息率、物价指数等。

失业率=失业者人数/劳动力总数×100%   （4.4）
劳动力总数=就业人数+失业人数   （4.5）

财政政策是政府变动税收和支出以影响总需求，通过此方法影响就业和国民收入的政策。财政政策分为自发的财政政策与相机抉择的财政政策。

货币政策是政府货币当局或者中央银行通过银行体系的变动，即准备金率的变动、高能货币的增加等方法，通过影响利率、消费、投资进而影响总需求，使得国民收入和就业得到调节的政策办法。

通货膨胀（Inflation）是指持续的物价水平上升和货币贬值的过程。造成通货膨胀的主要原因有需求拉动和成本推动。需求拉动型通货膨胀指由于总需求的增加导致物价水平的持续上升。需求增加的主要原因是由货币供给的增加、政府购买的增加和出口的增加等因素造成的。成本推动型通货膨胀指货币工资上升或是原材料价格的上升导致的成本增加引起的物价水平的持续上升。

经济周期是指经济活动沿着经济发展所固有的总体趋势所经历的有规律的扩张和收缩，又称为商业周期。

第二节　文化产业与经济总量的增长

文化增长是关于文化经济总量增长的概念，与文化力密切相关，包括科技和教育在内的属于"文化"的所有方面，因而是个综合性很强的集合概念。文化增长和经济增长一样，都是属于社会运动过程中的自我发育现象：即一定社会、一定国家综合国力的发展主要是通过经济与文化的总量增长体现出来的。当代意义上的国际竞争的实质就是综合国力的较量。因此，增强综合国力，不仅要大力发展经济实力，也要发展文化力，要加大文化增长的速度和力度。文化增长，既与原有的文化传统、文化积累有关，也与经济的投入与产出的比例有关；既与经济发展速度、规模等经济总量增长有关，也与一定时期的文化经济政策有关。研究文化增长，必须综合地考察与之相关的各种因素。我国和世界其他国家文化与经济发展的历史表明，文化增长与经济总量的增长基本上呈同步增长的趋势。这主要表现在两个方面：①经济增长水平决定文化投资总量水平；②经济总量的增长制约着文化总量的增长。

经济增长或经济总量的增长，是指国民财富和国家经济实力的增长和增强。文化增长或文化总量的增长，是指一国综合文化国力的增长，它包括文化设施建设规模、文化消费水平和文化力的发展水平。在这里，无论是文化建设规模、消费水平，还是文化力的开发程度，都直接反映了经济总量增长及其对文化投入的状况。因此，在一国的文化力和拥有自己文化资源量既定的条件下，经济增长水平率的高低，在相当大的程度上直接决定了文化投资的总量水平。经济对文化投资总量控制率的大小，是影响文化增长的基础性因素，因而具有特别重要的意义。

文化部门是一个以特殊的生产方式为其特征的国民经济部门。在很长的一段时期内，我国的文化和经济关系的一个重要表现形态，常常表现为文化和财政之间的关系，即国家财政对文化的投入。国家没有把文化也作为经济增长的重要因素，而是把文化作为消耗国家资金的部门。因此，国家财政对文化投入的多少，既影响了文化发展和增长的速度与结构，同时又间接地决定了文化增长对经济增长影响力的大小。而财政对文化投入的比例与结构，除观念和国家关于文化的政策外，国家经济总量的增长情况是决定性的因素。

影响文化增长与经济总量增长关系的另一个重要因素，就是产业结构的构成比例及其生长状况。一般来说，能够提供大量投资的同时，也需要以大量投资装备自己的产业，使其在国民经济中所占比重高，那么该国的经济总量的增长就大；反之，该国的经济总量增长就小。从另一方面来看，一国经济总量的增长能力最终要受其投资品的供给能力制约，而投资品的供给能力又取决于现存的产业结构。因此，产业结构不仅制约着投资总量的大小，而且制约着投资在各产业部门的分配，即投资的产业结构。文化属于第三产业。长期以来，在计划经济模式的指导下，我国的经济政策是重第一、第二产业，而轻第三产业。因此，无论是在产业结构还是在投资规模上，都远远低于第一、第二产业的增长。改革开放后，特别是"七五"期间，由于这项工作开始受到重视，第三产业的发展有所加快，高于国民生产总值的增长速度，但从总体上看，仍然处于比较落后的状态。主要表现在，一是包括文化在内的第三产业在国民经济中的比重低。1990 年，一、二、三产业的国民生产总值之比为 27.5:45.3:27.2，劳动者人数之比为 60:21.4:18.6。这样的比重，不仅远远低于发达国家，而且低于发展中国家的平均水平。二是第三产业结构不合理。传统行业（如商业等）比重大，而像文化、信息、咨询等的新兴行业发展缓慢。形成这种局面的一个重要因素，除了过去对文化产业的投入少外，经济总量增长结构与产业结构的不成比例与失调。经济总量增长结构影响着产业结构的变化方向。现存的文化产业结构是过去国民总收入分配的结果，而现今的国民总收入分配结构又决定着未来的文化产业结构。因此，在经济总量增长不变的前提下，加大对文化产业的投入，结合一、二、三产业结构的调整，相应地调整文化产业的内部结构与投资结构，便成为发展我国文化产业经济，提高和加快文化增长速度和力度的关键。

由于经济总量增长状况和速度制约和影响着文化的增长，因此，经济增长过程中由于社会总供给与总需求的失衡而造成的经济增长的周期性波动，也必然会给文化的增长带来波动。

案例研究：

谁在奥林匹克比赛中获胜

《经济学原理：宏观经济学分册》格里高利·曼昆

每隔四年，世界各国都要在奥林匹克运动会上展开竞争。当比赛结束时，评论家往往把一国赢得的奖牌数量作为成功的衡量标准。这个指标看起来与经济学家用来衡量成功的 GDP 极为不同，但情况并不是这样。

经济学家安德瑞·伯纳德(Andrew Bernard)和麦格汉·波斯(Meghan Busse) 在发表于 2004 年《经济学与统计学评论》上的一项研究中考察了奥林匹克成功的决定因素。最明显的解释是人口因素：在其他条件相同的情况下，人口越多的国家，体育明星也就越多。但是，情况并不全是这样。中国、印度、印度尼西亚和孟加拉国四国的人口总数超过世界人口的 40%，但它们只赢得了 6%的奖牌。原因是这些国家是穷国：尽管它们有大量的人口，但它们的 GDP 只占世界的 5%。它们的贫穷使有天赋的运动员无法发挥其潜能。

伯纳德和波斯发现，一国产生世界级运动员的能力取决于其 GDP 总量。无论这一较高的 GDP 总量是来源于高人均 GDP 还是众多的人口数量，GDP 总量高就意味着更多的奖牌。换句话说，如果两个国家的 GDP 总量相同，尽管一个国家（中国）人口众多而人均 GDP 低，另一个国家（美国）人口相对较少而人均 GDP 高，可以预期两国会赢得同样数量的奖牌。

除了 GDP 之外，还有两个因素影响赢得奖牌的数量。东道国通常获得额外的奖牌，这反映了运动员在本国竞赛中得到利益。此外，原东欧社会主义国家（苏联、罗马尼亚、民主德国等）获得的奖牌多于GDP 相同的国家。这些中央计划的国家用于培养奥林匹克运动员的国家资源要多于自由市场经济的国家。在自由市场经济中，人们对自己的生活有更多的控制权。

第三节　文化产业发展与经济增长理论

经济增长是一个古老的经济课题，从经济学诞生起就一直是人们追求和探索的题目。经济增长（Economic Growth）是指一个国家或地区在一定时期内所生产的产品和服务总量不断增多的过程，是反映经济实力和生活水平最重要的指标。在宏观经济学中，经济增长通常用不变价格计算的国内生产总值，即实际的国内生产总值来衡量。如果考虑人口变动的影响，则采用人均国内生产总值来度量。

一、经典经济增长理论

（一）经济增长理论的演进

经济增长理论就是研究经济增长中各种决定因素的相对重要性。通常认为，一个国家或地区的生产总值和收入水平依赖于该国的自然资源禀赋（包括矿产、水、森林等）、劳动力或人力资源禀赋（包括教育、培训、技巧和技能等方面的人力资源投资）、资本资源（包括物质资本投资、基础设施建设、金融资本资源等）、企业管理、组织和技术进步状况等。因此，经济增长的要素包括：自然资源、人力资源、资本资源以及技术进步状况。通俗地说，推动经济增长的要素有土地、劳动、资本和技术进步，经济学对经济增长理论的认识是从古典开始的。

从假设出发，不断地增加约束条件，使问题简化，突出核心问题，再不断地放宽约束条件，来不断地趋近现实，是经济学分析的基本方

法。对于经济增长理论也是如此。亚当·斯密最早在《国富论》中提出
了经济发展，从一种田园时代假设出发，"一切事物都处于它的原始状
态，没有土地的占有和资本的积累"，在土地自由使用时，因为没有资
本，人口翻一番，产出也正好翻一番，工资就是全部国民收入，产出与
人口的增加是同步进行，因此人均实际工资会长期不变。这是最早的经
济增长理论。但是土地是有限的，当所有的土地都被占用和开发，平均
每一个劳动力可以使用的土地减少，单位土地上的人口增加，边际收益
递减规律开始发挥作用，劳动的边际产出下降，实际工资下降。于是产
生了马尔萨斯的悲观理论。马尔萨斯认为，人口的压力会使经济状况恶
化，工人的工资仅能达到最低的维持生存的水平。因此仅能在这样一种
状态下实现均衡，这是一种可悲的状况，经济学也是"沉闷的科学"。
马尔萨斯没有认识到资本投资和技术创新可以克服边际收益递减规律。

随后，经济学家认识到资本的深化对经济增长的促进作用，围绕
资本与经济增长的关系展开研究，凯恩斯主义的哈罗德—多马模型将
这种研究引向了深入。20 世纪 50 年代末以来，占主导地位的增长理论，
是以索洛的理论为代表的新古典增长理论。在索洛 1956 年提出的模型
中，生产的投入要素只有资本和劳动。他的模型唯一的自变量是人均
资本。索洛在 1957 年提出全要素生产率分析方法，并应用这一方法检
验他的新古典增长模型时发现：资本和劳动的投入只能解释 12.5％左
右的产出，另外的 87.5％的产出无法用资本和劳动的投入来解释。于
是，索洛用外生的技术进步对那部分不是来自劳动和资本投入的产出
"余数"做了说明，提出了技术进步在经济增长中的重要作用，进而改
变了生产函数（丹尼森的残差分析也做了类似的工作）。

近年来美国经济学家罗默和英国经济学家斯考特等人的研究使经
济增长理论又有了新的发展。它改变了技术进步是外生变量的假设，
认为技术是可以生产出来的要素。如果技术水平不同是导致各国生活
水平差异的主要原因，那么，关于经济增长的政策就应该着重研究国
家怎样提高技术水平，这就是新经济增长理论。这对于转轨时期的中
国经济尤其具有强烈启示，以技术进步去带动产业升级，走出初级产
品加工和靠大量投资拉动经济增长模式，不仅是应对金融危机的需要，

也是中国经济实现长期稳定健康发展的必由之路。

（二）索洛经济增长模型

罗伯特·索洛，美国经济学家，1924 年 8 月 23 日出生于纽约，以其新古典经济增长理论著称，1947 年获哈佛大学经济学学士学位，1949年获哈佛硕士学位，1951 年获哈佛哲学博士学位，他的导师是发明投入产出模型的、1973 年诺贝尔经济学奖得主华西里·列昂惕夫。从 1949年起，索洛一直在麻省理工学院任教，并在 1961 年被美国经济学会授予青年经济学家的"约翰·贝茨·克拉克奖"，在 1987 年被瑞典皇家科学院授予诺贝尔经济学奖。可以说，索洛是现代经济增长理论的开创者，也可以说是行为经济学的奠基人物之一。他主张从社会学的角度来对经济学进行拓展。索洛认为不能过多地依靠逻辑推导，而应该通过经验归纳。他不太信服理性预期，但他的经济增长模型强调技术进步的力量，而否认政策的有效性，因此，从这个角度他也属于新古典学派。

索洛模型（新古典增长模型）的基本研究思路是这样的：先假定技术保持不变，集中考察资本在经济增长中的作用。

$$y = K/L \qquad (4.6)$$

称为资本—劳动比率，或者称为人均资本量，总的生产函数为：

$$Q=F（K，L） \qquad (4.7)$$

或者，

$$y = f（k） \qquad (4.8)$$

这里引入资本深化的概念，资本深化是指人均资本随时间推移而增长的过程，例如铁路运输和公路运输的增多，社会投入了大量的资本品，提高了人均资本量，在技术水平既定的条件下，用于工厂和设备的大量投资的资本收益率会降低。即如果资本存量的增加快于劳动的增加，那么就会发生资本深化。如果没有技术变革，资本深化将会带来人均产出增长，带来劳动边际产品和工资的增加；它还会导致资本收益的递减并降低资本收益率。

在土地数量、自然资源贡献以及最重要的变量——技术都保持不变的前提下，人均资本增加，人均产出也会增加，但长期来看，经济会进入一种稳定状态，资本深化将终止，人均产出和工资的增长就会停滞。这就是新古典增长模型所建立的背景：假如经济增长仅仅是依靠资本积累，而这种资本积累又只不过是通过现存的生产技术来增加工厂数量的话，那么生活水平的提高依然会停滞。

而生产技术水平的提高，使生产函数曲线随着时间推移而向上移动，注意是曲线的移动，而不是技术不变时沿着原曲线的移动。因此，技术进步加上资本深化可以使人均产出增加，实际工资提高。

索洛模型有很多严格的假定条件：

（1）对经济总体的增长贡献被设定为由劳动、资本和技术进步三者组成；

（2）经济是竞争性的，并且总是在充分就业的水平上运行；

（3）边际生产递减的一次齐次生产函数并满足稻田条件[①]；

（4）劳动的增长是给定的，不受经济变量的影响；

（5）储蓄率是一定的，技术进步为外生变量等。

采用资本和劳动可替代的新古典科布—道格拉斯生产函数，索洛模型的数学公式：

$$Y = A \cdot F（K，L）= K^{\alpha} \cdot （AL）^{(1-\alpha)} \qquad (4.9)$$

$$Y/L = （K/L）^{\alpha} \qquad (4.10)$$

$$y = k^{\alpha} = f（k） \qquad (4.11)$$

$$s \cdot f（k）=（\delta + n + g）\cdot k \qquad (4.12)$$

$$s \cdot f（k）-（\delta + n + g）\cdot k = 0 \qquad (4.13)$$

其中，K，资本；L，劳动；A，技术水平；I，投资；S，储蓄；k，有效劳动投入之上的资本密度；s，边际储蓄率；n，人口增长率；g，技术进步率；δ，资本增长率；y，有效劳动投入之上的人均国内生产总值。

索洛增长模型的基本含义是：人均资本拥有量的变化率取决于人均储蓄率和按照既定的资本劳动比配备每一新增长人口所需资本量之间的差额。

---

①稻田条件（Inada Conditions），一个函数的一阶微分在自变量趋于 0，它趋于无穷，而在自变量趋于无穷时，它趋于 0，满足这样的条件称为稻田条件。这里的生产函数满足稻田条件，是指随着资本或劳动趋于 0，资本或劳动的边际产品趋于无穷大；随着资本或劳动趋于无穷大，资本或劳动的边际产品趋于 0。"稻田条件"的作用是保证经济的路径不分散。

如图 4.1 为索洛增长模型，横轴为人均资本拥有量 k，纵轴为人均收入 f（k）。生产函数曲线 f（k）表明随着人均资本拥有量的增加，人均产量 f（k）也相应增加。人均储蓄曲线 sf（k）位于人均收入曲线 f（k）的下方，因为储蓄只是收入的一部分。

A 点为均衡点，即 A 点资本的深化等于 0，全部的人均储蓄都被用于新增人口的资本装备（也称为资本的广化），经济达到均衡。

这就是著名的索洛模型，它的主要结论是：在其他外生变量相同的条件下，人均资本低的经济有更快的人均资本的提高，人均收入低的经济有更高的增长率；人均产出（Y/L）的增长来源于人均资本存量和技术进步，但只有技术进步才能够导致人均产出的永久性增长。

索洛模型认为，当外生的技术以固定比率增长时，经济将在平衡增长路径上增长，而当外生技术水平固定不变时，经济将趋于停滞，投资仅能补偿固定资产折旧和装备新工人，技术进步是经济增长的主要动力。丹尼森等人通过对美国经济增长的实证分析证实和巩固了索洛的观点。正因为该模型强调了技术进步对经济增长的决定性作用，故被称为"技术决定论"。

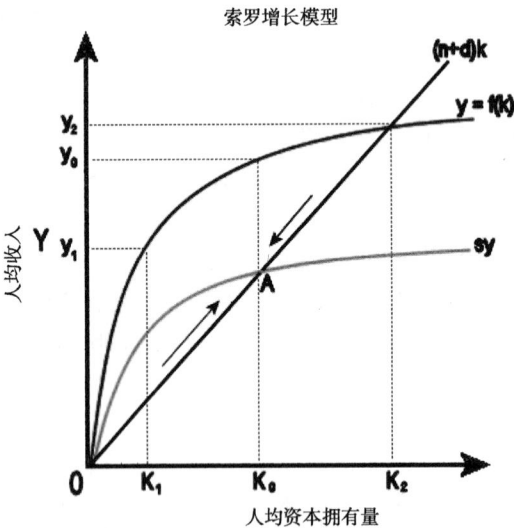

图 4.1 索罗增长模型

二、文化产业对经济增长的作用机制

（一）文化产业对经济增长的模型构建

世界经济增长过程大致可分为三个阶段：一是工业革命以前的农业经济时期和手工业生产时期，农业对经济增长起主导作用；二是工业革命到 20 世纪 80 年代工业经济高度发达时期，工业居于主导产业；三是 20 世纪 90 年代到 21 世纪的信息技术发展时期，这个时期各个产业均得到较大发展，其中文化产业一枝独秀成为经济增长新亮点。下面我们在新增长理论的基础上将文化产业作为影响经济增长的因素引入到经济增长的模型中，以此来测度文化产业对经济增长的贡献度。

设：Y 表示总产出，A_1 表示第一产业，A_2 表示第二产业，A_c 表示文化产业，A_0 表示除以上三个产业之外的其他产业。据此构造函数如下：

$$Y=f(A_1, A_2, A_C, A_0) \tag{4.14}$$

在考虑时间因素的情况下，则原式可化为：

$$\frac{\partial A}{\partial t}/Y = \lambda_1 * \frac{\partial A_1}{\partial t}/A_1 + \lambda_2 * \frac{\partial A_2}{\partial t}/A_2 + \lambda_c * \frac{\partial A_c}{\partial t}/Ac + \lambda_0 * \frac{\partial A_0}{\partial t}/A_0 \tag{4.15}$$

在不考虑时间因素的情况下，则上式可化为：

$$\frac{\partial Y}{Y} = \lambda_1 \frac{\partial A_1}{A_1} + \lambda_2 \frac{\partial A_2}{A_2} + \lambda_c \frac{\partial A_c}{A_c} + \lambda_0 \frac{\partial A_0}{A_0} \tag{4.16}$$

$$\frac{\Delta Y}{Y} = \lambda_1 \frac{\Delta A_1}{A_1} + \lambda_2 \frac{\Delta A_2}{A_2} + \lambda_c \frac{\Delta A_c}{A_c} + \lambda_0 \frac{\Delta A_0}{A_0} \tag{4.17}$$

其中：λ_1 表示第一产业的产出弹性，即第一产业对经济增长的边际贡献率；

λ_2 表示第二产业的产业弹性，即第二产业对经济增长的边际贡献率；

λ_c 表示文化产业的产出弹性，即文化产业对经济增长的边际贡献率；

λ_0 表示其他产业的产出弹性，即其他产业对经济增长的边际贡献率。

由上式可以看出，各个产业对经济增长的贡献率。所谓边际贡献率是指某一产业产出增加一单位时，所导致的 GDP 增加的百分比。由此可见：文化产业经济的边际贡献率为 λ_c，总的贡献率为 $\lambda_c \dfrac{\Delta A_c}{A_c}$（或 $\lambda_c \dfrac{\partial A_c}{A_c}$）。

（二）文化产业对经济增长的贡献

文化产业是以文化资源作为资本投资，以市场需求为产品导向，以文化产品服务于社会，并赢得经济效益和社会效益的一种新型行业。它是在市场经济条件下，适应经济与文化一体化的趋势而发展起来。在《中共中央关于制定国民经济和社会发展第十个五年计划的建议》中第一次明确提出："深化文化体制改革，建立科学合理、灵活有效的管理体制和文化产品生产经济机制……完善文化产业政策，加强文化市场建设和管理，推动有关文化产业发展。"文化产业已经成为我国经济发展的一部分，并将成为中国经济发展的一个重要增长点。以 2004 年为例，在美国，文化产业已经占当年 GDP 的 21%；在日本，文化产业已经占当年 GDP 的 18.5%；在韩国，文化产业已经占到当年 GDP 的 15%。在一些国家，文化产品已经成为对外贸易的主要产品。由此可见，文化产业所带来的不仅仅是精神文化成果，而且会创造出巨大的物质财富。

反观中国经济的发展，中国的文化产业虽然起步晚，但发展快，势头好，正在成为现代市场经济中的一个新的增长点，成为涵养税源、促进就业、扩大内需、拉动经济增长的一支生力军。

以 2013 年为例，国家统计局依据第三次全国经济普查资料，对 2013 年我国文化及相关产业（以下简称文化产业）的主要指标进行了测算，2013 年我国文化产业增加值为 21351 亿元，与 GDP 的比值为 3.63%。

根据有关资料，2013 年文化产业法人单位增加值为 20081 亿元，比上年增加 2010 亿元，增长 11.1%，比同期 GDP 现价增速高 1 个百分点。

竞争的实质归根结底是人才的竞争，人才是文化产业赖以发展的核心要素。在文化产品中，内容是决定因素，内容决定物质形式，而内容的创造是靠人的智力资源。中国香港无线电视台广告收入只占总收入的 40%，大部分收入来自节目输出。而我国许多城市电视台，则主要依靠广告收入。这种收入结构的差异，反映了在智力资源开发上的差异。因此，要抓住人才这一核心环节，把建设一支高素质的文化产业人才队伍放在突出位置，重视人力资本在文化产业中的特殊作用。通过确定知识创新者与创新成果的所有权关系，来激励精神产品生产者的创新活动，推动文化产业不断发展。智力资源以无形资产的形式参与文化投资不仅可以极大地调动文化艺术领域内各种专门人才的积极性，也将促使文化事业单位长期积累而形成的文化艺术特色、品牌、声誉、艺术创造力，通过资本的形式转化为生产力，其影响是促进人们对人才以及知识所拥有的价值的重新审视，使文化部门内部活力大大增强，促进文化产业迅速发展。据资统计料片显示，2006 年，全国文化产业单位达到 25.31 万家，从业人员 156.14 万人，我国文化及相关产业实现增加值 5123 亿元，占 GDP 的比重为 2.45%；文化产业对 GDP 增长贡献率为 3.41%，拉动 GDP 增长 0.36 个百分点。2013 年，全国文化产业单位达到 29.30 万家，从业人员 215.99 万人，我国文化及相关产业增加值为 21351 亿元，与 GDP 的比值为 3.63%[1]。由此可见：文化产业之所以成为经济增长新亮点，主要是由于文化产业在人力资本积累方面起了重要的作用。

随着经济的发展，人们衣食住行的问题解决了，就会追求精神消费，提高文化生活质量成为自然需求。在消费方面，文化产品成为与日俱增的消费热点。专家预测我国潜在的文化消费能力是 4 万多亿人民币，但是 2013 年的文化消费的实际规模是 1.6 万亿左右，还有 3 万亿的空间没有发掘出来[2]。从城镇居民人均文化消费水平看：对比 1990 年与 2013 年，城镇居民八大类消费性支出占比变化较大。食品支出比重由 54.3%下降到 35%，降幅达 19.3 个百分点；服装支出比重下降 2.8

---

① 摘自：《中华人民共和国文化部 2013 年文化发展统计公报》。
② 摘自：http://news.xinhuanet.com/2014-02/24/c_119472123.htm.

个百分点；居住支出的比重提高 4.9 个百分点；家庭设备用品及服务支出比重下降 1.8 个百分点；交通通信支出比重提高 12 个百分点；文化教育娱乐服务支出比重提高 3.9 个百分点，医疗保健支出比重上升 4.2 个百分点。2013 年城镇居民人均文化教育娱乐服务支出 2294 元，比 2005 年增长 1.1 倍。①

知识经济最本质的特征是知识创新已经成为推动经济发展的中心力量，经济发展直接、强烈地依赖于知识生产、创新、积累、传播和应用（消费）。知识经济给文化产业打开了巨大的发展空间。从需求角度看，一方面是由于科技知识的表达、传播、学习大多以文化产品的形式进行，从而大大丰富了文化产品的内容；另一方面，知识经济时代人们对文化产品的需求不断高涨，文化产品的投资与消费比率不断上升，使文化产业以空前的规模扩张。从供给的角度看，金融市场的融资便利提供了雄厚的资金来源，科学技术的突飞猛进增强了文化创作与传播手段，国家间与民族间频繁而密切的交流丰富了文化资源，文化贸易和文化资本输出推动了文化市场的全球化进程。如今，文化产业在全球范围内迅速崛起，不仅形成了包括文化产品制造业、文化产品批发零售贸易业、文化传媒与服务业三大类在内的庞大的产业体系，而且具备成为支柱产业的主要特性，满足收入弹性基准、产业关联度基准、生产率上升基准、环境标准和劳动内容基准、增长后劲基准等项要求。由于文化产业所具有的知识的外部性，一方面，文化产业对其他产业产生了巨大的拉动作用。它的三大类行业与其他产业发生着密切的前向联系、后向联系和旁侧联系，文化产品制造业的发展扩大了对机电制造业的需求，广播电视业的繁荣加快了收音机、电视机的发展速度等。文化产业在产业结构中的可融性功能极强，能形成较强的产业聚合力，却很少与其他产业形成资源冲突。另一方面，文化产业带动了科技进步和社会发展。文化产业拥有机械化、电子化、信息化、知识水平相当高的一批产业群，它的发展推动了高新技术的运用与普及，最终对经济增长起促进作用。同时，文化产业与社会科

① 摘自：http://www.chinastock.com.cn/yhwz_about.do?methodCall=getDetailInfo&docId=4901557.

学息息相关，它的发展对于提高公民素质、增强民族创新力、促进社会全面进步等方面具有极其重要的意义。

由此可见，文化产业具有的人力资本积累、创新、知识外部性等几个方面的优势，决定了文化产业必然成为经济增长的新支点，无论是城市还是农村，无论是东部还是中部、西部，都可以抓住机遇，在文化产业发展上大有作为。

三、我国文化产业发展取得的成就

虽然，在20世纪70、80年代，中国的文化产业有所发展，但其真正得到重视、得到快速发展应是在21世纪。而且一些重要的文化政策法规也是在新的世纪颁布的。2000年，在十五届五中全会上，我国第一次在中央正式文件中使用了"文化产业"这一概念，具有重要的意义。在以后的重要会议内容中政府都会提到文化产业，并把它上升为一种国策。正是在这种大环境下，中国的文化产业得到了飞速的发展，取得了显著的成就。

一方面，就各个城市来说。中国历史悠久，地大物博，56个民族共同创造了辉煌璀璨的中华文化。但由于各个地方的民族风情、地理情况、历史资源等方面存在很大的不同，所以在发展文化产业方面，各个城市都在发挥自己的优势，发展具有自己地方特色的文化产业。

另一方面，就文化产业的行业来说。文化产业的内涵是非常广泛的，在国家政策法规的大力支持下，中国文化产业的各个行业也取得了不菲的成绩。在图书出版业方面，2009年10月，中国以主宾国身份参加了法兰克福国际书展，这是中国首次成为具有出版业"奥运会"之称的书展的主宾国，这标志着中国出版业对外开放、融入世界出版业，中国出版产业将借助国际书展平台，扩大图书版权贸易，开展国际交流与合作，充分展示新中国成立60年来，特别是改革开放30年来中国出版业的发展成就。

中国的动漫产业起步比较晚，远远落后于美国和日本。中国的动漫产业沉寂了很长时间，最近开始复苏，其标志就是《喜羊羊与灰太狼》。这部动画片自 2005 年 6 月推出后，陆续在全国近 50 家电视台热播，几年来长盛不衰。在北京、上海、杭州、南京等城市，《喜羊羊与灰太狼》的最高收视率达 17.3%，大大超过了同时段播出的境外动画片。

会展业是一个新兴的服务行业，影响面广，关联度高。会展经济逐步发展成为新的增长点，而且会展业是发展潜力大的行业之一。中国的会展业起步较晚，但发展速度却非常惊人，其标志性事件就是 2010 年的上海世界博览会，这是首次由中国举办的世界博览会。主办机构吸引了世界各地 7000 万人次参观者前往，总投资达 300 亿人民币，是世界博览会史上最大规模。这次博览会不仅仅体现了中国会展业的发展，更能刺激中国经济的发展，提升中国的国际影响力。

第五章

文化产业与产业经济学

第一节　产业经济学概述

一、什么是产业经济学

在现实经济生活中，我们经常会遇到诸如个人的消费、企业的生产、产品价格的波动、市场的均衡等经济现象，涉及生产成本、产品价格、生产要素的价格、供给、需求等经济变量，这些基本属于微观经济学的研究范畴；我们也会遇到诸如经济增长、经济周期、利税调整、财政赤字、通货膨胀或通货紧缩等经济现象，涉及国民生产总值、国民收入、总供给、总需求、货币的总发行量、经济增长率等经济变量，这些主要属于宏观经济学的研究范畴。另外，我们在现实经济生活中还会遇到一些生产类似产品企业之间的竞争与合作、具有某些共同特征的经济组织集团之间的联系及其互动发展、经济组织集团本身的演进发展及其在各个地区的分布等经济现象，对这些经济现象及其行为规律的研究就是属于产业经济学的研究范畴。所以，产业经济学是研究具有某些相同特征的经济组织集团的发展规律及其相互作用规律的学科。

产业经济学是一门新兴的应用经济学科，目前仍在发展之中。虽然其完整学科体系的基本确立距离现在时间尚短，但其思想的形成则是源远流长，甚至可以追溯到我国古代的春秋战国时代。战国初期的著名政治家李悝就已经提出"重农抑商"的观念，而商鞅、荀子等则更是明确提出了"农本工商末"的思想，反映了我国古代思想家对农业与工商业这两个经济组织集团之间关系的认识。现在产业经济学的各方面理论已经得到了巨大的发展，随着对其研究的不断深入，它的应用范围也在不断扩展，产业经济对经济发展的作用已越来越大，对产业经济学的研究与应用已越来越得到世界各国的重视。现在世界各国政府已越来越注重利用产业经济的手段来推动本国经济的发展。

产业经济学的研究对象顾名思义就是产业，那么什么是产业呢？从以上的介绍中我们可以总结出，产业是具有某种同类属性的，具有相互作用的经济活动组成的集合或系统。具体来说，产业经济学研究的是产业内部各企业之间相互作用关系的规律、产业本身的发展规律、产业与产业之间互动联系的规律以及产业在空间区域中的分布规律等，这些都是产业经济学研究的具体对象。

我们知道，整个国民经济是一个复杂的大系统，由许许多多的子系统组成，这些子系统就是我们所说的各种产业，根据这些经济活动集合或系统所具有的不同的同类属性，可以将它们划分为不同层次的产业。所以说，产业经济学的研究对象其实就是研究这些不同层次的具有某种同类属性的经济活动的集合或系统，只不过不同经济活动的集合或系统的共同属性或特征不同罢了。

由于产业是一些具有某些相同生产技术或相同产品特征的经济活动组成的集合或系统，那么，这些经济活动和行为既不同于单个企业的经济行为，也不同于整个国民经济宏观经济总量的行为，而是介于单个经济主体和国民经济整体的中间层次。也就是说，产业经济学所研究的，既不属于宏观经济研究领域的国民经济总量，尽管产业经济学的研究也会涉及国民经济总量；也不属于微观经济研究领域的单个经济主体，例如企业、家庭或个人，尽管产业经济学的研究也会涉及单个经济主体；而是介于宏观领域和微观领域的中观领域即产业。所以，产业经济的发展规律既不同于宏观经济学所揭示的宏观经济总量的行为规律，也不同于微观经济学揭示的单个经济主体的行为规律，而必定有其自身所特有的运动规律。产业经济学的研究正是从产业出发来揭示产业的发展和变化、产业内部企业之间的相互作用和产业与产业之间的相互联系等诸如此类的产业本身所特有的经济规律。产业经济学通过对这些问题进行研究，回答了宏观经济学和微观经济学都没有回答的问题，即在再生产过程中各产业之间中间产品的复杂交换关系等问题，从而对社会再生产过程的全貌有了一个比较完整的描述。

针对产业经济本身所具有的不同层次的具体行为规律，产业经济学又有不同的具体研究对象，包括产业组织、产业结构、产业关联、产业布局、产业发展、产业政策等。产业组织是指生产同一类产品（严格地说，是生产具有密切替代关系的产品）的企业在同一市场上集合而成的同一产业内各企业之间的相互作用关系结构，该结构决定了该产业内企业规模经济效益的实现与企业竞争活力的发挥之间的平衡。产业结构是指产业与产业之间的数量关系结构及技术经济联系方式，产业结构的变化主要是由需求结构、生产结构、就业结构和贸易结构及其关联机制的变化体现出来。产业关联是指最终产品产业与生产这些最终产品所投入的中间产品产业之间以及这些中间产品产业之间的技术经济和数量结构联系，是产业结构最主要的表现特征之一，产业结构的关联过程是判断产业结构和宏观经济结构均衡与否的主要观察对象。产业布局是指一国或一地区的产业生产力在一定范围内的空间分布和组合，产业布局是产业的空间结构，其合理与否将影响到该国家或地区经济优势的发挥及经济的发展速度。产业发展是指某一单个产业从诞生到被淘汰或进一步更新的全过程以及其对其他产业演变的影响过程，包括产业本身的发展规律、发展周期、产业发展的影响因素等。产业政策是指国家或地区政府为了实现一定的经济目的或社会目的，应用产业经济学的原理，以全产业为对象所实施的能够影响产业发展进程的一整套政策的总称，产业政策是产业经济学的应用及研究目的之一。

二、研究产业经济学的意义

（一）研究产业经济学的理论意义

研究产业经济学首先是由于经济管理学科理论研究上的需要，大致有以下三个方面。

1. 产业经济学的研究有利于统一的经济学体系的建立

我们知道，长期以来经济学就一直被人为地分为宏观经济学与微观经济学两大部分。宏观经济学主要研究宏观经济总量的变动规律及其相互作用规律，其研究的手段是总量分析的方法。这些宏观经济总量包括国民生产总值、国民收入、总投资、总消费、就业率、通胀率、储蓄率、物价水平、利息率、汇率等，宏观经济学通过对这些宏观经济总量变动情况的分析来研究其相互之间的联系及其对经济发展的作用。宏观经济学的研究主要为了解决以下几个根本问题：一是如何配置资源总量，以使经济总量保持某种平衡，达到总产出和总消费的高水平与高增长；二是如何保持高就业率；三是如何保持价格水平的稳定或低的通货膨胀率；四是如何保持经济总量的对外平衡，包括进出口平衡和稳定的汇率。微观经济学则以单个经济单位（居民、厂商以及某个产品市场）为考察对象，研究单个经济单位的经济行为及在其间表现出的经济变量的变化规律和相互联系，其研究手段为个量分析的方法。这些经济变量包括：单个商品的产量、成本、利润、供给、需求、价格等。微观经济学的研究主要是回答以下几个基本问题：第一，需求是由哪些因素决定的；第二，供给是由哪些因素决定的；第三，供给与需求的相互作用是如何决定产量和价格的；第四，价格机制是如何决定资源的有效配置的。

长期以来，宏观经济学与微观经济学的研究领域泾渭分明，似乎各司其职，配合得很好。但是经济学家并不满意这种情况，其原因大致有以下几个方面：一是在现实经济生活中还存在着"产业"这种由某种相似特征的经济活动所组成的经济集合，这种经济集合的行为变量既不是宏观经济学研究的经济总量，又不是微观经济学研究的经济个量，其行为规律既不能为宏观经济学所解释，又不能被微观经济学所解释；二是经济总量的变动规律似乎与微观经济个量的变化规律是无关的，但事实上经济总量肯定是其相应的经济个量整合而成的，那么其整合过程是怎样的呢?更严重的是某些经济总量并没有相应的经济个量，那些经济总量是如何从经济个量的相互作用中产生的呢?宏观经济学与微观经济学都不能给出解释；三是宏观与微观经济学的分割造成了经济学学科体系的破碎，使得经济学本身是由宏观经济学、微观经济学这样两个互相独立的部分拼凑而成的，而不是一个内在逻辑结构一致的、完整的学科体系。这种情况在理论上是很难令人满意的，所以对产业经济的研究就因需而生。产业经济学通过分析经济个体相互之间的作用关系来研究整个产业的整体变化规律，可以较好地解决上述第一方面的问题；产业经济学通过分析研究经济个体的相互作用是怎样通过层次整合最后形成经济总量及其相互联系、变动的规律有望回答上述第二方面的问题；最后产业经济学通过研究各个层次产业本身的经济行为及其相互之间的作用规律，将微观经济个量与宏观经济总量通过产业的各个层次联系起来，则有望填补宏观经济学与微观经济学之间的逻辑空白，为建立完整的经济学体系奠定了基础。

2. 产业经济学的研究有利于经济学和管理学的沟通

经济学与管理学长久以来一直似乎是在两条线上平行发展、各不相关，但在实践中，无论是专家学者还是实际经济管理人员都以为这两者之间应该是相通的。就学科性质而言，经济学主要研究资源的有效配置问题以实现经济的发展，其解决方式是市场机制；管理学则主要研究如何将组织内的有限资源进行有效整合以实现既定目标，其解决方式是行政指挥。所以传统的经济学应用领域一直是在企业等组织以外，把企业视为黑箱；而传统的管理学应用领域则基本局限在组织以内，组织以外的企业行为基本归于经营范畴，在严格意义上不属于管理学的研究范畴。近年来，随着新制度经济学的兴起，经济学的研究领域已逐渐扩展到企业的组织以内，但是管理学理论却始终未能系统地应用于传统的企业组织以外。然而，在现实经济生活中早已存在着许多组织以外的经济管理行为，特别是在产业经济的领域里，如产业组织领域中的产业规制由来已久，而日本、韩国等国家通过对各个产业实施有目的、有计划的扶持、保护等管理措施使得经济发展突飞猛进，更是引起了世界各国的震惊和关注。事实上，对产业经济学的广泛关注也正来源于对日本等国经济腾飞过程中的政府经济管理行为的研究。研究产业经济学的目的在很大程度上也正是为了寻找管理产业发展的良好方法，以便在更为直接的基础上，更有目的地促进经济的进步。所以，对产业经济的研究必将有利于经济学与管理学的沟通。

3. 产业经济学的研究有利于应用经济学的学科建设

应用经济学是一门融合了经济学与管理学基本理论的应用性学科，其很大的一个组成部分就是经济管理，包含宏观的国民经济管理、微观的企业经济管理以及对产业经济的管理。宏观经济的管理原理在宏观经济学中已有较为成熟的理论，主要有财政政策、货币政策等；企业经济的管理方法也已有成型的体系，主要有财务管理、会计理论等；而对产业经济的管理则是属于产业经济学的研究领域，主要是产业政策的研究。对产业经济的管理现在已有大量的研究，但还未能达到像宏观经济管理理论或企业经济的管理方法那样得到一致公认的成熟程度，所以对产业经济学的进一步研究，有助于应用经济学学科体系的完善。

（二）研究产业经济学的实践意义

研究产业经济学还缘于产业政策实践的需要。研究产业经济学的最终目的在于应用对产业发展规律的正确认识来指导产业政策的制定，以促进经济的有效发展，其实践意义主要有以下三个方面。

1. 研究产业经济学，有利于建立有效的产业组织结构

产业组织的内部结构不仅影响到产业内企业规模经济优势的发挥和竞争的活力，还会影响到整个产业整体的发展。比如我国的产业组织历来都存在着许多弊端，如企业规模整体偏小，"小而全""大而全"现象普遍等，严重影响了我国某些产业整体的发展，导致国际竞争力偏弱。这些弊端消除的实践需要，强烈要求到产业经济学中去寻找答案。通过对产业经济学的研究，可以比较不同市场结构、

不同企业规模的优劣；探求过度竞争或有效竞争不足的形成途径及消除方式；发现规模经济的形成原因及优点等。从而设法从中找出最有利于生产厂家合理配置的市场秩序、产业组织结构，然后根据不同的产业，分别制定正确的产业组织政策。例如，鼓励企业兼并、联合，发展企业集团，实现企业组织机构合理化；扶持中小企业的发展；维护市场竞争秩序，规范市场行为，反对不正当竞争，反对抑制竞争的垄断行为等。所以研究产业经济学有利于有效的产业组织的形成。

2. 研究产业经济学，有利于产业结构的优化

产业结构的合理均衡是国民经济健康发展的前提，而产业结构的升级则更是国民经济迅速发展的必由之路。探索合理产业结构的实践需要也促使了产业经济学研究的深入。寻找产业结构不合理的成因，并以此制定有效的产业结构政策、调整产业的结构，也是研究产业经济学的意义所在。进一步而言，研究产业经济学，探寻产业升级的规律和带动经济起飞的主导产业，利用合理的产业政策加以保护和扶持，便可以实现产业结构向更高的水平演进，即产业结构的高度化，以增强整体产业的国际竞争力，促进经济的发展。

3. 研究产业经济学，有利于产业的合理布局

产业的合理布局有利于各地区充分发挥各自的经济比较优势及地域优势，从而可以最大限度地发挥整个国家的经济建设能力，实现经济的快速发展。所以，寻找产业合理布局的基本原则也是促使产业经济学研究进一步深入的动力之一。通过产业经济学的研究可以探求产业布局的影响因素、产业布局的一般规律，并据此制定正确的产业布局政策，将产业布局与各地区的资源优势相结合、与区域分工相结合，把产业布置在最有利于发挥优势、提高经济效益的地区，实现产业布局的合理化。

所以，研究产业经济学也是产业政策实践的需要。通过产业经济学的研究，还有利于加强产业间的联系、发挥产业的协同效益，以及有利于确定合理的产业发展战略。

三、研究产业经济学对文化产业的意义

　　研究产业经济学对当代中国的文化建设有着更深刻的现实意义。中国有着五千年的文明史，自然而然也有着浓厚的文化底蕴，但由于一些历史原因，现代中国文化产业发展却处于起步阶段。文化产业的发展对于一个国家经济实力、国际地位的提高有着举足轻重的影响。特别是对于我国这样一个文化产业水平低起步晚的国家来说尤为重要。在现有市场经济体制下，市场机制充分发挥作用，国家直接干预主要作用于"市场失灵"的领域，在其他领域只利用间接调控手段和工具，以市场为中介，消除单纯市场机制作用可能引起的盲目性。产业政策作用于市场，通过市场机制的传导，影响产业的发展趋势，引导产业朝国家所希望的方向发展。产业政策要产生预期的效果，必须有科学的依据并洞悉产业的现状及发展趋势。所以研究产业经济学，正确把握产业发展的现状、问题、成因及趋势，为产业政策的制定提供科学的理论依据，对我国文化产业的发展，特别是促使我国经济建设的两个转变具有特别的现实意义。

第二节　文化产业市场结构

一、文化产业市场结构概述

　　市场结构是指某一市场中各种要素之间的关系状态，主要是各类市场主体的市场能力比较关系。由于资源和市场容量都是有限的，如果各类市场主体的市场能力比较均衡，则呈现竞争格局；如果部分市场主体占有的资源较多，有效供给市场的能力较强，则会导致垄断的出现。从理论上讲，基本的市场结构有四种类型，即完全竞争、垄断、垄断竞争和寡头垄断。

一种特定的市场结构，即产业性的市场结构，也就是同一产业内部，产业主体间占有资源和市场的互动关系所构成的产业中垄断、竞争的市场结构变化。由于产业基本属性的差异，不同的产业形态往往呈现不同的市场结构；在一个日益开放、产业竞争日益激烈的市场环境中，特殊的市场结构会深刻影响特定产业的发展轨迹。

文化产业的产业链很长，产业主体与市场资源在宽度上呈现哑铃形态，分散竞争与垄断集中同时并存，市场结构表现为多元化特征。在内容创意以及产品零售的两头，集中了大量的工作室、中小型企业组织，包容性很强，市场竞争较为充分。但是，在传播与批发环节，往往会出现寡头垄断的格局。总体来看，由于渠道的瓶颈因素和规模收益递增效益的共同作用，掌握通道资源与文化影响力的文化产业集团在全产业链上具有主导地位，因此文化产业的市场竞争往往呈现"渠道为王"的商业特征。

根据澳大利亚通信、信息技术和艺术部联合出版的《文化产业集聚研究报告》中的分析，在文化产业链的价值源头，即内容创意与研发环节，产业主体的数量规模庞大，但市场价值却只占整个产业链的3%~15%。在产品生产与服务提供环节，文化产业的主体数量相对较少，其市场价值大约占整个产业链的25%~45%。在渠道环节，批发商与零售商（主要是各类掌握频道资源的大型传媒公司或集团）的数量在整个文化产业链中的比重最少，但这个环节占有的市场价值比重却是最大的，达到50%~60%。

文化产业的这种结构性特征，也得到了经济统计的印证。根据不完全统计，截至2004年底，台湾地区共有50058家文化创意产业企业，其中以独资企业最多，有2万余家，占55.6%。营业额则以股份有限公司的金额最高，达到2998亿新台币，占55%，其次为有限公司的1454亿新台币和独资企业的501亿新台币。年报指出，文化创意产业企业集中在资本额1000万新台币以下的公司，2004年共计46969家，占全体的93.8%，其中尤以资本额100万新台币以内的家数增加最多。可见，文化创意产业以中小企业为主，而且创业资本额的门槛不高。但营业额的创造以资本额2亿新台币以上的企业最高，达到1322亿新台币，占总数的 24.2%。不过，相比 2002 年与 2003 年的比重，资本额 2 亿以上的企业的营业额在整体文化创意产业营业额中的比重有下降的趋势。从产业链的各个环节的市场主体数量来看，整个文化产业链呈现出一种哑铃形态，在不同的环境，由于市场主体数量和市场关系的特征，呈现出不同的市场结构形态。在内容创意与研发环节，文化产业的市场结构比较接近完全竞争状态，大量的创意阶层以及文化创意工作室构成了相对分散、相互独立、自由竞争的市场关系。在文化产品生产和服务提供环节，文化产业的市场结构具有垄断竞争的特征，市场主体数量并不是很多，某些厂商具有规模效益，对于市场的资源配置具有一定的影响力。在渠道环节，尤其是批发领域，已经表现出了寡头垄断的特点，这是因为这个环节的规模效益是最为显著的，文化产品的初始投入成本很高，但是它的传播复制成本很低，文化产业的价值链主要是一种信息流，主要的信息通道商就是一般意义上的批发商。例如，电视剧的生产服务厂商很多，但电视剧的主要播出机构数量一般是有限的，电视播出网络的垄断性决定了这些作为"批发商"的大型播出机构在整个文化产业中的垄断地位。

二、文化产业市场结构对文化企业市场行为和市场绩效的影响

（一）对企业竞争行为的影响：市场结构决定企业行为

文化产业小企业众多，产业集中度低，产品差异性小，行业内缺乏具有足够影响力、对行业发展起领导地位的龙头企业。这种市场结构对企业竞争行为的直接影响就是：产业内竞争过度、竞争秩序混乱、竞争手段单一、价格竞争成为抢占市场的主要手段。与其他市场发育较好的产业价格竞争表现的形式有很大不同的是，其他产业一般通过卡特尔、价格领导、价格操纵等形式，但由于我国文化产业群龙无首的组织特征，使得价格串谋、联盟等几乎成为不可能。具体地说，我国文化企业的竞争行为主要有以下三个特点。

1. 价格竞争是主要竞争手段

低价倾销是最常见的一种竞争形式。在一些城市中，几十个版面、

成本二三元的报纸售价仅为 0.5 元，甚至只卖 0.3 元、0.1 元；有的报社则采用订一赠一、加版不加价等方式，变相降价。为了吸引消费者，大搞赠品促销。赠品价码越来越高。0.5 元一份的报纸的赠品高达 1.5 元。这些问题在报业具有普遍性，甚至有愈演愈烈的趋势。价格竞争的另一种形式是垄断高价。长期以来，我国中小学教材未形成多家专业出版社竞争的局面，编写和出版被少数出版社所垄断。出版发行始终由出版管理部门指定出版社出版、新华书店总发行。这种垄断运营机制，使中小学教材的价格一直居高不下。根据广州教育部门的调查资料显示，20 年前，中小学生每学期的课本费不超过 10 元，而现在普遍达到了 200~300 元，上涨了二三十倍。这样的涨幅不仅大大高于同期中国经济的增幅，也大大高于同一时期中国国民收入的增幅。

2. 创新能力低

文化企业走的是一条依靠投资驱动的资源消耗型增长道路，沿用的是同质性的低层次竞争策略。由于企业规模小，实力弱，大多数企业对自主创新重视不够，研发机构不健全，研发投入少，缺乏创新型人才；再加上市场秩序混乱，盗版严重，知识产权得不到有效保护，因此艺术家和文化企业缺乏创新动力。运用创新提供具有差异性的文化产品和服务还不是我国文化企业竞争的主要手段，创新还没有成为企业制胜的关键性因素。不注重原创、人有我有、跟风追潮、没有特色、恶性炒作的现象大量存在。

3. 并购行为少

20 世纪后半叶，随着经济全球化的加快，国际竞争日趋激烈，文化产业领域的兼并和收购活动十分频繁，而且一浪高过一浪，规模一次比一次大。跨国集团的超级兼并已成为适应当今国际化发展的一种有效方式。一般说来，并购的大量出现发生在产业发展的高级阶段。由于我国文化产业处在发展初期，集中化程度和规模效应相当低，而且由于市场主体的缺位，没有产权的清晰界定和资本市场的介入，因此很难发生兼并与收购现象。现在的兼并只能靠行政的干预和捏合，效果并不理想，而收购现象则根本就不能发生。

（二）对市场绩效和文化产业发展的影响

市场结构决定企业行为模式，而企业行为又直接影响市场绩效和整个产业发展。当年家电行业你死我活的价格战导致全行业元气大伤的悲剧似乎又在文化产业重演。无序竞争导致行业利润率大幅度下降，各项效益指标不断下滑，进而直接威胁整个产业的可持续发展。除了像网络游戏等新兴文化产业利润继续快速增长外，传统文化产业目前某些行业的利润率已低于产业正常发展需要。据统计，传统平面媒体中能实现盈利的不超过总数的 20%。恶性竞争导致有些报社发行成本不断增加，盈利额大幅减少甚至发生亏损。从报业上市公司的业绩看，北青传媒 2005 年上半年广告收入同比下降 36.9%，利润更是巨幅下滑了 99.7%；赛迪传媒 2005 年上半年的净利润比下降了 45.31%。图书出版业也是这样，从利润增长率看，近几年情况开始恶化：图书品种急剧上升，平均印数急剧下降；成本持续上升，利润率持续走低；图书发行折扣愈来愈大，图书退货率不断上升；图书库存金额直线上升，资金周转明显放缓；图书贷款结算期愈来愈长，信用问题开始出现。暴利行业风光不再。中外产业发展实践表明，一个产业要正常发展，必须有起码的利润回报。文化产业内部的过度竞争、恶性竞争，混乱的市场秩序，使得文化产业的"微利"时代提早到来。这种状况，增加了文化企业生产经营困难，使得一些企业无法顺利实现扩大再生产，从长远看，必将损害整个产业可持续发展的基础。

三、文化产业的全球市场发展趋势

在全球化、信息化的背景下，当前文化产业在国际市场中的发展趋势可大致归纳为如下特点。

（一）"赢者通吃"的垄断趋势

所谓"赢者通吃"，指的是占有较大市场份额或拥有科技创新优势的企业，具有垄断定价、排斥竞争对手和制定市场规则的能力，从而实现垄断收益和进一步扩大市场占有率。具有"赢者通吃"特征的行业，往往是因为该行业的进入门槛比较高，规模收益与范围经济特征显著。文化产业从总体上具有初始投入高、风险大的特点，但复制传播成本低，规模收益显著，甚至具有边际收益递增的效果。

在全球化和信息化的国际环境中，在内容影响力、渠道控制力以及资本扩张力的共同作用下，文化产业的市场权力容易导致集中，出现"赢者通吃"的局面，这种现象的出现大概有三个方面的主要原因。

1. 强势文化的作用

大多数的文化产品是通过语言为载体的形式来表达具有特定文化价值观的内容，语言的通用性以及文化价值观的认同度是影响文化产品能否具有强大的国际竞争力的重要因素。从实践上来看，17世纪以来，随着工业革命的成功，欧美文化向全世界扩张，英语成为最通行的国际语言。全球化的进程从某种程度上也可以被视为是欧美文化的全球化过程，以好莱坞为代表的欧美文化产业不仅借助强势的国际性主流价值观风行全球，同时也进一步强化了欧美文化在全球化中的主流强势地位。

2. 强势科技的作用

文化产业是一种文化、科技与经济密切融合的新经济形态，科技是文化产业的基础和核心要素，文化产业是文化创意与科技创新双重推动的产业。科技优势是文化产业的核心竞争力之一。

强势科技首先可以增强内容创意环节的竞争力。强大的科技力量可以把最光怪陆离的创意淋漓尽致地表现出来，谁拥有了强大的科技表现能力，谁就拥有最强大的文化创意内容表达手段，谁就会在创意方面得到更大的自由和更大胆的想象力。

强势科技还可以提高文化产业的竞争门槛，增强信息媒介的渠道控制力和规则主导优势，排斥竞争对手，获得垄断利润，保障拥有科技优势的文化创意企业的垄断地位。拥有强大科技实力的文化创意企业在文化产品的研发、生产、传播以及营销等方面都领先于同行，在同行还没有能力模仿之前，就可以享受没有竞争的垄断利润，进一步增强企业的再创造能力；当其他企业开始模仿其产品的时候，又开始推出新的具有市场领先地位的产品，进入新的垄断利润积累周期。

3. 强势资本的作用

资本是产业做大做强的基本力量，大投入，大产出。文化产业的竞争力提升同样遵循这样的资本规律。资本的力量在文化产业发展壮大中的重要价值主要表现在两个方面：

其一，强大的资本后盾可以支持长期的文化产品研发与品牌化建设。文化产业的竞争从根本上说是创新能力的竞争和品牌影响力的竞争。强势的资本保障了对于原创研发的大投入和长期投入，对于获得市场认可的品牌可以进行长线的开发，获得最大的品牌收益。迪士尼的动画大片之所以能风靡全球，长盛不衰，与它强大的资本运营能力有着密切的关系。

其二，强大的资本可以实现资源的整合，实现规模效益，获得垄断竞争优势。文化产业的产业链在规模结构上总体呈现哑铃形，尤其是在文化产业链的中间环节，比如信息传播网络与技术平台方面，具有显著的垄断趋向。大多数的文化产品是以信息流的方式售卖给消费者的，每多增加一个消费者，文化产品的成本并不增加，因此，随着消费群体的增加，文化产品的边际收益是递增的。文化产品的边际收益需要在一个具有垄断优势的信息传播网络平台上来实现，资本能力是获得这样的网络平台的前提。比如，新闻集团70%的收益来自它遍布全球的传播网络，一个电影或电视剧，可以通过传播网络的不断播出，反复不断获得利益。

（二）特色导向的差异化分散竞争

在全球化语境中，以创新为特征、以无形资源为基础的新经济普遍出现一种空间集聚与交易分散同时并存的经济市场发展特征。

随着全球化的交易活动日益便利，沟通和运输成本日益降低，效率日益提升，产业发展的地理资源依赖度相对下降，因此与传统产业集聚相比，现代产业集聚出现了新特点。一方面基于规模经济、外部效益以及发起者效应的原因，企业对于空间集聚依然有路径依赖；另一方面则随着全球网络活动的兴盛，区域中心日益弱化，分散化的市场争夺加剧，通过网络而形成的跨区域"虚拟市场集群"成为产业集聚的新特征。地理空间与虚拟空间相互作用，共同形成了全球化、网络化时代的新经济市场集聚现象。

全球化背景下新经济市场集聚的这种新的发展，在文化产业方面尤为典型。比如美国的电影产业集聚区好莱坞，尽管其依然具有显著的空间集聚特征，但就目前来看，这种集聚主要体现为专业人才的集聚，而资本、设备、市场等大多数产业发展要素均可实现全球化采购运营。可见，作为一种新经济形态，文化产业的发展，一方面还需要一定的地理集聚与市场能力集中形成规模生产与传播优势；另一方面则需要广泛吸纳全球创新资源，辐射全球市场，获得最广大的发展动能和获取最大的附加价值。是否能适应这种趋势，已经成为竞争的关键。

总的来看，文化产业的市场结构具有明显的多元混合特征，垄断与竞争是相互依存、相辅相成的两个市场力量。垄断带来市场集中，市场的集中度有利于文化产业的成长强大，有利于市场资源的有效利用，有利于创新研发的投入。但如果缺乏竞争的制衡和必要的市场规制，垄断也容易导致个别垄断企业对市场力量的滥用和不公平竞争，损害整个产业发展的活力。

文化产业在产业链的中部一般有垄断的市场特征，在这个部分适当的市场集中度也有利于文化产业的整体发展，比如信息传播网络的集中利用有利于降低文化产品的复制传播成本，有利于实现产品的边际收益递增。在产业链的创意研发部分，文化产业则呈现出一种差异化分散竞争的格局，这是保证总体文化产业具有成长活力的根基。而且，随着文化产业日益成熟发达，随着文化产业的市场全球化竞争日益显著，特色导向的差异化竞争也越来越成为文化产业发展的自觉选择。这种市场竞争格局是由以下两个方面的原因导致的：

一方面，创新与独特是文化产业发展的内在要求。创新是文化产业的生命，独特是文化产品的价值。随着文化产业的发展，对于创新的要求就越高，文化产品越丰富，对独特的追求就越强烈。文化产业的竞争归根结底是创新能力和唯一性的竞争，这是文化创意价值的内核，规模化的生产、传播以及一系列的营销都要围绕这样一个内核展开，去实现这个价值的最大商业价值。与同样以创新为生命的科技产业不同，文化产品的创新不是科技的系统创新，不是实验室中的创新，而是富有审美的、感性的、人文的创意，大集团的实验室培育不出艺术创意，团队合作也并没有优势，分散的小公司、工作室甚至艺术家个人，往往是产生创意和独特产品的最佳主体。

另一方面，"全球本土化"是文化产业发展的外部要求。"全球本土化"（Glocalization）指的是随着国际经济、文化等各个领域的日益开放，交流不断加深，全球每一个地方的经济、文化的发展都与其他国家或地区逐渐密切地联系在了一起，与此同时，国际经济与文化的贸易与交流也越来越重视和强调本土特色、本土魅力，全球化和本土化彼此交融互动。全球本土化描述了一个在全球化背景下的差异化国际景观。跨国企业通过本土化增强在特定市场的竞争力，本土经济、地方文化在全球化的视野中找到了差异化的价值定位。这种现象对于文化产业的发展影响尤其深刻。文化产业是一种全球化的产业，实现全球销售是文化创意企业利润最大化的重要方式；但文化产业的生命在于独特与创新，本土化的文化创意内涵往往是文化产业竞争的制胜法宝。

可见，差异化的分散竞争是文化产业在全球化时代的本土化发展趋势之一。

（三）"文化折扣"对国际市场竞争的影响显著

大多数的文化产品是通过语言为载体来表达具有特定文化价值观的内容，而语言或文化价值观又具有很强的民族性或地域性。在全球化时代，文化产业的国际贸易日益活跃，成为推动文化产业发展繁荣的一种至关重要的全球性市场活动。在文化产业的国际市场竞争中，"文化折扣"的影响不容忽视，由此带来的经济问题、文化问题已经引起了高度关注。

由于语言、价值观、生活方式等文化的差异，观众更愿意接受和购买本国的文化产品和服务。因此，外国文化产品的潜在收入与同类同质的本国产品相比就会减少，相差的百分比叫作"文化折扣"（Cultural Discount）。一个特定的文化产品的"文化折扣"的计算如下：

$$文化折扣= \frac{国内相应产品的价值-进口价值}{本国相应产品的价值} \qquad (5.1)$$

"文化折扣"是一个典型的经济学意义上的概念,是在排除了各种干扰因素之后的一种可以量化的纯粹状态。实际上,由于每一个文化产品都是独特的,所谓"外国产品"或"本国产品"即使题材类似,也很难有量化的可比性。尽管如此,"文化折扣"还是一个非常有价值的经济学概念,是一个比较可行的分析文化产业国际贸易与全球竞争的分析工具。

"文化折扣"对于文化产业国际市场竞争的影响主要表现为两个方面。

1. 本土文化市场的开发在全球竞争中的作用日益突出

文化产品的消费对于文化环境有着很大的依赖度,比如语言环境、习俗、价值观等对于文化产品的消费有着至关重要的制约作用。例如,大众对影片的欣赏,首先需要熟悉它的语言,同时还要理解和认同该影片所表现的习俗、价值观。一部典型的印度歌舞影片,印度的民众会很自然地接受并欣赏这样的电影,但对于中国的普通观众来说,对这样的电影的接受度肯定是会大打折扣的。即使是在同一个国家,比如在我国,南北语言差异较大,南方的越剧在北方就很难进入大众消费市场;或由于欣赏习惯的差异,北方很流行的"二人转"在南方的受众就很少。这就是文化产品的特殊性,而其他一般的商品很少有这么显著的跨文化市场消费的折扣问题。比如一双同样款式的鞋子,无论是在南美生产,还是在越南生产,中国的普通消费者在购买的时候一般不会受到这个问题的影响。

由于"文化折扣"的存在,文化产品必须首先立足本土文化的消费市场,这是其安身立命的根本。本地市场越是成熟发达,对文化产业的支持就会越充分,越能够形成良性的自我发展机制,然后才有可能在国际文化产业的竞争中取得优势地位。韩国文化产业的快速崛起很好地说明了这一点。在 20 世纪 90 年代以前,来自美国、日本以及中国香港的文化产品充斥于韩国市场。韩国本土文化产业的发展就先从本土市场起步,通过一系列政策,一方面限制外来文化产品,另一方面扶持鼓励本土文化产业，使得本土文化市场不断成熟壮大，韩国的文化产业也随着快速发展，在不到十年的时间里，进入了世界文化产业大国的行列。

2. 发达国家或地区在文化产业国际贸易中的优势地位进一步巩固

"赢者通吃"的规则在文化产业的国际贸易中同样适用。文化产业的发展具有循环累积的内生增长效益，越是发达的地区，创新能力越是突出，文化产业的领先优势就越是显著，科技实力、资本实力的支持使得发达地区的文化产业在国际竞争中处于强势地位。文化产品国际贸易中的"文化折扣"现象，更进一步巩固了发达地区文化产业的优势地位。发达地区成熟的文化市场为其文化产业提供了强大的本土支持，文化产业在这些地区容易形成集聚效益，共享优质人才、先进科技，容易发展起大投资、大营销的市场运作模式。发达地区的文化产业有本土优势市场做保障，可以有效降低高投资的风险，在本土收回成本后，以几乎没有成本压力的优质低价的文化产品向国际市场扩张，赚取超额利润。

与发达地区文化产业的良性循环累积形成鲜明对比的是那些后发地区，尤其是本地文化市场不成熟的地区，弱小的市场使得文化产业的投资风险很大，很难支撑起对文化产品的大投入和大营销，本土市场很难培育壮大文化产业，即使是那些创意优秀的文化产品，即便获得国际专家的认可，但也由于"文化折扣"的问题，很难真正打开发达地区的文化创意市场。内生能力不足使得欠发达地区的文化产业的竞争力不足，甚至难以满足本地市场的文化需求，使得发达地区的文化产品很容易克服"文化折扣"而占领市场。

第六章

文化产业与规制经济学

迄今为止，在资源配置方面，市场机制是一种最有效的机制，但在实践中却存在许多缺陷，需要依靠市场外的力量进行矫正。因此，作为政府干预、调节社会经济的手段之一，政府规制必然是一种从属于市场机制的辅助方式，其规制的理论范围应根据市场存在的缺陷的情况而定。但是矫正市场缺陷的力量与方式是多种多样的，不仅有政府力量，还有非政府力量；不仅有政府规制，还有宏观调控等经济手段。

第一节　规制经济学的基本概述

规制经济学（the Economies of Regulation）是对政府规制活动的过程及作为其结果的市场均衡所进行的系统研究，是产业经济学的一个重要分支。与其他经济科学一样，规制经济学的研究方法也分为两大派别：规制规范分析（Normative Analysis）和规制实证分析（Positive Analysis）。虽说这两者从观点和方法上来说根本不同，但溯其源头，却有着相同的历史背景，规制经济学的发展正是在这两者不断的相互否定的过程中展开的。

一、英国产业革命及规制兴起

英国的产业革命带来的不仅是技术的进步和生产力的极大解放，同时带来了企业与政府关系的改变，并向市场提出了严峻的挑战；这其中最重要的环节是：科技成果在向生产力转化的过程中，如何筹集到巨额资金？以英国的铁路运输为例，蒸汽机车的发明需要大量固定资本投资才能使之成为现实的生产力，英国政府显然看到这一技术的巨大潜力，而在当时的自由竞争市场下很难迅速融资，这引起了对亚当·斯密倡导的自由放任经济的置疑。就在这一时期，英、美政府成立了规制部门，就铁路运输中的资金问题、固定成本与沉没成本问题展开了激烈的讨论，进而提出规制效果，生产者福利、消费者福利等问题。正是对这些问题的研究奠定了规制规范分析的基础。这一时期也出现了规制实证分析的萌芽。法国经济学家迪普特对政治家与利益集团相互勾结的质疑，可以说是实证分析萌芽的代表。

二、新古典经济学中规制思想

在 1890 年左右，马歇尔把组成济学的各种不同理论，如供求论、节欲论、生产费用论、边际效用价值论等搜集在一起，形成了一个以边际效用为主导的"折中的理论体系"，这一体系在西方世界的影响巨大。马歇尔的"外部效应"思想及其弟子庇古对这一思想的深化为规制理论中"市场失灵"问题的研究奠定了基础。"外部效应"思想说明了除自然垄断理由之外，还存在着基于成本与收益不当分配形成的市场失灵；庇古在此基础上提出以税收或补贴形式进行政府干预的思想。

尽管资本主义已于 19 世纪末和 20 世纪初进入垄断阶段，但直到 20 世纪 30 年代初，传统的经济学仍把垄断当作"例外现象"，这种理论与现实背离的做法极大地损害了"新古典经济学"的说服力。为改变这种状态，张伯伦和鲁宾逊于 1933 年发表了一些理论，试图填补"垄断例外论"的漏洞。

三、"凯恩斯主义"和"罗斯福新政"

20 世纪 30 年代，资本主义世界的大萧条给西方国家带来很大冲击，经济急剧衰退，市场机制对此无能为力，资产阶级国家日益为甚地以解决失业问题为目的来干预经济生活。美国从 1933 年开始实施以凯恩斯主义与制度学派观点为基础的"罗斯福新政"，对具有自然垄断特征的公用事业部门加强规制是其主要内容。新政对交通运输和公用事业实行联邦管制，并成立了各种委员会规制相应的自然垄断部门，特别对运费、电价等实行联邦管制价格。这些措施限制了垄断部门赚取高额垄断利润，促进了经济发展。以罗斯福新政为起点，由于政府对行业的规制而带来的经济发展与政治稳定，使经济学家对具有自然垄断特征的产业进行规制普遍持支持态度。这一阶段是规制规范分析大发展的时期。

四、20 世纪 60 年代：实证对规范的挑战

长期以来，尽管赞同对经济进行规制的政策主张占据了主流，但不容忽视的事实是：一些国家的政府规制出现了重大失败——制度僵化、腐败问题严重、规制成本增加；企业内部人浮于事、技术创新缓慢等问题。既然管制未能达到预期的效果，那么政府为什么要进行规制呢?这方面研究的杰出代表人物有施蒂格勒、卡恩、贝克尔等。施蒂格勒一贯反对把政府所宣布的规制目标等同于规制的实际效果，他在 20 世纪 40 年代的研究主要揭示了规制的副作用可能和所期望的作用共生，甚至成为主要作用。1962 年，施蒂格勒发表了著名的论文《管制者能管制什么》，通过对比受管制和不受管制的供电企业，指出管制可能根本没有收到预期的效果（降低电费）；在《证券市场的公共管制》一文中，讨论了一项证券交易委员会的规定，即发行股票的公司必须向投资者公布经营状况是否提高了投资者的收益?其分析结果支持了规制无用论。施蒂格勒的结论对规范分析的前提条件，即"在自然垄

断领域中存在市场失灵"提出了有力挑战,使规范分析的立论基础受到动摇。

理论界中不休的争辩及思潮的影响,也可以从实际生活中找到佐证,美国政府规制政策的发展就部分地反映出理论对实践的指导性和依据性。

综观这一时期的学术观点,我们得出以下结论:由于现实中存在的问题,引起一些经济学家对规制合同有效性的思考和对政府规制效率问题的质疑,并着力于进行实证研究。规制实证分析研究了自然垄断产业产权配置的影响,将经济理论与政治理论结合起来,无论从理论上还是实践上都是对规制起源分析的革命性进展。实证分析学派主张政府放松规制或放弃规制,在某种程度上是对亚当·斯密及迪普特观点的一种回归。

第二节　我国文化产业与政府规制分析

一、政府规制文化产业开发的必要性

文化资源尤其是世界文化遗产、世界文化与自然双重遗产、口头与非物质遗产,其精华大多分布在国家历史文化名城、国家重点风景名胜区、国家级自然保护区、国家地质公园和国家森林公园等处。文化资源一方面通过"申遗"得到世人重视和保护,而另一方面往往面临"人满为患、楼满为患"等过度商业化、人工化、城市化局面。市场不是万能的,市场机制在有些场合无法做到资源的有效配置。文化资源的产业开发单纯依靠市场机制会导致市场失灵,因此,对我国文化资源产业开发进行政府规制十分必要。

(一)文化资源具有自然垄断性

文化资源稀缺、不可替代,相互之间难以形成竞争;文化资源不可分割,其经营具有强烈的规模经济和范围经济,容易产生垄断。垄断经营意味着政府必须对文化资源产业经营者的收费实施经济规制，限制其垄断高价。经济规制的主要对象是接入费或门票，而对其他服务如旅馆或食品等价格则不需要（事前）规制，因为只有接入服务，即经营者为观览者提供的便利服务，包括提供的通路等，才具有垄断特征。

（二）文化资源具有公共物品特征

文化资源大多是俱乐部物品，消费者购买得到接入权以后，消费就变得具有非排他性：一人观赏文化景观并不影响其他人的观赏。文化资源的公共物品特征决定了旅游消费中将会产生消费者对于观光服务的搭便车问题，文化资源经营者不可能根据成本对观光服务和接入服务各自单独收费，而必须将这些收费捆绑在一起。也就是说，文化资源风景区的收费必然存在交叉补贴。接入服务的收费或门票需要补贴提供其他服务的成本，如文化资源的折旧费、文化资源的维护费等。

（三）文化资源具有外部性

文化资源的外部性表现为：拥挤产生的外部性，由于文化资源的公共物品特征，消费者观赏决策时往往不考虑自己的决策对他人产生的影响；开发产生的外部性，经营者为了经济利益，过度开发文化资源而对文化景观产生损害。文化资源的外部性特征意味着，为了对文化资源进行适当的保护，避免过度开发，需要对文化资源开发实施严格的政府规制，如严格政府审批、征收庇古税、制定收费政策。收费既要考虑完全成本，又要考虑文化资源的维护成本、拥挤成本以及其他社会成本。

二、我国文化资源开发与政府规制的现状

文化资源产业开发政府规制的主要内容：一是经济规制，包括接入收费（门票价格）、经营行为及利润的规制；二是质量规制，即对文化资源的开发和保护的规制，它是保护文化名胜的关键。

文化资源产业开发的政府规制的现状并不理想，一是文化资源的政府管理者与企业经营者之间的信息不对称的经济特征，产业开发与

保护这两个规制目标之间存在着内在矛盾；二是文化资源产业开发的管理制度安排存在不少缺陷，又加剧了这种矛盾。

文化资源尤其是世界文化遗产，面临旅游超载、错位开发的严重旅游威胁，有的甚至面临存亡的抉择。天津著名景点盘山为国家 5A 级景区，清乾隆皇帝曾 32 次巡幸盘山，并发出了"早知有盘山，何必下江南"的感叹，但这样一个旅游胜地近年来毁景现象不断：当地村民陆续在北少林寺等寺庙基础上盖房，使原有的平面遗迹遭到破坏，玉石庄因游客过多使当地环境经受极大考验等。旅游热带来的滚滚人流，大有踏平三山五岳之势。特别是"五一""十一"、春节三个旅游黄金周期间，全国各处景点无不爆满，文化旅游胜地不堪重负。

文化资源，尤其是世界文化遗产的"商业化""人工化"和"城市化"，更让人担忧。在世界文化遗产地附近、周围，甚至景区内，到处都有市声喧嚣的商业街、土特产市场。最明显的人工化是索道的兴修，近年来我国山岳景区兴建索道成风，如泰山、黄山、峨眉山、青城山、盘山等全部建索道，有的甚至不只一条，名山铁索缠身，大煞风景。各种旅店、招待所、行业宾馆、部门饭店竞相破土动工，或进行升级改扩建，文化资源胜地城市化日益严重。

三、文化产业开发的政府规制措施

文化资源产业开发必须在保护的前提下，在其环境容量允许的条件下进行，否则将带来人类文化财富的毁灭性破坏。

（一）质量规制手段

质量规制手段保护措施：一是严格审批制度，避免过度开发。文化景区内禁止建设对环境有害的设施和项目，新景区的开发和旅游景点的兴建要进行环境影响评价，废水、废气、废渣的处理处置设施和防止水土流失、植被破坏、景观破坏的措施，必须与主体工程同时设计、同时施工、同时投入使用。二是通过对开发活动征税，减少经营者过度开发的现状。三是游客人数总量控制。政府规制机构通过测评文化资源景区的环境容量，确定各个景区年度可接待游客人数，以配额的形式下发给各景区，并监督其执行情况。国外的一些做法可资借鉴，如法国限制参观凡尔赛宫的游客人数，美国严格限制科罗拉多大峡谷自然旅游区旅游人数。我国敦煌莫高窟规定，旅游旺季每天接待游客数量控制在 2000 人以下，并限定游客的停留时间，以减少游客呼出的二氧化碳对敦煌壁画的损害。

（二）经济规制手段

制定有效的收费政策，解决公共物品特征带来的拥挤外部性，防止出现不合理的垄断价格，实现资源的合理配置。目前，接入收费（门票价格）不仅要考虑到文化资源维护等成本，还要考虑到拥挤成本以及其他社会成本。可以实行分时区价格制度，旅游旺季，通过价格上调，限制游客数量；旅游淡季，通过价格下调，来吸引游客，从而平衡一年当中旅游人次的分布。政府出资或鼓励文化企业投资来保护民族文化资源，也是一种有效的经济规制手段。

（三）行政法律手段

文化资源的过度产业开发，需要政府采取适当的行政法律手段加以遏制。实行分类分级管理。在全面普查的基础上，组织有关专家对文化资源进行分类分级。比如，从物质形态的角度，文化资源可分为有形文化资源和无形文化资源。就文化遗产来说，有形文化遗产还可细分为古城、宫殿、陵墓、寺庙、园林、碑碣雕像、原始人类遗址等，无形文化遗产还可细分为语言、文字、音乐、舞蹈、戏剧、游戏、神话传说、风俗等。从行政管辖的角度，文化资源可分为世界级、国家级、省级和县级文化资源等。通过分类分级，依据轻重缓急管理，可以充分利用有限的人、财、物力，保护好文化资源。做好立法、普法、执法工作。国家应组织有关文化学家、经济学家、法学家制定完善的保护法规。目前文化专门法只有《文物保护法》《著作权法》两部，下一步要加快文化遗产保护、文化资源的产业开发、文化市场等方面的立法，加强普法工作，让人人懂法，自觉遵守法规；严格执法，及时追究违法者的法律责任。

第三节　我国文化产业政策法规综述

我国文化产业发展迅速，涉及文化产业的政策法规按照不同的制定机关分属不同的位阶。

一、当前我国文化产业政策法规存在的问题

（一）政策缺失、无法可依的现象仍然存在

尽管经过十余年的不懈努力，我国目前基本形成了比较完整的文化产业政策体系，在出版业、报刊业、广播电视、电影、演出、娱乐、广告、网络服务等方面，基本上做到"有政策可依"。但是，我国的文化产业政策目前仍然很不完备，在产业管理和执法过程中，政策缺失的问题仍然存在，表现在以下方面。

1. 缺少全国统一的文化产业政策

到目前为止，我国还没有出台一部完整的指导整个文化产业发展的全国性的文化产业政策。文化产业在我国是一个具有特殊意义的战略性产业，同时文化产业又是分属几个部门管理的由十几个行业组成的产业群，它的发展需要较高的协调性和统一性。尤其是我国幅员广阔、地区分割、地方保护主义严重。因此，如果出台全国统一的文化产业政策，必将极大地促进我国的文化产业的发展。

2. 文化产业管理、执法过程中政策空白

不少领域出现管理无政策依据、执法无法律准绳的困惑，政策的制定落后于产业发展的实践。比如，数字出版具有传统出版所不具备的优势，也是出版业发展的一个趋势。近几年来，我国数字出版发展很快，但也出现了管理混乱、版权保护不力的现象。主要原因是目前我国数字出版政策和法律建设滞后。目前我国的网络出版尚无相应的行政管理部门，对网络发表并没有做出明确规定，许多操作无章可循、无法可依，造成了业界和学界理解上的混乱，给行业的发展带来了不利的影响。

（二）产业政策对文化产业的保护、扶持力度偏弱

文化产业是对我国国民经济发展和维护国家文化安全具有重要意义的战略性产业。同时，文化产业在我国又是处在发展初期、产业的国际竞争力弱的"幼稚产业"，这种现实决定现阶段我国的文化产业政策应当是一种保护性、扶持性的产业政策。但从目前国家对文化产业出台的一系列政策看，无论在保护方面还是扶持方面力度都不够，措施偏软。

（三）政策多变，缺乏必要的稳定性

政策总是在特定历史条件下形成，随着历史条件的变化，政策也必然随着变化。这是政策"变"的一面。但是，政策作为人们行动的指南，又必须在一定的时间内保持必要的稳定性。我国自从改革开放以来制定的文化产业政策文件不下数百个，有些政策较好地保持了政策的延续性、稳定性。但有相当一部分政策内容变化过快，甚至给人一种朝令夕改、无所适从的感觉。政策的多变在新兴文化产业表现得尤为突出。

二、完善我国文化产业法律法规的建议

（一）鼓励多种经济成分共同经营政策

长期以来，我国条块分割、行业壁垒和单一投资主体，导致我国没有形成全面系统的指导文化产业发展的产业政策体系。这与文化产业投资主体多元化、自由化原则不相适应，已成为阻碍我国文化产业发展的"瓶颈"，弱化了对文化的创新能力。

实践证明，调动各方面积极性，共同兴办文化产业，不失为发展文化产业的一条有效捷径。除了需要国家重点保护、扶持的文化项目和部门，在国家政策允许的条件下，要积极推动、发展和完善国家、集体、个人和外资一起办文化产业的模式，以激活文化产业经营机制，促进文化产业兴盛。

（二）培植大型文化服务企业政策

制定文化企业兼并、联合、重组政策，充分利用全社会的文化资

源发展文化产业。文化产业集团的组建，不能"以小凑大"，将劣质资产也组合进来，而要将原有的资产、机构、人员、设备做一番认真的清理，并采取跨行业、跨系统、跨地区兼并、联合、重组的办法，培育大型文化产业集团，确保在以后的发展过程中"优势组合，优势互补，优势扩张"。

（三）创造宽松的金融环境政策

良好的金融环境是文化产业健康发展的基础。不同经济成分文化企业的经营资本有不同的来源，国有企业主要来自国家投资，民营企业以自我表现积累为主。总之，我国文化产业发展仍受资金短缺的制约，形成了产业结构不合理，传统文化产业的比重较大，现代新兴文化产业发展不够，文化产品的科技含量低，竞争能力差，特别是现代信息技术的应用比较落后，不能适应人们对文化产品高科技化的要求。因此，为文化产业的顺利运营、文化产业的结构调整、文化产品增值，均需要创造宽松的融资环境。

（四）制定文化服务贸易的保护与开放政策

要鼓励社会各界加入对文化资源的保护、开发和利用行列，要贯彻积极保护、合理开发、有效利用的政策。要在保护的基础上，打破对文化资源的不合理垄断，加大对现有文化资源的开发和利用的程度。制定促进对外开放的政策，鼓励文化产业单位面向国际市场，充分利用国际、国内的两个市场、两种资源加强对外文化交流，发展外向型文化产业，增强文化产业的国际竞争能力和对国外优秀文化先进的管理方式、手段的引进、吸纳、消化及创新能力。

第三部分
天津市文化产业的实证分析

第七章

天津市经济发展的资源禀赋优势

第一节　地理资源禀赋

　　天津是中国四个直辖市之一,超过1000万人居住和生活在这一地区,市中心距北京137公里,是著名的国际港口城市和生态城市。它位于环渤海经济圈的中心,是中国北方最大的沿海开放城市、近代工业的发源地、近代北方最早对外开放的沿海城市之一、我国北方的海运与工业中心。作为拥有中国第四大工业基地和第三大外贸港口的大都市,自从2006年滨海新区发展上升为国家政策后,天津重新走上了高速发展的道路。

　　天津(Tianjin),这个名字最早出现于永乐初年(公元1403年),为燕王朱棣命名,因这里是他到京城夺取帝位时的渡口,所以起名为天津,意为天子渡河的地方,自永乐二年(公元1404年)正式设卫建城。翌年设天津左卫,转年又增设天津右卫。清顺治九年(1652年),三卫合一,归并于天津卫。天津,中华人民共和国四个中央直辖市之一,是仅次于上海、北京的第三大城市;中国北方经济中心,国际港口城市和生态城市。中国五大中心城市之一,是中国大陆经济、金融、贸易和航运的三大中心之一,是中国北方国际航运中心和北方国际物流中心。经历600余年的沧海桑田,特别是近代百年,造就了天津中西合璧、古今兼容的独特城市风貌。"近代百年看天津",成为世人共识。天津市地处华北平原东北部、海河流域下游、环渤海湾的中心，东临渤海，北依燕山，扼守京畿。天津位于我国大陆海岸线北部的渤海湾，拥有中国第四大的工业基地、第三大的外贸港口。超过1000万人居住和生活在天津地区。新中国成立以前，天津为亚洲第二大城市，新中国成立后，百废待兴的天津得到了进一步发展，但随着改革开放，天津逐渐背上了过去的包袱，没有及时实现发展的转型。在经济上一度落后于其他城市。自从2006年滨海新区发展上升为国家政策后，天津重新走上了高速发展的道路。

全市面积11760.26平方公里（中国省级行政区第30名）。市区面积4334.72平方公里。中心城区面积530平方公里，滨海新区城区面积350平方公里。天津市南北长189公里，东西宽117公里，海岸线长156公里。天津市是我国海拔最低的城市，全市一般海拔2~5米。最北部燕山南麓的低山丘陵区海拔在100~500米。九山顶为天津市最高点，海拔1078.5米。天津市位于北纬38°34'至40°15'，东经116°43'至118°04'，处于国际时区的东八区，地处太平洋西岸环渤海湾边。从市中心区向西北行137公里即达首都北京。北起蓟县黄崖关，南至滨海新区翟庄子沧浪渠，南北长189公里；东起滨海新区洒金坨以东陡河西干渠，西至静海县子牙河王进庄以西滩德干渠，东西宽117公里。天津市域面积11917.3平方公里，疆域周长约1290.8公里，海岸线长153公里，陆界长1137.48公里。繁忙的天津港地处华北平原东北部，东临渤海，北枕燕山，北与首都北京毗邻，距北京120公里，是拱卫京畿的要地和门户。东、西、南分别与河北省的唐山、承德、廊坊、沧州地区接壤。对内腹地辽阔，辐射华北、东北、西北13个省市自治区，对外面向东北亚，是中国北方最大的沿海开放城市。天津海陆空交通便捷，铁路、公路四通八达。

天津建城设卫之前，天津港是京杭大运河的一个内河港口。1860年，开辟为五大通商口岸之一。长期以来，天津港与170多个国家和地区的300多个港口保持贸易往来，是连接亚欧大陆桥距离最近的东部起点。2014年，天津港实现货物吞吐量突破5.4亿吨、集装箱吞吐量超过1400万标准箱，实现了有效益、可持续的发展。天津港是中国北方第一大港口，也是世界上最大的人工深水港。在京津冀协同发展中，天津港积极联手河北港口集团共同出资 20 亿元，组建渤海津冀港口投资发展有限公司，优化环渤海区域港口的合理分工和产业布局。针对世界航运业船舶大型化发展进程，天津港在 2014 年不断提高港口硬件设施水平，30 万吨级航道、复式航道正式运行，南疆 26 号专业化矿石码头、邮轮码头二期相继正式投产，成功接卸了全球最大的 1.8 万和 1.9 万标准箱集装箱船舶。面对国家"一带一路"重大战略实施的新机遇，天津港在物流网络建设中强化与国际知名航运企业集团合作，对 6 条内外贸航线进行了船型升级和舱位扩容，恢复了马士基、达飞印巴航线，使天津港集装箱航线总线达到 120 条。在加强内陆腹地建设方面，进一步加强与口岸和铁路部门合作，推动无纸化通关和检疫电子放行，发展海铁联运和过境班列运输，新开发全程物流项目 18 个，新增衡水、唐山和胜芳 3 个无水港，使内陆无水港总数增至 25 个。

天津位于海河流域下游，是海河五大支流南运河、北运河、子牙河、大清河、永定河的汇合处和入海口，素有"九河下梢""河海要冲"之称。流经天津的一级河道有 19 条，总长度为 1095.1 公里。还有子牙新河、独流减河、马厂减河、永定新河、潮白新河、还乡新河 6 条人工河道，总长度为 284.1 公里。二级河道有 79 条，总长度为 1363.4 公里，深渠 1061 条，总长度为 4578 公里。天津还多次引黄济津，并有一定数量的地下水。天津市土地面积 1191970 公顷。其中耕地面积 485609 公顷，占全市土地总面积的 40.74%；园地面积 37324 公顷，占 3.13%；林地 34227 公顷，占 2.87%；牧草地 594 公顷，占 0.05%；居民点及工矿用地 218345 公顷，占 18.33%；交通用地 32937 公顷，占 2.76%；水域 315089 公顷，占 26.43%；未利用土地 67845 公顷，占 5.69%。在全部土地面积中，国有土地 501.68 万亩，占 28.06%；集体土地 1286.28 万亩，占 71.94%。全市的土地，除北部的山地、丘陵外，其余都是在深厚沉积物上发育的土壤。在海河下游的滨海地区，有待开发的荒地、滩涂 1214 平方公里，可作为建设和生态用地。天津市已探明的金属矿、非金属矿和燃料矿有 20 多种。金属矿和非金属矿主要分布在天津北部山区。金属矿主要有锰硼石、锰、金、钨、钼、铜、锌、铁等，其中锰、硼不仅为国内首次发现，也为世界所罕见。非金属矿主要有水泥石灰岩、重晶石、迭层石、大理石、天然油石、紫砂陶土、麦饭石等。燃料矿主要埋藏在平原区和渤海湾大陆架，有石油、天然气和煤成气等。已探明石油地质储量 40 亿吨，油田面积 100 多平方公里，天然气地质储量 1500 多亿立方米，煤田面积 80 平方公里。天津地热资源丰富，具有埋藏浅、水质好的特点。目前已发现 10 个地热异常区，面积 2434 平方公里，水温在 30℃~90℃。天津海岸线位于渤海西部海域，南起歧口，北至涧河口，长达 153 公里。海洋资源突出表现为，滩涂资源、海洋生物资源、海水资源、海洋油气资源。滩涂面积约 370 多平方公里，正在开发利用。海洋生物资源，主要是浮游生物、游泳生物、底栖生物和潮间带生物。海水成盐量高，自古以来就是著名的盐产地，拥有中国最大的盐场。进行海水淡化，解决淡水不足的潜力很大。海洋油气资源丰富，已发现 45 个含油构造，储量十分可观。天津市由铁路、公路、水路、航空和管道五种运输方式构成了四通八达的交通运输网络；具有先进的电信通信网和便利的邮政网。全市交通邮电业的从业人数约 33 万人。1997 年完成交通邮电增加值为 114.8 亿元。此外，近几年来津滨轻轨、快速路和地铁线的开通使天津交通更加便捷通畅。

第二节　文化产业政策

天津城市文化产业发展始于 20 世纪 90 年代中期，十六大召开以后，文化体制改革的步伐明显加快。而文化体制改革最紧迫的任务就是要塑造国有文化市场主体，解决国有文化事业单位转企改制的问题。文化体制改革推动可以经营的部分文化单位走向市场，这些单位处于产业要素集聚初期，产业模式为政府主导推动型，为文化产业的快速发展奠定了基础。

21 世纪初，以文化娱乐业、广播影视业、新闻出版业和文化旅游业的发展为标志，新兴内容产业、新媒体产业逐步兴起并成为推动力，文化产业市场化程度进一步加深，文化资源的重组使其总体规模逐步扩大，开始在国民经济中占有一席之地。2005—2007 年，文化产业纳入国家软实力范畴，得到政策的大力支持，进入完善产业链、提升产业价值的快速成长阶段，形成了政府引导、市场运作和企业经营的发展模式。

天津市委、市政府制订了《天津市文化产业振兴规划》《天津市关于鼓励和扶持动漫产业发展的实施意见》《天津市文化体制改革的实施方案》《关于打好文化大发展大繁荣攻坚战的实施意见（征求意见稿）》和《天津市文化中心规划设计方案》等指导性文件，实施了规划与政策先行、深化文化体制改革、基础设施扩容、大项目拉动、产业集群发展、原创产品搞活和国际化道路七大发展战略，促进天津城市文化产业向高端化、高质化和高新化的经济增长方式转变。《2014 中国文化统计手册》显示，2014 年天津市文化发展目标为提升公共文化服务水平，切实繁荣艺术创作演出，加快发展文化产业，加强非物质文化遗产传承保护，扩大对外文化交流，继续深化文化体制改革，不断开创天津文化改革发展新局面，为实现中央对天津定位创造良好条件。不完全统计，2014 年天津市出台了 5 项政策，以实现该发展目标。

《天津市文化服务、文化产业转型升级工程》包括 95 个重点文化项目，总投资约 236.5 亿元，其中公共文化服务项目 23 个，文化产业项目 39 个，文化产品创作生产项目 33 个。《关于促进天津市文化贸易发展的实施意见》（津商务服贸〔2014〕1 号）提出，用 5~8 年时间，建设 1~2 个文化贸易基地，积极推动旅游、餐饮、中医药与文化贸易相结合，共同发展。搭建具有一定国际影响力的文化贸易促进平台，拓宽文化"走出去"渠道。培养一批具有国际竞争力的文化贸易企业，打造一批具有天津特色的文化贸易重点项目。《中共天津市委天津市人民政府关于加快服务业发展的意见》指出，推进文化创意和设计服务与相关产业融合发展，打造独具特色的文化强市、北方创意之都。积极开拓文化产品市场，加快新闻出版、广播影视、新媒体、演艺娱乐、动漫游戏、体育等产业发展，提升文化产业园区服务功能。丰富和发展"近代中国看天津"核心旅游品牌，进一步扩大"天天乐道、津津有味"的品牌影响力，完善旅游基础设施，打造更多旅游精品，加快建设邮轮旅游实验区，建成中国北方公务机基地，成为国际旅游目的地和集散地。《天津市现代服务业重点产业三年行动计划汇编》提出努力将天津市的文化产业增加值年均增长20%以上，到2016年占全市生产总值的比重超过5%，成为支柱产业。每年推出一批文化大发展大繁荣攻坚战重点项目，着力推动项目建设。加快文化产业园区和基地建设，到2016年我市国家级文化产业示范基地达到10家。打造动漫精品，到2016年认定动漫企业超过40家，动漫产品总量和效益比2013年翻一番。《天津市关于推进文化和旅游融合发展的实施意见》（津党宣发〔2014〕19号）指出，天津将加快推进重点文化旅游项目建设，举办特色文化旅游活动，挖掘旅游产品文化内涵，加强文化旅游资源整合，培育特色旅游演艺产品，开发天津特色旅游纪念品，到2015年，文化与旅游快速融合发展，产业不断优化，新增20个文化旅游大项目，培育一批特色文化旅游演艺活动，举办100项特色文化旅游活动，文化、旅游产业增加值占全市GDP的比重分别达到5%和7.5%，成为国民经济支柱产业。

第三节　经济状况

根据《天津市文化产业发展"十二五"规划》，天津文化产业将完成投资超过1000亿元，文化产业增加值年均增长30%，2015年占全市生产总值的比重达到5%；重点打造中心城区都市文化产业带、滨海新区开放型海洋文化产业带、北部山区休闲旅游文化产业带和周边区县民俗文化产业带，发展完善形成"四带多点"文化产业空间布局，建成富有独特魅力和创新活力的文化强市。

天津着力发展文化创意、立体影视、新兴媒体、数字出版、动漫游戏、文化主题公园、高新技术印刷复制、广告、下一代广播电视网等新兴战略性文化产业，深入发掘"津味文化"元素，做大做强"近代中国看天津"等文化品牌，积极培育文化产业经济增长点。具体来说，有以下几方面：第一，创意产业迅速发展。天津创意产业近年来发展迅速，已成为现代服务业中潜力巨大的新经济增长点，创意产业逐渐呈现出较强的发展势头，涵盖了设计服务、咨询策划、电信软件、休闲娱乐、影视文化、工艺时尚和科研教育等行业。第二，广播影视精品不断。近年来，天津大力发展广播影视事业，不断创作出文艺精品，并建立了一支艺德高尚、业务精湛、结构合理、充满活力的高素质文化人才队伍。2009年联合摄制的大型史诗电视剧《解放》，在"庆祝新中国成立60周年——解放战争题材电视剧质量评析"中荣获一等奖；电影《我的左手》、电视剧《父辈的旗帜》《大国医》、评剧《寄印传奇》、歌曲《天蓝蓝》和广播剧《中国钟》6部文艺作品荣获中宣部第11届"五个一工程"优秀作品奖，获奖数量位居全国前列。此外，还有许多其他的优秀作品，这些作品极大地满足了人民群众日益增长的精神文化需求。第三，出版发行不断壮大。改革开放30年来，天津新闻出版业不断发展壮大，基本形成了包括图书、报纸、期刊、音像、电子出版和网络等多种媒体为载体，以出版、印刷、复制、发行为主，包括新闻出版教育、版权代理、出版物资供应、出版物进出口等附属门类比较完整的出版产业链。目前，天津共有各类出版单位310家，印刷企业3467家，发行单位2166家，另有光盘复制单位2家，内部出版物350种，驻津记者站90家。天津新闻出版业始终坚持精品战略，按照打造核心品牌、优化产品结构、提高产品竞争力的工作思路，在社科、文化、教育、生活等方面催生和培育了一大批精品力作。第四，文化旅游多业态化。天津在抓好重大工业项目建设的同时，把旅游项目建设作为提升服务业功能、加快经济发展的新增长点。据了解，2011年预开工45个旅游精品项目，这些旅游大项目总投资838亿元，加上与旅游项目同步建设的基础设施，总投资突破2000亿元。这些旅游大项目文化特色鲜明，业态多样，包括文化旅游项目、休闲度假旅游项目、邮轮游艇项目、商务会展项目、主题公园项目、工业旅游项目和农业观光项目。这些旅游大项目建设均注重深度开发，注重景点的细节建设，注重景点功能性的提升，并从游客心理需求出发，突出体验性、娱乐性和休闲性，让游客身临其境。第五，动漫产业重点扶持。
天津充分利用滨海新区综合配套改革试验区的优势，明确提出重点发
展文化创意、立体影视、新兴媒体、数字出版、动漫游戏以及高新技
术印刷复制等战略性新兴文化产业；建立扶持动漫产业发展领导小组，
在高新区建立动漫产业基地，扶持原创动漫产业的发展。目前，天津
滨海高新区已有动漫企业40余家，年产原创动画达到3300分钟，动
漫企业涵盖动画、漫画手机动漫（游戏）、网络动漫（游戏）以及数字
教育培训等多个领域。第六，会展业成果逐步显现。目前，会展业在
滨海新区的发展中起到了越来越明显的作用。借助世界经济论坛——
夏季达沃斯论坛在天津的举办，滨海新区正在成为新的中国会展业重
镇。滨海国际会展中心是一座大型现代化会议展览中心，其硬件设施
具有国际标准，已经成为滨海新区的标志性建筑以及环渤海地区具有
代表性的展览场地之一。依托区位、交通、资源、工业基础和体制创
新五大优势，滨海国际会展中心自投入使用以来成功举办了一系列国
际国内大型展会。为促进文化产业快速发展，天津市政府还制定了文
化产业振兴规划，成立了市总指挥部和区县领导小组，通过文化大项
目、好项目带动全市文化产业的快速发展，并已形成由文化创意业、
广播影视业、出版发行业、演艺娱乐业、数字内容和动漫业、文化旅
游业、文化会展业以及艺术品交易业八大门类组成的文化产业体系，
通过整合文化产业资源，有效发挥各体系功效成为文化产业发展的主
要方向。

第四节　民俗文化

　　天津作为四大直辖市之一，在文化产业的发展方面，远不及北京、
上海，甚至排在其他文化产业发展较超前的城市之后。因此，了解天
津文化内涵，明确天津文化产业定位，确立天津文化产业的发展优势
是促进文化产业发展的首要条件。

　　梳理天津历史，对比各大城市文化，天津具有九大独特文化内涵。

①清末民初，天津是北京的后花园。中国皇家帝王文化与外来西洋文化相融合产生中西合璧的"皇家贵族文化"，这在全国是绝无仅有的。②津是近代高等教育的发祥地，具有独一无二的教育文化历史强势。如近代中国第一个官办大学——北洋大学堂（今天津大学）；近代中国第一个民办大学——南开大学。③中国是近代民族工业的发源地之一。天津近代化学工业声名远播，如国际著名品牌"红三角"纯碱、著名化学工业家侯德榜等，有开启国内锻造业、机器制造业先河的著名的"三条石"近代工业遗址。④明清两代商埠文化的集散地。天津地处南北大运河交汇处，四海宾朋汇聚，八方商贾云集。旧时有"京有大栅栏，津有估衣街"之称。百年"劝业场"是名冠华夏的"中华百货第一大卖场"。⑤最早的通商口岸之一的"租界文化"（德、法、意、奥、英、日、比等租界）。天津有全国唯一可以居住的国家级重点文物保护单位——见证近代中国历史、浓缩百年政治风云变幻的"利顺德大酒店"。⑥历史上天津居北方园林之冠，与"苏杭"遥相呼应的园林文化。如乾隆四次莅临、赞不绝口的"水西庄"，还有当代中国十大魅力名镇"杨柳青"，以及石家大院、安家大院、李鸿章的"李公祠"等。⑦以近代天津爱国人士霍元甲、韩金庸为代表的"精武"文化。⑧素有"曲艺之乡"传统的津味"市井文化"。⑨幽默诙谐的民间喜剧性格，以及"喜气洋洋、欢天喜地、吉祥喜气"的杨柳青年画。

在上述文化中，曲艺文化以及幽默诙谐的民间喜剧不仅体现了天津文化的内涵，而且在当今社会中具有很强的民间生命力与现实意义。天津话中有个"哏"字，何谓"哏"，以天津地域文化为研究课题的老作家林希说，"哏"，简单解释是"好笑"，往深了说它体现了天津人的一种化解意识，遇到烦心事不和自己过不去，他们是把人生的严肃课题游戏化了。可以说幽默是天津人的一种生活态度。电视剧作为家庭成员共同观赏的重要节目之一，喜剧是老幼皆宜的重要类型。打造津味喜剧，是天津喜剧发展的一个方向。冯巩曾在大银幕上率先炮制津味喜剧《没事偷着乐》笑翻了大江南北的观众，其展现出的津城小人物幽默、乐观，对人物拿捏得十分到位，单《没事偷着乐》这片名，就足以表现天津人的特点了。这种乐观豁达的精神是天津人所特有的。

2004 年，杨光这个典型"津城小人物"的生活占据了我们的视线，他虽然普通，却生活得积极而不卑微，这个可爱的"小人物"留给观众的除了笑声，还有一种久违的亲切和感动。在"杨光"系列中，那些俏皮而实在的天津话、那些观众再熟悉不过的街道里弄、那些生活中每天都要面对的家长里短，集合成了一个个朴实而感人的故事，凝结成地道平实的"津味文化"扑面而来，也带给天津观众一种极具默契的"本土幽默"。随后天津推出《小房东》《追着幸福跑》等喜剧，足见津味喜剧的独特魅力。

古装情景喜剧《郭县令轶事》也获得了不错的收视率。从近年来几部成功的津味喜剧来看，不仅剧情贴近百姓生活，演员也摒弃了夸张的表演，观众没有被"胳肢"的感觉。脱离了廉价的煽情，回归平实的表演，让故事、语言和演员天然迸发的喜剧灵感，为电视剧增添幽默元素，这些都为津味喜剧从沉寂到勃发，再到如今势头迅猛，夯实了基础。在近几年的发展中，"津味喜剧"已经成为一个品牌，不仅深受天津观众欢迎，在全国范围内也很热播。目前，重庆、山西、河北等很多外地电视台来津学习制作地方喜剧作品的经验。"津味喜剧"形成了一个全国化的品牌。

2010 年，天津卫视利用独家优势资源打造"中国喜剧第一平台"，开年推出的《今夜有戏》是天津卫视在国内首创的第一档"集娱乐访谈和爆笑喜剧演绎于一体"的"日播综艺脱口秀"节目，由郭德纲首次独挑大梁担纲主持，每期邀请一位当红明星进行现场娱乐访谈。《今夜有戏》汇聚"德云社"和全国顶尖爆笑戏剧团体，首次将小剧场演出搬上电视荧屏，每天一段小故事，每周一个大剧目，为观众奉献国内顶级的幽默喜剧，填补了中国综艺节目中"戏剧"和"喜剧"的空白。全国数十部爆笑却从未被搬上荧幕的民间戏剧都独家在《今夜有戏》中亮相。

喜剧小品是介乎于微型戏剧和化妆相声之间的艺术样式，凭借着戏剧舞台和电视屏幕的媒介传播优势，以其独具的神韵风采，充分展示了自身的艺术特色和美学价值，使亿万观众着迷、倾倒、津津乐道。

每个城市都能列举几个自己的大腕，天津最大的"腕"不是歌星、球星，而是一个相声演员——马三立。这在全国绝无仅有。天津人喜爱相声，天津也是培养相声名家的摇篮。新中国成立以前，天津的著名相声演员有李德锡（艺名万人迷，有"滑稽大王"之称）、张寿臣（有"幽默大师"之称）、马三立、侯宝林、常宝堃（艺名小蘑菇）等。新中国成立以后，活跃在天津舞台上的相声演员还有郭荣起、常宝霆、苏文茂、刘文亨、高英培、马志明、李伯祥、魏文亮等。传统相声曲目有 300 多段。来天津不能不听相声，已经成为天津城市品牌的一个部分。可以说发展相声剧场不仅是"喜剧之都"建设的基础与题中应有之义，更可以成为天津扩大旅游服务内容的标志性项目。

天津人艺小剧场曾经演出台湾著名相声工作坊赖声川的话剧《我不小心娶了两个老婆》，获得观众认可。随后自编喜剧《下一站，幸福》也获得了较高评价。北京著名先锋话剧导演孟京辉也将其喜剧作品《两只狗的生活意见》带到天津演出。这些具有喜剧意味的话剧都受到了观众的认可，喜剧艺术更贴近观众，而剧场的效果更容易与观众获得沟通与互动，从而增强喜剧本身的效果，满足市场需求。

第五节　资源禀赋

一、戏曲曲艺

北国话剧。在中国话剧历史上，天津有其不可磨灭的地位。早期话剧运动创始人之一，第一个演《茶花女》的李叔同，就是天津人。第一个到外国学习现代戏剧艺术，并把西方写实剧首先介绍到中国来的，就是张伯苓的九弟张彭春。谈起天津新剧的历史，不能不想起早年的老教育家严范孙。他雅好戏剧，娴通音律，常说："剧本加以改良，其功不下教育"。

西城板。西城板是天津土生土长的曲种，其吐字发音完全是天津话，不论说与唱都极富乡土气息。西城板唱腔慷慨悲壮激昂，唱法和曲调接近语言，内容较鲜明地反映了当时人民的生活感情，因此深受津沽民众喜爱。当年在茶楼演出时，常座无虚席。民国初年，天津城北门脸有宝和轩茶社和海锐茶社，是专演西城板的地方。现在这个曲种已基本无人会唱，近乎失传，殊为可惜。

天津快板。天津快板是 20 世纪 50 年代出现的一个新曲种，是由群众自发创造并发展起来的。这种快板完全以天津方言来表演，在形式上采用了数来宝的数唱方式及快板书所用的节子板，同时配以天津时调中"数子"的曲调，用三弦伴奏，别具一格。天津快板风格粗犷、爽朗、明快、幽默，有着浓厚的生活气息和地方风味，深受天津人的喜爱，也为其他省市群众所喜爱。

天津时调。天津时调是天津独有的曲种，它产生于清末明初，1900年时已有专业艺人演唱。该曲种的唱腔包括靠山调、鸳鸯调、胶皮调等民间小调。专业艺人出现后，对这些民间小调进行了加工改造和创新，使之成为反映时代风貌、社会生活，并深受人们喜爱的一个曲种，定名为天津时调。

相声。相声是一种历史悠久，流传较广，有深厚群众基础的曲艺表演形式。尽管相声艺人供奉的祖师是汉代的东方朔，但这个曲种的真正形成和发展起来却是在清代。相声虽兴起于北京，但作为码头城市的天津，离北京近在咫尺，成为相声演员必经之地，而且逐渐形成一个新段子必先得到天津观众的认可才能进京演出的局面。许多著名的相声演员都是在天津演出过多年，成名后才走向全国的，侯宝林、张寿臣、郭荣起莫不如此。

京韵大鼓。京韵大鼓是天津曲艺中的一个主要曲种。京韵大鼓又名小口大鼓，该曲种前身原是怯大鼓，后经钟万起、于德逵等人的改革，将唱词改为京口上韵，腔调翻新，变为京音大鼓。后经不断改革，才最后定为京韵大鼓。

京东大鼓。京东大鼓起源于京东香河、宝坻一带，演唱简单，所唱段子多为"蔓子活"（连台本）。后经刘文彬在天津演唱，很快兴盛起来。刘文彬嗓音粗犷宽亮，吐字真切，表白清楚，表演纯朴，引人入胜。刘文彬之子刘少彬继承其艺。今天津曲艺团郝德宝，女艺人王韫秋，业余演员董湘昆，都深得刘之神髓，演唱惟妙惟肖，深得观众喜爱。

西河大鼓。西河大鼓传入天津较早，以郝民一派独占优势，一致有天津西河大鼓为郝民家传之说。由于西河大鼓所唱多为"蔓子活"，如"杨家将""施公案"等，因此很吸引观众，20世纪20、30年代在东兴市场、河北鸟市、地道外、新大路等地都有固定观众捧场。其中女艺人马增芬于1936年所唱的"绕口令"一曲，风靡津沽，妇孺皆唱，有如今日的通俗歌曲，想必当年西河大鼓也会有一支强大的追星族出现。

二、民间工艺

天津泥人张。天津泥人在清代乾隆、嘉庆年间已享有很大声誉。使天津泥人大放异彩、成为民族艺术奇葩的，是"泥人张"的彩塑，它把传统的捏泥人提高到圆塑艺术的水平，又装饰以色彩、道具，形成了独特的风格。天津"泥人张"艺术的创始人是张长林。他只须和人对面坐谈，搏土于手，不动声色，瞬息而成。面目径寸，不仅形神毕肖，且栩栩如生，须眉俗动。近年来，"泥人张"彩塑积极地推动国际间文化艺术的友好交流，成为中外交往的桥梁。天津"泥人张"彩塑艺术是近代民间发展起来的著名工艺美术流派，这支数代相传的艺术之花，扎根于古代泥塑艺术的传统土壤中，再经大胆创新，遂成为今日津门艺林一绝。

风筝魏。在北方，最受欢迎的风筝是北京厂甸的哈巴风筝和天津魏元泰的风筝。每逢春秋季节，他们的风筝都要畅销一时。据说魏元泰做的风筝，独出心裁，非常精巧玲珑。有的风筝的竹架，不是用绳扎结，而是钻了孔，串在一起，再用胶粘，每个风筝的各个接头的地方，都有铜箍，能拆散折迭。即使一个五丈长的大蜈蚣风筝也能拆散了，放在一个一尺长的盒子里，到要放的时候，再拿出来装配，非常方便。因而他制造的风筝畅销国内外各地，"风筝魏"驰名遐迩。

鞭炮。天津盛产鞭炮，种类很多，大体分"小鞭""两响"两种。

天津杨村"两响"暴声清脆，特点是燃后的第一响在下面爆出，然后腾空到二十米高度，在掉头往下落的一瞬间，爆出第二响。地响和天响必须有一定的时间间隔，这是其他地方产品所不及的。因此天津的"两响"畅销南北各地，而且向外国出口，俗有"南鞭北炮"之称。

汉沽版画。汉沽版画多以汉沽地区盐场、化工、农业、渔业的劳动和生活为题材，吸收了中国民间传统艺术及西方艺术的创作手法，运用新材料、新技巧、新手法、采用木刻、纸版、综合版、丝漏版和油印、水印等表现形式，注重版画语言方面的探索，作品令人耳目一新。汉沽版画创作队伍主要由工人、教师、美术干部组成。这个群体创作的版画作品已达 700 余件，其中有 34 件作品被中国美术馆收藏，部分作品被国内外一些博物馆、展览馆及国际友人收藏，数百件作品在国内及国外十几个国家和地区展出、发表、获奖。

杨柳青年画。杨柳青年画始于明代（公元 1368—1644），是一种富于独特的艺术珍品。位于天津西郊的千年古镇杨柳青是杨柳青年画的故乡。清代（公元 1616—1911）中期，杨柳青镇有近百家画店作坊，街上画牌相招，彩幌相对，从事年画制作的手工艺人达三千多人，出现了"家家会点染，户户善丹青"的盛况。

中国近代各重大历史阶段均在天津留下了覆盖政治、军事、外交、文化、教育、司法、工商、金融、交通、市政等各个层面的历史文化遗存；天津近代历史文脉呈现开放性、包容性、多元性文化特质，具有中西交融、南北荟萃的鲜明特色，不仅有颇具特色的近代历史风貌建筑，还有引领近代中国发展的"一百个第一"，又有与重大历史事件相关的历史人物群，如梁启超、李叔同、严复、曹禺等；另外，天津近代九国租界建筑和名人名居保存完好，已开发的意式风情区、小白楼 1902 街区等，有力地支撑了"近代中国看天津"的文化品牌。

三、媒体

报纸：天津为中国现代报业发源地之一。新中国成立以前，主要报纸有：《时报》——1886 年 11 月 6 日，中英文；《京津泰晤士报》

——1894 年 3 月英国人创办，英文；《直报》——1895 年德国人创办，中文；《国闻报》——1897 年 10 月 26 日创刊，天津第一份国人自办中文日报；《国闻汇编》——1897 年 12 月创办，旬刊，《国闻报》馆主编；《类类报》——1898 年创刊，商办；《咸报》——1899 年出版，日本人在天津创办的中文报纸；《北洋报》——1901 年出版，1913 年改组为《时闻报》；《青年会报》——1901 年，教会主办，1905 年改名为《星期报》；《大公报》——1902 年 6 月 17 日出版，英敛之创办；《北洋官报》——1902 年 12 月 25 日出版，先为二日刊，后为日刊；《民兴报》——1903 年李镇桐创办；《北洋时报》——1904 年创刊，商办；《多闻报》——1905 年前后出版，日报；《白话开通报》——1905 年出版；《津报》——1905 年创刊；《天津商报》——1905 年 12 月 26 日创刊，天津商务总会机关报；《北洋政法学报》——1906 年 9 月，北洋官报总局出版，原名《政法杂志》；《通报》——1906 年 9 月创办；《醒俗画报》——1907 年春创刊，天津最早出版的图文并茂的画报；《竹园白话报》——1907 年 9 月 1 日出版；《忠言报》——1909 年革命派人士创办；《益世报》——1915 年 10 月比利时传教士雷鸣远创办；《妇女日报》——1924 年 1 月刘清扬创办；《庸报》——1925 年 3 月 1 日董显光创办；《北洋画报》——1926 年创办；《商报》——1928 年创办；《民报》——1929 年创刊；《东方日报》——1930 年创刊；《新时代报》——1931 年夏创刊；《华北商报》——1936 年创刊；《抗日小报》——1937 年 8 月创刊，中共天津市委领导。《青年日报》——1945 年创刊；《新生晚报》——1946 年 7 月创刊；《民生导报》——1946 年 8 月 15 日创刊。

现主要报刊有：《今晚报》《天津日报》《城市快报》《每日新报》《城市晚报》《球迷》《天津青年报》《假日 100》《天津工人报》《津南报》《天津工商报》《红领巾报》《大众生活报》《滨海时报》《中国书画报》《家庭报》《天津市求知报》《华北信息报》《天津教育报》《新求知报》《天津政法报》《农工商时报》《天津广播电视报》《科技先导》。

电视频道：天津电视台，卫视频道，天津电视台，经济生活频道，天津电视台文化娱乐频道，天津电视台都市频道，天津电视台体育频道，天津电视台科教频道，天津电视台少儿频道，天津电视台公共频道。

网络媒体：北方网，天津旅游综合网，天津电视台，天津政务网，天津热线。

出版社：天津大学出版社，天津外语音像出版社，天津人民美术出版社，天津社会科学院出版社，天津教育出版社，新蕾出版社，南开大学出版社，天津东方出版社，天津人民出版社，天津北洋音像出版社，中国航海图书出版社，天津古籍出版社，天津科学技术出版社，百花文艺出版社，高等教育出版社，中国航海图书出版社。

四、城市文化

天津拥有丰富的商务文化资源，海河两岸沿线形成的服务型商业经济带体现了深厚的都市商业文化气息；还拥有多种明清风格、欧式风格、文艺复兴时代风格的各式建筑，俗称"万国建筑博览会"；中西合璧是天津建筑的突出特色，天津租界地建筑是天津历史上第一次中西文化大融合的典范；天津还拥有让人唇齿留香的饮食文化，拥有近代和现代工业文化体系以及先进的科技文化，从近代的三条石、造币局、枪炮局到今天的航天、造船、汽车、石油、通信、化工、环保、海洋工业，构成了天津颇具特色的现代工业文化体系；居于世界前卫的计算机技术，以及迅猛发展的网络技术、生物工程、新媒体技术、数字传输技术、数字载体技术，均构成了天津坚实的科技文化底蕴；天津还拥有丰富的博物馆文化和多种艺术文化资源，新兴的动漫画设计与制作、软件设计、建筑设计、艺术设计、视觉设计等集中于各个园区，形成了亮丽的风景线。

第八章

天津市文化产业发展现状及遇到的瓶颈

2011 年，天津继续认真贯彻落实党的十七届六中全会和市委九届十一次全会精神，按照中央和市委部署要求，制定贯彻实施了《中共天津市委关于贯彻落实<中共中央关于深化文化体制改革推动社会主义文化大发展大繁荣若干重大问题的决定>的意见》的分工方案，实施《天津市文化发展"十二五"规划》和《天津市文化产业发展"十二五"规划》，文化大发展大繁荣攻坚战重点项目顺利推进。继 2010 年第一批 40 个重点项目、投资 359 亿元基本实现后，2011 年又推出第二批 60 个重点项目，投资总额 520 亿元，带动文化创意、广播影视、出版发行、演艺娱乐、文化旅游、数字内容和动漫、文化会展和广告、艺术品交易呈现勃勃生机。在 2011 年，天津文化产业继续保持快速增长，据统计全市文化产业实现增加值 392.73 亿元，比 2010 年净增 89.78 亿元，增速达到 29.6%，比 2011 年全市 GDP 现价增速（21.3%）高出 8.3 个百分点，占 GDP 比重达到 3.51%，比 2010 年提高 0.18 个百分点，表现出稳步增长的趋势，特别是在国际金融危机冲击的大背景下，文化产业逆势上扬，呈现了一种加速发展的良好态势，按此速度发展 2016 年文化产业增加值占天津 GDP 的比重超过 5%，将成为支柱产业。但是，从层次结构来看，2011 年文化产业中核心层实现增加值 116.48 亿元，比 2010 年增长 19.0%，占文化产业比重 29.66%；外围层实现增加值 66.70 亿元，增长 37.8%，占文化产业比重 16.98%；相关层实现增加值 209.54 亿元，增长 33.8%，占文化产业比重 53.3%。与 2010 年相比，核心层比重下降了 2.64 个百分点，外围层提高了 0.98 个百分点，相关层提高了 1.66 个百分点。这些说明了天津的文化产业还是不成熟的，核心层要作为推动文化产业的重点，争取尽快实现将文化产业建设成为天津支柱产业的目标。

2011 年，天津进一步加大在法规和政策上的扶持力度，保持了其文化产业强劲的发展态势。国家级滨海新区文化产业示范区已经形成"一区多园"的发展格局，国家动漫产业综合示范园一期工程建成投入使用，中国天津 3D 影视创意园区、国家级滨海广告产业园加紧建设，天津国家数字出版基地建成创新体验中心、云计算中心、数字版权交易所等公共平台，团泊文化产业示范园区、国家影视网络动漫研究院、中国纪录片产业基地完成规划设计。全市文化产业园区已达 26 个，其中国家级文化产业园区 8 个。下文将从几个方面分别进行分析。

第一节　天津市文化产业发展现状分析

经过几十年的探索和创新，中国文化产业已经取得了丰硕的成果，并呈现出蓬勃生机和良好的发展态势。虽然在发展过程中仍存在结构性矛盾和资源配置等不合理现象，但文化产业发展总的趋势是乐观和积极的，并与国际先进的产业文化元素和模式不断融合与对接。

一、中国文化产业发展的总体概况

中国文化产业发展迅速，文化产业增加值逐年增加。根据《2014 年文化产业投融资年度报告》，2013 年中国文化产业增加值将近 2.1 万亿元人民币，比上年增长 16%，约占 GDP 比重的 3.77%，对社会经济的拉动作用进一步加强（图 8.1）。

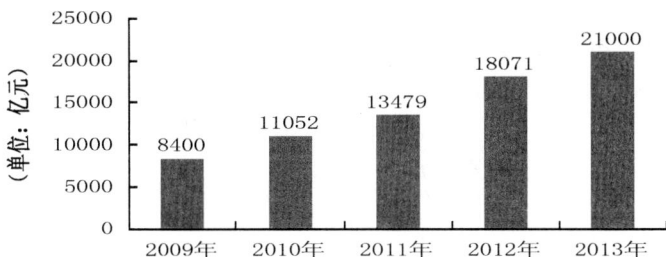

图 8.1　2009—2013 年中国文化产业增加值

数据来源：北京新元文智咨询服务有限公司（文资网）www.ccizone.com

在文化产业投资方面，受文化投资政策红利和文化产业发展形势的影响，近几年资本加快进入文化产业。目前多层次多领域多元化的文化产业投融资体系已经初步建立，并正在深入完善。中国文化产业领域的私募投融资得到快速发展，并不断完善投融资体系。2013 年，中国文化产业领域披露的股权投融资事件为 143 起，同比 2012 年增加了 27 起，同比增长 23.28%，投融资事件数量稳定增长。2013 年，文化产业股权投融资总额达 120.92 亿元，比 2012 年的 56.63 亿元增长了 113.5%，增长速度迅速。但相对于 2011 年，则下降了 19.43%[①]（图 8.2）。

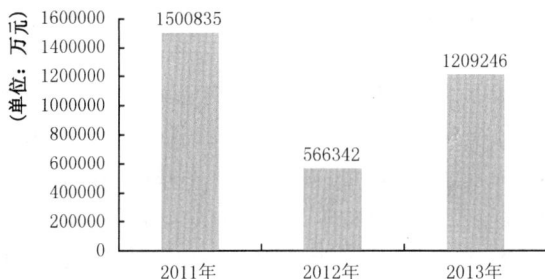

图 8.2　2011—2013 年中国文化产业股权投融资总额

数据来源：北京新元文智咨询服务有限公司（文资网）www.ccizone.com.

---

① 资料来源：http://www.docin.com/p-898808647.html.

119

在文化消费方面，根据国家统计局《中国住户调查年鉴》（2013）的数据来测算，2012 年城乡居民现金消费中文化消费支出总量进一步提高，消费总量合计达到 11502 亿元，比 2011 年的 10213 亿元增长了13%。近几年我国文化消费支出总量保持稳步增长，从 2008 年到 2012年增长了近 1 倍，年均增长 12.76%（图 8.3）。

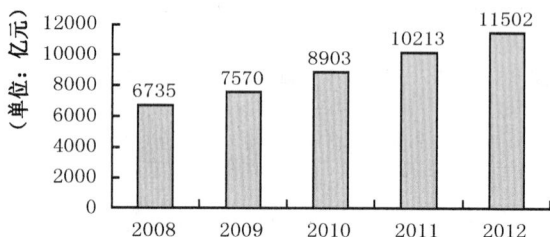

图 8.3 2008—2012 年居民文化消费总支出

资料来源：根据历年《中国统计年鉴》和城乡住户调查资料整理而得。

从对外文化贸易的各行业发展状况来看，我国对外文化贸易显现出总体向好的发展态势。由湖北大学和社科文献出版社今日联合发布的文化建设蓝皮书《中国文化发展报告（2014）》（2013）[1]显示，2010年至 2013 年，中国文化产品出口贸易额逐年攀升，年均增幅达 17.2%，其中 2013 年中国出口文化产品总额 91.9 亿美元，同比增长 10.8%。文化产品出口除总量保持增势以外，产品结构也呈现出新的发展趋势和特点，视觉艺术品"异军突起"，比重由 45%升至 68%，占据中国出口文化产品的半壁江山。[2]其中，中国网络游戏产品海外发展势头良好，出口规模不断扩大。2014 年，中国自主研发网络游戏出口以69.02%的增长速度实现 30.76 亿美元的收入，越来越多承载自主原创及中国文化内涵的作品获得美国、俄罗斯、德国、日本、东南亚等国家和地区用户的好评，中国自主研发网络游戏正在成为文化出口、人文

---

① 资料来源：http://news.163.com/14/0417/11/9Q1ED9M700014JB6.html.

② 数据来源：http://www.askci.com/news/201404/18/9113324.shtml.

交流的排头兵和文化使者。[①]近年来，我国动漫产业继续保持平稳快速增长态势，成为文化产业中最具增长实力和发展潜力的行业之一。2013年，我国核心动漫产品出口额达到10.2亿元，同比增长22.80%。[②]广告服务贸易进口也是由降转增，贸易顺差持续扩大，在国际服务贸易中的重要性日益增强。截至2013年底，我国广告业市场总体规模已跃居世界第二位，国际竞争力显著增强。中国电影海外推广公司的数据显示，2013年，国产影片海外票房和销售总收入达14.14亿元，同比增长33.02%。值得一提的是，国产影片《一代宗师》在北美电影市场创下年度外语片票房第二名的好成绩。[③]2014年全国电影总票房296.39亿元，国产影片海外销售收入18.7亿元，同比增长32.25%。电影局的数据也显示，中国已成为世界第二大电影市场，并不断缩小与北美市场的差距。[④]中国电视剧年对外出口额徘徊在1亿元左右，进口量稳定维持在2亿~3亿元，达到出口量的2.5倍甚至3倍，贸易逆差虽然在逐年缩小，但仍相当严重。2014年以来，国产电视剧集中涌现出一批精品，在国际上赢得了较高的声誉。《媳妇的美好时代》红遍非洲，《金太郎的幸福生活》热播缅甸，《甄嬛传》《还珠格格》亮相美国主流电视台。伴随着热播剧涌现出一批具有海外票房号召力的演员、导演，为后续产品的海外营销奠定了良好的基础。

总之，中国经济发展速度稳定，中国经济实力持续增强，中国在国际上的地位越来越重要，中国文化产业的发展对世界发展的影响力也越来越大。在科技与文化的双轮驱动下，我国的文化业态日益丰富多彩，科技创新日渐成为文化产业发展的强大推动力，在各种力量的作用下，文化产业格局逐步调整、演变，现代文化产业体系渐具雏形。

---

① 数据来源：http://www.chinaidr.com/tradenews/2015-02/43987.html.

② 数据来源：http://business.sohu.com/20140711/n402099621.shtml.

③ 数据来源：http://www.chinabgao.com/info/70134.html.

④ 数据来源：http://sh.qq.com/a/20150103/004142.htm.

二、中国文化产业发展存在的问题

近年来,中国文化产业得到了长足发展且保持着强劲的发展势头,但产业化与发达国家相比依然存在较大差距,潜在优势未能充分发挥。文化产业政策的科学性和有效性尚有待进一步提高,政策应有效果还没有得到充分发挥,文化产业发展依然存在政策障碍。总体看,中国文化产业发展中存在的问题一定程度上影响了文化产业的发展质量,阻碍了文化产业的可持续发展。

(一)文化体制对文化产业的发展依旧存在较大束缚力

近年来,尽管中国政府出台了多项关于文化产业发展和文化体制改革的政策,对文化体制改革和产业发展起到了积极作用。但是多种原因使得我们的政策制定主体分散、政策的权威性不强、政策实施的有效性差、政策支持产业发展的力度不够、文化产业发展难以得到有效的引导、有力的支持和充分的保障。另外,中国文化宏观管理体制不完善、机构重叠、职责不清,习惯于由政府包揽以计划经济手段管文化、办文化,一定程度上束缚了文化产业的发展。中国经济占世界经济总量的9.5%左右,但文化只占到4%,说明中国的文化发展和总的经济和社会发展相比还有很大的差距。

当前中国文化市场的发育还不够完善,文化产品市场、文化服务市场不够发达,文化要素市场的发展更为滞后,例如,资金市场、设施市场、人才劳务市场、中介市场、产权交易市场等急需建设和发展。这种状况无疑阻碍了文化产品和服务的生产和流通,限制了中国文化市场、文化产业的深入发展。

(二)文化产业的总体规模虽然不小,但个体实力较弱且质量不高

随着中国经济的快速发展,中国文化产业也得到了快速发展,产业规模迅速扩大。2013年,文化产业增加值突破2.1万亿大关。就其总量而言,虽然不少,但是中国文化产业并未真正走上集群化发展的道路,缺少骨干型文化企业和知名文化品牌,单个文化企业的规模和品牌价值与国外同行业企业比相去甚远。据调查,在美国400家最富

有的公司中，有 72 家是文化企业；日本 400 家最富有的公司中，文化企业占 81 家。而在中国企业 500 强中，却无一家是文化企业。

另外，中国文化产业在国民经济中所做出的贡献远远未达到美日等发达国家水平。目前，美国文化产业产值已超过航天航空业和农业，占 GDP 总量的 25%，在国民经济中位居第 4 位。日本文化产业的产值早在 1993 年就已经超过汽车工业的年产值，目前已成为仅次于制造业的第二大产业，占 GDP 的 20%。而中国文化产业产值仅占到 GDP 的 2.75%。从各国文化产业在世界所占比重来看，中国只占世界的 4%，与第二大经济实体的地位极不相称。而美日两国文化产业占世界比重分别是 43% 和 10%，说明中国的文化产业发展与世界经济和社会发展相比还有很大的差距。

当今世界，文化在综合国力竞争中的地位和作用更加凸显，美国文化产业的收入早已超过了发达的军火工业收入，如此强大的文化产业为传播美国的思想文化提供了强大的载体。相比之下，中国文化产业不但在国内生产总值中所占比例低，而且文化软实力不强，西强我弱的局面短期内难以改变。经济全球化不断深入发展的国际现实，使得我们抵御西方思想文化渗透、维护国家文化安全任务变得更加艰巨，增强国家文化软实力、中华文化国际影响力的要求更加紧迫。

（三）文化产业发展尚不能完全满足人民日益增长的精神文化需求

进入 21 世纪，中国很多产业门类均出现了供大于求的局面，而文化产业却出现了严重的供不应求现象。且目前中国的人均文化消费水平远远低于相同发展阶段国家，消费潜力尚未释放出来。国际经验表明，当一个国家人均 GDP 在 3000 美元以下时，这个国家国民的日常消费将处于物质消费期，是一个物质消费型社会；当一国人均 GDP 在 3000～5000 美元时，该国人民的日常消费将处于物质消费和精神文化消费并重发展期，人们的精神消费将大幅提升；当一国人均 GDP 在 5000 美元以上时，这个国家国民将进入精神文化消费旺盛期。2012 年，中国人均 GDP 达到 6100 美元，意味着中国已经进入文化消费的第三个阶段，随着生活水平的提高，人们对精神文化消费的需求将越来越大。

目前，中国文化产业虽然有了较快发展但依然不能完全满足人们对精神文化的需求，且这种供需矛盾日益明显。据调研数据测算，我国 2013 年文化消费潜在规模为 47026.1 亿元，占居民消费总支出30.0%，而当前实际文化消费规模为 10388.0 亿元，仅占居民消费总支出 6.6%，存在 36638.1 亿元的文化消费缺口，市场消费潜力巨大。[①]潜在文化需求未得到有效满足，我国文化消费存在着巨大的市场空间。中国的服务业与世界各国相比还比较落后，尚未达到世界平均水平，中国的服务业整体发展程度不但与发达国家比相差 20 个百分点以上，而且低于同等发展水平国家约 10 个百分点左右，以文化产业为代表的"新兴服务行业"远未发挥出应有的作用。

（四）文化产品数量很大，但能受到民众普遍认可的精品不多

近年来，中国文化产品种类和数量均有大幅增加，能够得到广大民众认可的文化产品也有所增多。但与国外文化产品的产销比例和人们认可程度相比尚有很大差距。以电影产品为例，2010 年国产电影产量激增，全年完成审查的共 526 部。2014 年我国影片产量增加到 618部，同比减少 20 部；全国电影总票房 296.39 亿元，同比增长 36.15%，其中国产片票房 161.55 亿元，占总票房的 54.51%。[②]但由于有众多非专业性企业参与电影生产，使产品质量无法得到保障，精品影片更少之又少，导致大部分影片无法进入影院市场。当然，导致一些影片难以进入影院市场的因素还有中国电影放映制等方面。在图书出版方面，2009 年，中国图书出版总印数居世界第一位，但是真正的精品读物却不多，被译成外文、深受外国人喜爱的文学作品更是凤毛麟角。至今中国只有一人获得过诺贝尔文学奖，对于中国这个拥有五千多年灿烂文化的文明古国而言，实属不该。

（五）文化贸易逆差大，"西强我弱"态势明显

中国文化产品出口数量不断增加，但文化贸易逆差的基本格局并未改变。以中国快速发展的电影产业为例，2014 年一季度国内动漫电

---

① 数据来源：http://news.china.com.cn/zhuanti/8wbh/2013-11/11/content_30562789_2.htm.

② 数据来源：http://comic.52pk.com/gnxw/201405/6026164.shtml.

影票房超过 11.8 亿元，但国产动画影片入账仅 3.5 亿，从海外引进的票房收入占绝大部分。①虽然中国电影海外票房取得了一些成绩，但是由于多种因素导致中国电影进军海外的情况并不乐观。中国图书市场，每年进口图书占交易额的 10% 以上，出口交易额却不到 0.3%，对欧美的进、出口比例超过 100:1。根据国家统计局统计的数据，2013年，图书、期刊、报纸出口数量为 1992.86 万（册、份），出口金额为 6012.40 万美元；而进口数量高达 2361.54 万（册、份），进口金额为 28048.63 万美元，不管是进口数量还是进口金额，都远远高于出口规模。②2013 年，全国共输出版权 10401 种（其中出版物版权 8444 种），比 2012 年增加 1036 种，增长 11.1%，但版权输出品种与引进品种比例仅为 1:1.7。中国互联网近年发展十分迅猛，中国互联网络信息中心（CNNIC）2015 年 2 月 3 日发布的第 35 次《中国互联网络发展状况统计报告》显示，截至 2014 年 12 月，我国网民规模达 6.49 亿人，互联网普及率为 47.9%，较 2013 年底提升 2.1%，手机网民规模达 5.57 亿人，较 2013 年底增加 5672 万人。③虽然中国的网民数量占据世界第一，但在国际互联网消息资源方面，中国文化却明显处于劣势。美国文化占据国际互联网消息资源的 80%~90%，而中国仅占 4%。包括中国在内的广大发展中国家处于国际文化传播的边缘位置，严重阻碍了国家文化软实力的有效提升。

三、我国文化产业投资基金发展现状

从"十二五"规划关于文化产业的倍增计划到"十八大"建设文化强国的战略发展目标，关于发展文化产业的政策逐步形成，文化产业作为我国未来经济发展的支柱性产业地位不容忽视。然而，由于文化产业轻资产的特殊表现形式，现有金融产品，如银行借贷、风险投资和政府拨款等，基本上服务于传统产业，大多数文化企业达不到银

---

① 数据来源：国家统计局。

② 数据来源：http://cips.chinapublish.com.cn/chinapublish/toutiao/201407/t20140710_157016.html。

③ 数据来源：http://www.cnqiang.com/haiwai/201501/00509445.html。

行贷款对抵押和风险控制的要求，从而导致传统融资方式难以匹配我国文化产业发展，融资难已成为制约我国文化产业发展的瓶颈。

文化产业投资基金的设立是借鉴成熟资本市场"产业投资基金"运作模式，由发起人定向募集，委托专业机构管理基金资产，主要采取股权投资方式解决文化产业融资问题的一种探索和尝试。文化产业发展需要大量资金投入，主要是通过市场筹措资金。因此，要按照市场经济要求和公共财政理念，研究制定符合市场经济发展规律和文化产业特点的财政扶持政策，转变财政直接投资方式，积极探索通过贷款贴息、设立投资基金等方式，鼓励社会资本投资文化产业，促进实现文化产业投资主体和投资渠道的多元化。文化产业投资基金结合政府与私人的投资力量，不仅可以满足广大文化企业的融资需求、保障文化企业的融资渠道，而且可以带动社会资本围绕政府整体产业布局有效聚集、整合，为促进文化产业的快速发展、提高文化软实力发挥重要的支撑作用。

我国的产业投资基金具有较强的政府主导性,向特定机构投资者以私募方式筹集资金，主要对未上市企业进行股权投资的集合投资方式。特定机构投资者包括以国家财政拨款为主要资金来源的企事业单位，国家控股的商业银行、保险公司、信托投资公司、证券公司等金融机构以及全国社保基金理事会等。文化产业投资基金则是指投向文化产业领域的产业投资基金。政府直接或间接的参与，对产业或者区域有扶持效应的私募股权投资基金，包括综合股权投资基金，也包括影视基金、艺术品投资基金、动漫投资基金等各类专项投资基金，这些专项投资基金的投资方式既有股权投资也有项目投资或实物投资。

《2014中国文化产业投资基金研究报告》显示，截止到2014年底，全国共有各类文化产业投资基金116支，包括文化产业股权投资基金、艺术品投资基金、文化产业专项投资基金等几大类。

2007—2014年，我国文化产业投资基金提速发展，成为投资界和文化产业界一道独特的风景，也成为文化产业股权投资一个主要力量。7年时间，多达93只文化产业综合股权投资基金发起设立，仅2014

年一年新增加 51 支文化产业投资基金。

2014 年 40 支披露募资总金额，总募资金额高达 1196.85 亿元，平均单支基金的总募集金额达到 29.92 亿元。其中首期募集金额共达到 140.75 亿元，平均单支基金的首期募集金额达到 10.05 亿元，如表 8.1 所示。

表 8.1　2007—2014 年文化产业投资基金募集资金比较

	2007—2013 年平均规模（亿元）	2014 年平均规模（亿元）	增长率（%）
平均单支基金的总募集金额（亿元）	32.71	29.92	−8.5
首期募集金额（亿元）	404.4	140.75	−65.2
平均单支基金的首期募集金额（亿元）	11.23	10.05	−10.5

我国文化产业投资基金地区发展很不平衡，如图 8.4 所示，2014 年新增的 51 支文化产业基金中有 33 支分布于北京、上海、广东等一线城市，占总基金数的 64%，募集基金总金额达到了 339.05 亿元，占总金额的 28.32%。由此可见，一线城市为文化产业发展的主要推动地区。

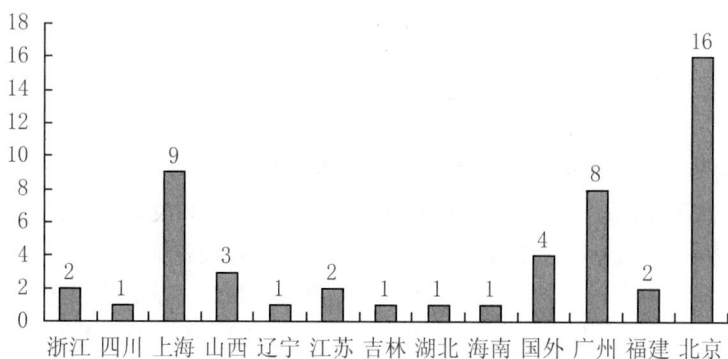

图 8.4　2014 年新增文化产业投资基金地区分布情况

从投资基金行业分布情况来看，2014 年文化产业基金主要投资领域集中在移动互联网，共计 11 支，占总数的 23%，其次为旅游行业 8 支，占约 17%。影视娱乐的规模占已披露募资规模的 37%，旅游占披露募资规模的 32%。可见，我国经济转型升级的深入推进，以互联网新媒体为代表的新兴产业快速崛起的大势，基金也聚焦于互联网、新媒体等新兴文化行业，其投资热情远高于传统文化行业，如图 8.5 所示。

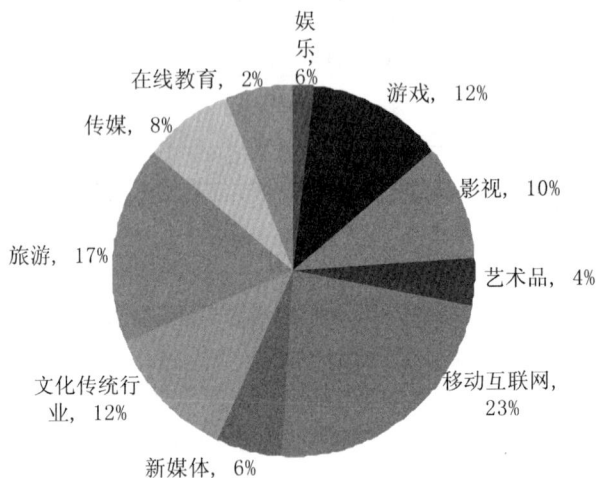

图 8.5　2014 年新增文化产业投资基金行业分布情况

我国文化产业投资基金的发展起步较晚，2007 年，我国首支文化产业投资基金——东方惠金文化产业投资基金在上海设立，由上海市委宣传部和上海市浦东新区政府共同注资，基金规模达到 1 亿元。2007年以来，我国文化产业投资基金得到政府及社会的支持，文化产业投资基金得到了快速发展。2009 年 4 月，华人文化产业投资基金在上海成立，它是我国第一支专注文化与传媒行业投资的基金，基金规模达到 50 亿元人民币，由国开金融有限责任公司和上海惠金文化产业投资有限公司共同设立；2011 年 7 月 6 日，我国首支国家级文化产业投资基金在北京设立，基金规模达到 200 亿元，由财政部、中银国际控股有限公司、中国国际电视总公司和深圳国际文化产业博览交易会有限公司等共同发起设立。2012 年 5 月 18 日，在第八届文博会上，得到视讯中国、浙江华数、华夏游家、骏梦游戏以及开心麻花等五家优秀文化企业或中国文化产业投资基金的扶持；华人文化产业投资基金投资《中国好声音》，华奥文化产业投资基金投资《画皮》等。

　　我国文化产业投资基金的运作方式分为市场运作、合资经营以及政府指导三种类型。其中市场运作类型的文化产业基金的代表是华人文化基金。该基金从运作到投资已经获得了国内和国际一定的认可，投资案例包括"东方梦工厂"以及收购星空卫视；合资经营的文化产业基金的代表是大摩华莱坞基金；政府指导运作基金的代表为湖南文化产业基金，该基金计划总规模为 30 亿元，包括湖南省财政厅、省委宣传部、省文化厅、省旅游局在内的多个政府部门共同出资 21 亿元，目前由湖南电广传媒旗下的达晨创投管理。

　　我国文化产业投资基金的组织模式有公司制、契约制、有限合伙制三种。公司制产业投资基金是指按照《公司法》设立，进行集体投资的具有独立法人资格的经济组织。投资者在购买公司股份后成为公司股东，按照其出资额享有各种权利以及承担相应的义务。公司制基金采用成熟的法人治理结构，组织稳定性强，能够有效防范风险。此外，公司制基金本质上是股份公司，股份可以上市交易，公司可以向银行贷款融资。契约制基金是按照《信托法》设立，通过发行受益凭证而组建的不具有法人资格的投资基金，它的关系人包括基金管理人、基金托管人和基金投资人，通过订立一个信托投资契约，形成"信托—受托"关系。契约制基金是以契约合同为运行基础的信托机制，组织形式较为灵活，管理人拥有较为充分的管理权，此外，契约制基金不是独立的经营实体，避免了双重征税的问题。有限合伙制基金是按照《合伙企业法》设立，由普通合伙人和有限合伙人按照合伙协议共同出资，合伙经营的基金类型，其中，普通合伙人行使基金的管理权，对基金承担无限责任；有限合伙人行使基金的监督权，并以其出资额为限对基金承担有限责任。有限合伙制基金有税费优势、制度优势和融资优势等多重优势，税费优势表现在交易成本低，管理费用仅为基金资产的 1%~3%，且不需要双重征税；制度优势具体指其具有有效的激励约束机制，普通合伙人虽然出资比例一般仅为 1%，但可根据管理业绩获得 20%左右的利润分成，且其对基金风险承担无限责任，防止其背离有限合伙人的利益；融资优势在于有限合伙制基金能够向银行借款，具有较强的融资能力。

资本之所以青睐文化产业，与国家宏观层面的支持是分不开的。2012 年年初，文化部发布《"十二五"时期文化产业倍增计划》，提出"十二五"期间文化部门管理的文化产业增加值年平均现价增长速度高于 20%，2015 年比 2010 年至少翻一番。"十八大"报告又再次强调"要将文化产业发展成为国民经济支柱性产业"。这样的宏观政策面将得到延续，文化产业投融资高潮将再现。

四、我国文化产业投资基金的优势与不足

（一）我国文化产业投资基金的比较优势

我国文化产业所涉及的融资方式主要有政府拨款、上市融资、风险投资、银行贷款及债券，虽然在文化产业融资方式的发展演变过程中，各种政府或者市场化的传统融资手段起到了相应的作用。但总体来说，传统的融资方式存在一定的缺陷，如表 8.2 所示。

表 8.2　中国文化产业传统融资方式的局限性

传统融资方式	局限性
政府拨款	财政负担重，经营效率低
上市融资	门槛高，审批程序复杂
风险投资	透明程度差，短期行为严重
银行贷款	缺乏信用担保，审批程序繁琐
债券融资	信用评级体系缺失，债券流通性差

现阶段我国文化产业正处于成长期的初级阶段或中级阶段，更需

要多元化、深层次、全方位的金融支持来促进整个产业步入成熟期。文化产业投资基金以其"集合投资、专家管理、分散风险、运作规范"的市场化、专业化方式，能够更好地适应文化产业投资特点，并具有特殊的功能和作用。

一般而言，文化产业投资基金在企业的成长期介入，在企业的成熟期选择退出，实现资本增值收益，有别于长期持有所投资企业的以获得股息为主要收益来源的普通资本形态。一方面，由于传统融资方式存在诸多障碍，不适合当前我国文化产业融资发展，而文化产业投资基金虽然在运作机制上是市场化的，但在设立条件和投资方向等方面都受到政府的影响，因此从某种意义上来讲，是对政府文化产业直接投资的一种准市场替代。另一方面，由于我国经济正处于转型阶段，我国文化产业的自主组织模式还没有成为主流，此时引导型成长模式仍是最佳选择，并且基金在金融市场和资本市场足以满足文化产业融资需求时，向证券投资基金或创业投资基金转型。

文化产业投资基金通过投融资功能改善企业的融资结构，促进文化企业的成长。产业投资基金作为资金来源市场化和资金运用市场化的投资主体，可以起到示范、引导作用，带动更多的社会资金直接投资于文化企业，有利于为文化企业拓宽融资渠道。此外，产业投资基金作为战略投资者，充分发挥其集合投资和专家管理功能，将市场化运作方式引入企业的经济活动中，推动投资行为的市场化机制的建立，有助于对经营者进行监督和制约，从而改善企业的治理结构。

文化产业的发展离不开政府和私人投资的共同作用。第一，政府通过政策引导、财政支持、法律保护等手段，从战略的角度出发，确保文化产业的发展。第二，私人投资能提高投资效率，有利于市场发挥资源配置功能。第三，政府为文化产业的发展提供的各种基础设施建设和政策保障，是私人进一步投资的前提条件，没有财政的支持和法律的维护，私人投资的安全无法得到保障。文化产业投资基金融合政府和私人投资，改变政府直接投资的低效率和产权问题，引入市场化机制，深化文化产业投融资机制改革，引入民间资本，使民间资金逐步流向文化产业。

（二）我国文化产业投资基金的不足

随着国民经济的稳定发展和文化产业迅猛成长，我国文化产业投资基金在摸索中不断壮大，但总体而言，我国文化产业基金正处于起步阶段，规模上、体制上、规范性上都存在不足。

1. 以官办为主

我国文化产业投资基金主要以官办为主，政府投入是文化产业投资基金的主要来源。一方面，文化类国有企业在国营控股或参股的背景下，很难采取市场化的运作方式。非市场化运作必然导致产业投资基金在改善融资结构方面的优势难以发挥，并且官办文化产业投资基金必然导致监管不利，市场有效性变弱。另一方面，非市场化商业运作很可能意味着国有资产流失，加上官办文化产业投资基金的监管推行困难，政府一方面执政策制定之手，另一方面执监管之手，难免因为利益驱使将规则制定偏向官办文化产业基金，市场的监管和规范的运作成为空谈。

2. 缺乏法规和政策保障

完善的法律法规是发展文化产业投资基金的必要条件之一，它能够为基金从设立到成功退出提供保障。我国文化产业投资基金由政府发起，社会资本机构进行投资，缺失明确文化产业合法地位的法律法规。例如，对于文化产业投资基金首期募资的规模，募资总规模或是其他条件都没有具体的规定，对于产业投资基金的运作流程和退出机制也没有相关的规定。我国文化产业投资基金的设立主要目的是吸引社会资本的投入，拓宽融资渠道，从而解决文化产业融资难的问题，然而到目前为止却未见明显效果，其中的主要原因之一就是文化产业投资基金的不确定性加大了投资者的投资风险，缺乏法律法规对投资者的保护使其对文化产业投资基金望而生畏，在一定程度上制约了投资主体的积极性；另一方面，我国促进文化产业投资基金发展的手段主要是靠政策推动，缺乏法律法规的引导，造成文化产业投资基金无序发展的尴尬局面，缺乏运行轨道，可能会导致其偏离预期规划运行，形成适得其反的效果。因此，我国亟须出台针对文化产业投资基金的法律法规，促进文化产业投资基金在我国的健康发展。

3. 金融服务体系欠完备

文化产业金融服务体系可以大大降低交易风险和交易成本，为产业投资的高效、安全运作提供优质服务。但我国已经建立的中介服务机构大多属于政府主导型，其组织行为基本体现主管部门对市场的政府管制功能的延伸，这种延伸实际上保留了政府对市场的一部分不当管制，本质上与中介服务机构的一般功能相距甚远。这就导致了文化产业投资基金与其基金公司之间以及文化产业投资基金公司与受资企业之间的沟通产生障碍，增加了交易成本，从而成为文化产业投资发展的障碍。

4. 缺乏合理的退出机制

文化产业基金投资的目的不是控股，无论成功与否，退出是产业投资的必然选择，否则无法进入新一轮投资，而资金失去流动性就意味着失去了生命。目前退出方式包括首次公开发行（IPO）、并购回购、股权转让和破产清算。其中，IPO 被公认为最理想的退出方式。从现实情况看，国内主板市场对上市要求较为严格，处于产业成长阶段初期的中小型文化产业很难达到上市标准。若选择国外资本退出，成本又过大，对企业来说具有一定的风险。由于缺乏成本较低的退出机制，阻碍了文化产业投资基金的发展。

第二节 天津市文化产业发展遇到的瓶颈

目前，我市文化产业发展总体水平还不够高，总量偏小，文化市场体系还不健全。国有及国有控股的骨干文化企业规模和实力还不够大，民营文化企业规模小，科技含量低，市场竞争力不强，小微文化企业生存发展瓶颈问题突出。文化自主创新能力不足，拥有自主知识产权和核心技术的企业、产品和知名文化品牌还比较少，影响力和市场占有率较低。战略性新兴文化产业刚刚起步，产业聚集度不高，缺乏有竞争力的产业集群。

一、天津文化产业发展水平不高

2006 年被称为"中国文化体制改革年",这一年也拉开了天津文化产业全面发展的序幕。天津中心城区相继建成 6 号院、3526 创意工场、意库文化创意产业园、凌奥创意产业园等一批创意产业园,文化创意、动漫设计等新兴创意产业发展势头良好。尽管如此,与国内先进城市相比仍有较大差距。天津规划要到"十二五"期末才能达到文化产业成为支柱性产业,但是,根据数据统计结果显示,2009 年,北京、上海、广东、湖南和云南等省(省级市)的文化产业增加值占 GDP 的比重突破 5%,均已成为区域经济的战略性支柱产业和新的增长点。总体来看,天津文化产业起步晚,规模较小,总体发展水平还不高。

2011 年,天津市文化产业增加值约为 392.73 亿元,占 GDP 的比重为 3.5%。这说明虽然文化产业发展速度很快,但由于基数小,在经济总量中所占比重还比较低。根据国家统计局规定,当一个产业增加值占 GDP 的比重未能达到 5%时,不能称该产业为支柱产业。按照统计局《文化及相关产业分类标准》标准计算天津文化产业增加值占天津市 GDP 的比重,近年来天津始终处于 2%~3.5%,所以到目前为止天津文化产业还不是天津的支柱产业(见表 8.3)。

表 8.3 天津市文化产业增加值占 GDP 比重

年数 (年)	文化产业增加值 (亿元)	文化产业增加值增长速度(以上年相比%)	文化产业增加值占 GDP 比重(%)
2005	80.21	19.80	2.06
2006	102.90	28.31	2.30
2007	115.81	12.60	2.22
2008	196.02	69.20	2.91
2009	235.01	19.91	3.11
2010	303.01	28.90	3.34
2011	392.73	29.61	3.50

数据来源:国家统计局。

由上表，我们可以看出，我市文化产业增加值虽增长速度较快，但由于总量低，所以占 GDP 的比重一直未提升。从 2011 年来看，我市文化产业增加值占我市 GDP 的比重是 3.5%，虽高于全国平均水平的 2.75%，但和其他的发达省市地区相比差距较明显。在许多省市，文化产业已成为一个重要产业门类和国民经济的一个新增长点。例如上海，早在 2009 年，上海的文化产业增加值就已经达到 847.29 亿元，占全市 GDP 的 5.6%；北京文化创意产业增加值达到 1498 亿元，占全市 GDP 的 12.6%；广东省文化产业增加值高达 2270 亿元，占全省 GDP 的 6.4%，均已成为名副其实的支柱产业。据《2007 年中国创意产业发展报告》综合排名显示，天津创意产业综合发展水平居全国 15 个重点城市的第 8 位，其中仅设计服务一项跻身全国三甲，其他各类行业均无明显优势，而影视文化、电信软件、展演出版等行业都位居 10 位以后。虽然各地统计口径不太一致，但总的来看，与北京、上海、广东省等发达地区相比，天津市的文化产业还存在很大差距。天津有两万家文化企业，其中民营文化企业规模和数量较小，民间资本进入文化市场较少，文化市场也不够活跃。

二、文化产业结构不够优化

天津市的文化产业结构，仍然以传统的新闻、出版发行、广播影视、文化艺术等为核心，以本地特色文化为内容的产品为主打品牌，而新兴业态的文化产品和文化服务整体上发展的不够充分。同时，文化产业整合也比较欠缺。如很多地市的文化产业开发，往往以文化资源为地域分界，缺乏以文化资源为基础的联合开发，未形成地域内的文化产业整合，各产业间也没有形成合力的承接和延伸。

三、政府主导的色彩依然浓厚

由于政府和政策的导向偏重于大项目、大工程，天津市的文化建设一定程度上已经表现出盲目发展、恶性竞争的趋势。具体体现在规划和建设的园区和基地的数量大增，但经常功能定位雷同，缺乏自己的特色和比较优势，忽视其应有的建设条件和产业内涵。同时在文化产业管理方面，一些地方的文化事业和文化产业并没有完全独立，政府的调控之手很强势，管理上存在错位、越位、缺位等现象，对国有文化企业有所偏重，对民营文化企业支持不够。

　　天津的文化产业建立在计划经济体制的基础之上，深受计划体制的束缚和影响，虽然经过了改革开放三十多年的发展，依然相较于其他产业而显得滞后。从天津已有的文化企业的发展来看，主要存在着以下几个问题：第一，企事不分的现象依然存在。某些企业名义上称为企业，但实际上仍然承担着部分事业单位的职能。第二，现有的文化企业大多是由以前的文化事业单位转化而来的，其所有权属于政府，经营效益不高。一方面，政府过多干预文化企业的经营管理，挫伤了经营主体的积极性，同时又助长了经营者的依赖心理，经营主体难以成为真正的市场主体；另一方面，文化企业往往具有国有企业的一些特征。例如，在人事制度上，没有形成流动机制和淘汰机制。在经营投资上，有的企业缺少对市场需求的调查和考虑，投资决策上往往主观臆断；相反，有的企业则是缺乏应有的决策权和经营自主权。在思想观念上，市场意识、竞争意识淡薄，缺乏危机感。第三，统一开放、竞争有序的市场体系尚未完善，与社会主义市场经济体制相适应、与社会主义精神文明建设要求相符合的文化管理体制和运行机制尚未建立健全。第四，文化产业配套政策不足，扶持力度不大，在吸引企业落户、资金投入、人才引进等方面政策优势不够明显，中小文化企业普遍存在融资难的问题。天津在这一方面还要继续加强工作力度并出台统一的扶持政策。第五，虽然天津有较强的教育优势，但对人才的吸引力远远不如北上广等发达地区，有相当一部分的人才流失，存在结构性人才短缺的问题，人才缺口较大。由于以上几种原因，天津市文化产业在同类行业中缺少自己的优势项目，没有形成自己的拳头产品，也没有像美国那样的成型的电影行业、出版行业、传媒行业、游乐行业等品牌行业。

四、缺乏创意人才，科技力量不足

高素质的创新人才一靠从国内外引进，二靠学校培养。相对而言，天津不具有创新人才资源优势，尤其与邻近的北京相比，天津市的高校、在校生、科研机构、专业艺术人才的数量都很少，缺乏一套完整的创意人才学校教育和社会培训体系。在面向国内外，积极引进创意产业的高端人才和领军人才方面，缺乏一套强有力的政策。2013年，天津市文化、体育和娱乐业城镇单位就业人员2.27万人[①]，但就业人数占城镇单位就业总人员数仍不足1%，与上一年相比虽有小幅上升，但是天津市文化产业就业人数总量较少，人才集聚效应不强，文化产业在吸引人才、留住人才、利用人才方面的能力发挥的不够。比较全国平均水平和京、沪等发达地区而言，文化产业在拉动天津城镇就业方面能力不足，与京、沪等发达地区间仍然存在较大差距，文化产业拉动就业的作用和利用人才的能力还有待进一步发挥。

虽然天津市并不缺乏具有一定规模的文化产业的市场主体，但其整体实力较弱，缺少知名的文化品牌。企业自主创新产品数量不多，对核心技术的掌握力不足，这些问题都制约着天津文化产业的发展。在创新能力这一方面，天津的文化产业与主要发达城市相比还存在很大的差距，自主创新能力亟待提高。

与此同时，天津文化产业拉动的就业人数并不高，2005—2014年文化产业的年平均就业人数约为1.73万人。在就业人数中，高端人才所占比例不到5%。天津文化、娱乐和体育业就业人数占城镇就业总人数的比重低于1%，而且比重逐年下降，由2005年的0.91%逐年下降到2014年的0.86%。由此可知，天津文化产业的人才流失较快，特别是高端人才严重匮乏。与北京、上海、深圳等发达地区相比较，天津文化产业在拉动城镇就业方面明显能力不足，因此，如何留住和引进高端人

---

① 资料来源：国家统计局。

才进入文化产业是发展天津市文化产业必不可少的重要环节之一。

五、文化产业品牌建设落后

品牌意识淡薄，文化产业政策落实不彻底。品牌是发展文化产业的无形资产，不仅能提高地区和产品的知名度，而且能带来实实在在的利润回报。目前，天津已有一系列发展文化产业的政策，但在放宽市场准入、完善准入机制，支持创意研发、鼓励自主创新，保护知识产权、营造创意环境等方面落实不够，对品牌建设缺乏重视，海鸥手表、飞鸽自行车、郁美净化妆品、天津夏利、鸵鸟牌墨水等曾经小有名气的地方品牌，由于经营不善、缺乏品牌意识等原因都逐渐销声匿迹或合资合作。

六、居民文化消费增速缓慢

在目前文化产业国际贸易水平不高的情况下，文化消费支出水平能大体反映文化产业结构。从表 8.4 可以看出，天津市 2011—2013 年居民娱乐教育文化用品服务消费价格指数小幅波动，无明显变化。2013年城市居民人均现金消费性支出 21711.9 元，增长 8.4%。其中，食品支出 7943.1 元，增长 8.1%；医疗保健支出 1694.3 元，增长 8.8%；交通和通信支出 3468.9 元，增长 12.5%；教育文化娱乐服务支出 2353.4 元，增长 4.4%。教育文化用品支出的增长率低于其他方面支出的增长。由此可以看出天津居民文化消费水平还处于偏低的水平，说明发展文化产业的动力不足，居民文化消费不够活跃。从表 8.5 可以看出，比较京沪两地，天津市居民文化消费水平明显过低，文化消费的潜力还有待挖掘和释放；文化产品和文化服务单一， 难以满足居民多样化文化需求；文化消费市场不够活跃，促进文化产业大发展大繁荣的内在动力不足。[①]

①资料来源：http://www.stats-tj.gov.cn/Category_1/Index.aspx.
http://data.stats.gov.cn/workspace/index?m=fsnd.

表 8.4　北京、天津以及上海城镇居民人均文化消费情况

指标	2013 年			2012 年			2011 年		
	北京	上海	天津	北京	上海	天津	北京	上海	天津
城镇居民家庭人均现金消费支出(元)	26274.9	28155	21711.9	24045.9	26253.5	20024.2	21984.4	25102.1	18424.1
城镇居民家庭人均食品消费支出(元)	8170.2	9822.9	7943.1	7535.3	9655.6	7343.6	6905.5	8906	6663.3
城镇居民家庭人均医疗保健消费支出(元)	1717.6	1350.3	1694.3	1658.4	1016.7	1556.4	1523.3	1140.8	1415.4
城镇居民家庭人均交通和通信消费支出(元)	4106	4736.4	3468.9	3781.5	4563.8	3083.4	3521.2	3808.4	2699.5
城镇居民家庭人均文教娱乐服务消费支出(元)	3984.9	4122.1	2353.4	3696	3723.7	2254.2	3306.8	3746.4	2116

数据来源：国家统计局 http://data.stats.gov.cn/easyquery.htm?cn=E0103

表 8.5　北京、上海及天津文化产品及文化服务情况

指标		2013 年			2012 年			2011 年		
		北京	上海	天津	北京	上海	天津	北京	上海	天津
博物馆	博物馆机构数(个)	41	100	20	41	90	20	41	36	19
	博物馆文物藏品(件/套)	1142291	2282961	688456	1140193	2158074	688715	1140379	374685	685386
	博物馆举办展览(个)	131	390	50	158	352	78	167	179	64
	博物馆参观人次(万人次)	501	1768	546	528.77	1633.1	493.88	533.27	783.34	405.89
艺术表演	艺术表演团体机构数(个)	292	148	58	324	147	48	118	102	53
	艺术表演团体演出场次(万场次)	2.24	3.41	0.69	2.34	3.97	0.52	1.45	2.18	0.43
	艺术表演场馆艺术演出场次(千场次)	2.92	3.06	1.51	17.1	12.54	2.59	16.62	12.5	3.76
	艺术表演场馆艺术演出观众人次(千人次)	1682	1690	629	8403	7060	888	7821	8314	867
图书馆	公共图书馆业机构数(个)	24	25	31	24	25	31	24	25	31
	公共图书馆总藏量(万册)	2071.99	7239	1473.79	2083.25	7202.43	1469.22	1911.69	6893.19	1353.95
	公共图书馆总流通人次(万人次)	1033.39	3605.36	713.55	864.77	2061.71	629.87	726.25	1925.74	571.85
	公共图书馆书刊文献外借人次(万人次)	325.32	1717.29	291.89	317.12	580.01	227.99	302.32	606.36	274.47
图书出版	图书出版种数(种)	9830	24694	5539	9431	23777	5319	167942	21744	4236
	图书新出版种数(种)	5672	13510	3957	5611	13133	3886	96689	12333	2999

数据来源：国家统计局 http://data.stats.gov.cn/easyquery.htm?cn=E0103。

据国家统计局天津调查总队调查资料显示，2014 年天津居民人均文化消费是 2353.43 元，2005 年天津居民人均文化消费是 567.33 元，平均增长速度为 13.18%。但是，天津文化消费水平明显低于北京、上海将近 4 个百分点，甚至天津文化消费水平同时还低于全国的平均水平。表 8.6 中，2014 年居民人均文化消费占消费支出比重数据显示，全国的比重是 12.7%，天津的比重是 10.8%，天津比全国低了 1.9 个百分点。与 2005 年相比，天津文化消费水平由原来与全国的平均水平相差 0.74 个百分点增长到相差 1.9 个百分点，增长了 1.16 个百分点，这说明天津的消费水平还需要很大的增长空间。

表 8.6 全国、北京、天津、上海和重庆城镇居民文化消费状况

年份		居民人均文化娱乐支出（元）	居民人均文化消费占消费支出比重（%）
2005 年	全国	526.16	6.63
	北京	1261.81	9.54
	上海	1136.62	8.26
	天津	567.33	5.89
2010 年	全国	966.32	7.18
	北京	1873.06	9.41
	上海	2195.37	9.47
	天津	1146.98	6.94
2014 年	全国	2293.99	12.7
	北京	3984.86	15.2
	上海	4122.07	14.6
	天津	2353.43	10.8

数据来源：国家统计局天津调查总队调查资料。

由此可知，天津居民人均文化消费水平与北京、上海等发达城市比较还处于较低的发展水平。可见，虽然天津市居民文化娱乐服务消费增长较快，但人均消费水平较低，这也从侧面反映出文化产业发展的动力不足，文化产品、文化服务的数量和质量还不能完全满足人们日益增长的精神文化需求，居民文化消费不够活跃，城乡之间文化发展还不平衡，基层文化建设仍然薄弱。

七、产业聚集效应不佳，文化企业规模普遍较小

目前天津加大工作力度，引进了国家动漫产业综合示范园、中国天津 3D 影视创意园区、国家影视网络动漫实验园和国家影视网络动漫研究院等一批国家级项目，全市拥有"凌奥""意库""六号院"等各类文化产业园区 30 家。但与国内外先进的园区相比，天津市文化产业刚刚起步，各类文化产业基地和集聚区建设虽已初具规模，但地方特色并不十分明显。产业园区内企业总体实力不强，缺少亿元以上的规模企业，园区内企业多是拥有几十人的小公司，尚未形成具有较强影响力的龙头企业和产业集群效应，缺少文化市场的主体。

第三节　天津市文化产业的发展机遇

一、天津市深厚的历史底蕴和丰富的人文资源为发展文化产业奠定了坚实基础

天津是国务院命名的历史文化名城，建城设卫 600 多年，具有十分深厚的文化底蕴。天津在近现代历史进程中占有特殊重要的地位，拥有大量近现代文化遗产，例如，风格独特的中西建筑、重大历史事件见证地以及拥有众多的历史名人，可开发利用的历史文化资源丰富。天津是全国著名的戏剧、曲艺之乡，艺术门类齐全，拥有全国一流的专业院团，广播影视新闻出版实力雄厚，文化产品影响广泛。天津地处京津冀城市群的交汇点和环渤海的中心位置，连接国内外、联系南北方、沟通东西部，海港、空港、铁路、公路网络密集，具有明显的区位优势。天津拥有较强的文化教育水平，高等院校、职业教育、社会培训网络健全，为发展文化产业提供了强有力的人才支撑。滨海新

区进一步开发开放，国家赋予多项先行先试政策，为发展文化产业提供了良好的政策环境和浓郁的创新氛围。

二、国家出台振兴文化产业政策为加快文化产业发展创造了难得机遇

近年来，党中央、国务院对加快文化产业发展出台了一系列重大决策部署和政策措施。2009 年，国务院正式出台了《文化产业振兴规划》，是继钢铁、汽车、纺织等十大产业振兴规划后，出台的第 11 个产业振兴规划，这表明文化产业已经成为国家战略性产业。《国家"十二五"时期文化发展规划纲要》提出，要深化文化体制改革、推动社会主义文化大发展大繁荣，进一步兴起社会主义文化建设新高潮，努力建设社会主义文化强国。随后，中央相关部委、各省市都纷纷出台相关政策措施，为加快发展文化产业提供了良好条件。

三、市委、市政府建设文化强市的战略举措为加快天津文化产业发展提供了有力保障

市委、市政府对加快文化产业发展高度重视，天津市第九次党代会明确提出建设"文化强市"的战略目标。2009 年，市委、市政府出台了《关于文化体制改革中进一步支持文化企业发展的实施意见》《关于支持文化体制改革和文化产业发展的意见》等一系列文件。2010 年，下发了《打好文化大发展大繁荣攻坚战实施意见》《天津市文化产业振兴规划》《天津市第一批文化产业振兴重点工作计划》，确定了 2010—2011 年文化产业发展的主要目标和重点任务。《天津市文化产业发展"十二五"规划》，描绘了未来五年我市文化产业发展的美好蓝图。大力加强部市合作，使天津成为唯一一个与中央所有分管文化的部委签署战略合作协议的城市。

四、群众日益增长的文化需求为文化产业发展提供了广阔市场

随着人民群众物质生活水平的不断提高，精神文化需求日益增长，文化市场日益活跃。国际经验表明，人均 GDP 达到 3000 美元时，文化消费快速增长。2014 年天津市人均 GDP 约为 17207 美元，领跑全国。这意味着天津已经进入文化消费的加速期，人们对文化的需求更加多层次、多样化。随着天津城市面貌的建设完善，全市人民的生产环境和生活环境得到显著改善，人们对城市的文化内涵和文化形象更加关注。调查显示，2014 年天津市居民人均文化娱乐服务支出 2353.43 元，与上年同比增长 8.9%，略低于天津同期 GDP 的 10%的增长，但高于全年城镇居民人均可支配收入和农村居民人均可支配收入的增速。这充分表明天津文化产业还具有很大的发展潜力和发展空间。

"十二五"以来我市文化产业快速发展，实现重大突破，主要表现在：总量大幅提升，增速进一步加快，产业规模不断扩大，整体上保持了快速增长的趋势。多种业态均衡发展，产业布局更趋合理。初步形成了文化创意、广播影视、出版发行、演艺娱乐、文化旅游、数字内容和动漫、文化会展和广告、艺术品交易等八大业态构成的文化产业体系。"核心层"传统文化产业稳步提升，新兴文化产业快速推进，形成"双轮驱动、齐头并进"的发展格局。

（一）文化基础建设加强，丰富的文化产品和服务，不断满足巨大的文化消费市场需求

国际经验表明，人均 GDP 超过 3000 美元时，文化消费会快速增长；而当人均 GDP 接近或超过 5000 美元时，文化消费则会进入"井喷时代"。2014 年，天津全市生产总值 15722.47 亿元，按可比价格计算，比上年增长 10.0%，人均 GDP 为 106706.02 元，已大大超过 5000 美元，广大人民群众的文化消费需求处于快速增长的黄金阶段。文化产业的加快发展对提升城市整体形象与文化品位、带动居民文化消费、满足居民日益增长的文化需求发挥了较强的拉动作用。随着天津经济的不断发展和居民收入水平的提高，新增消费和购买力已经越来越多

地向文化领域倾斜。2013 年，全市城镇居民家庭人均文教娱乐消费支出为 2353.4 元，比上年增加 99.2 元，同比增长 4.4%；农村居民人均文教娱乐消费支出为 750.4 元，比上年增加 15.7 元，同比增长 2%。庞大的文化消费市场和潜在的文化消费需求必将成为文化企业生产的强大动力，也将为文化产业健康可持续发展提供不竭源泉。[①]

（二）公共文化服务不断拓展

2013 年末，全市有艺术表演团体 43 个，文化馆 18 个，博物馆 21 个，公共图书馆 31 个。天津文化中心服务示范作用进一步体现，全年共举办展览 66 个、演出 179 场、公益讲座 550 余场，外借图书 130 万余册次，接待观众 200 余万人次。全年摄制电影故事片 12 部。全市 264 个电影放映单位放映电影 59.90 万场次，观影人数 1772 万人次，票房收入 3.28 亿元。全市广播节目 11 个频率，市级电视节目 16 个频道。全年出版图书 5122 万册，报纸 8.33 亿份，杂志 3827 万册。[②]

（三）各文化单位积极创新文化产品和服务

天津推出了话剧《红旗谱》《相士无非子》、京剧《香莲案》、评剧《赵锦棠》、河北梆子《晚雪》、大型民族舞剧《泥人的事》等原创精品，举办了 2013 年优秀剧目展演、2014 年名家经典演出季、天津曹禺国际戏剧节、马三立城市舞台戏剧展、打开音乐之门等活动，汇集了一批精品佳作，"和平杯"中国京剧票友邀请赛、天津市家庭文化艺术节、社区文化艺术节、老年文化艺术节等群众文化活动吸引了广大群众踊跃参与。我市经过国家认定的动漫企业达到 20 家，年生产原创漫画 103 部，原创动画作品 31 部，自主知识产权动漫软件 31 套，网络动漫（含手机动漫）下载达到 444.38 万次。[③]

（四）文化产业聚集带动了相关产业和地区经济的发展

文化产业园区建设推动了文化产业的整体发展，一批文化产业示范园区、示范基地初具规模，带动作用明显。国家动漫产业综合示范园、中国天津 3D 影视创意园、国家影视网络动漫实验园、国家级文

---

① 国家统计局：http://finance.people.com.cn/n/2015/0303/c66323-26625644.html.
② 资料来源：http://www.stats-tj.gov.cn/Category_1/Index.aspx#14.
③ 资料来源：http://www.022net.com/2014/9-16/44665426306480.html.

化和科技融合示范基地、国家数字出版基地等一批国家级文化产业园区先后落户天津，产生了集聚引领效应。市委宣传部、市文化广播影视局共命名了市级文化产业示范园区 17 家，文化产业示范基地 32 家，其中 8 家成为国家级文化产业示范基地[①]。

天津滨海新区迎来了开发建设的黄金机遇期，2014 年 12 月 11 日，国务院正式批复同意支持天津滨海高新技术产业开发区建设国家自主创新示范区，并要求充分发挥天津创新资源集聚和开发开放优势，积极开展创新政策先行先试，激发各类创新主体活力，着力研发和转化国际领先的科技成果，打造一批具有全球影响力的创新型企业，最终把天津滨海高新技术产业开发区建设成为创新主体集聚区、产业发展先导区、转型升级引领区和开放创新示范区。文化与科技的结合是园区文化产业的发展方向，逐渐形成了以文化为内容、以科技为载体、以创意为核心的产业发展模式。

文化产业聚集群落带动了相关产业和地区经济的发展，由于天津近代特殊的租界文化，使天津到现在还保留具有各国不同风格的建筑群落，这些群落构成了天津另一类文化产业聚集，其中比较著名的是意式风情街和五大道风情区。意式风情区由三大部分组成，即商贸旅游区、意大利主流产品展示批发区和工业园区。商贸旅游区是意式风情区的主体内容，对原有风貌建筑进行原汁原味的整修，区内七条道路将分别引入具有意大利特色的餐饮、旅游纪念品、文化艺术品等店铺。意式风情区极大地拉动了天津城市文化旅游，将商贸与旅游有机结合。五大道在天津中心市区的南部，东、西向并列着五条街道。天津人把它们称作"五大道"。那里汇聚着德、英、意、法、西等国各式风貌建筑 200 多幢，名人故居 50 余座。这些独特的异国建筑群落拉动了旅游业及其周边行业的发展，同时也带来了周边房地产业的迅速热潮，这些都为提升天津整体城市形象，推动城市发展，拉动城市经济带来了巨大效益。

会展业的规模扩大推动天津相关产业的发展，近年来，天津结合

---

① 曲妍. 文化产业集聚效应的城市体现——兼论天津文化产业的集聚发展[J]. 生产力研究，2013（1）.

资源条件，发挥区位优势、产业优势和政策优势，会展业取得了长足发展，规模和数量明显提升。截至 2014 年 10 月，天津举办各类展会 149 个，同比增长 23%，展出面积 190 万平方米，比去年增长 25%。①一批有影响力的国内、国际品牌展会纷纷落户天津，提升了天津会展业的发展水平和影响力。除了数量持续增长，近年来，天津市展会规模也迅速扩大，并保持高质量。2013 年，在天津市举办的万平方米以上展会达到 168 个，其中的国际性展会达 54 个，同比增长 11%；全国性展会 75 个，同比增长 16%；10 万平方米以上展会更是达到 3 个（次）。②

借助京津冀协同发展和"京津"双城联动发展战略的实施，加之国家会展中心项目的建设都推动本市会展产业吸引力明显提升，碧海钓具展、粮油饲料展、建筑材料及设备博览会、国际石化装备展、家博会、中国婚博会等数十个原在外地举办的展会竞相落户天津，大型专业展会数量急剧增加。由此也带动了来自北京、广州、上海等全国各地，以及德国、英国等国许多知名展览公司纷纷选择来津投资设点谋求发展，为天津的文化产业发展提供了新的发展机遇，推动天津文化产业的跨越式发展。

深入实施重大项目带动战略，2010—2013 年先后推出了四批、200 个文化大发展大繁荣攻坚战重点项目，总投资达 1130 亿元。前三批重点项目基本完成，一大批项目投入运营后受到群众欢迎，天津欢乐海魔方一期、天津欢乐谷、天津米立方等项目平均日接待游客超过 2 万人。2014 年推出天津市第五批文化大发展大繁荣攻坚战重点项目 40 个；继续推进第四批跨年度项目建设，每年推出一批文化大发展大繁荣攻坚战重点项目，着力推动项目建设。中国（天津）滨海国际文化创意展交会升级为国家级会展项目。③

各区县深入发掘资源，推出了一批文化产业大项目好项目，在 2014 年全市互看互比互学工作检查的 60 多个重点项目中，包括和平区民园文化广场、南开区民俗文化博览园、河东区棉 3 创意街区、河

①资料来源：http://finance.china.com.cn/roll/20150314/3001832.shtml.
②资料来源：http://tj.sina.com.cn/news/economy/2014-10-22/081898716.html.
③资料来源：http://www.022net.com/2014/9-16/44665426306480.html.

北区一宫文化广场、蓟县盘山实景文化广场等 9 个文化产业项目，成为文化产业发展中的新亮点。

依靠科技创新支撑文化产业发展，2013 年，天津市首批 25 个文化科技融合重点项目通过立项。这些项目是天津市近年来不断促进文化与科技融合、发展的一个缩影。2013 年 4 月，天津市颁布了《关于推进文化产业发展的实施意见》，提出了增强其文化产业发展动力、创新能力、整体实力和影响力的 10 项具体措施，推出了天津市第四批 40 项重点文化产业建设项目。同年 7 月，《天津市促进文化和科技融合发展实施意见》出台，提出了要加强本市原创动漫、数字游戏、3D 影视等文化领域的技术研究，推进文化和科技融合聚集区的建设，到 2015 年，推动全市文化产业增加值超过 800 亿元。①2014 年由市发改委、市工信委、市科委、市文广局、市金融工作局、市银监局、今晚报社今晚传媒集团、市文化产业协会、北方文投集团共同举办了"领先集团杯"首届天津文化产业创新创业大赛。这次大赛集政府、学术界、金融界和企业界形成多方合力，通过大赛前期文化创新及创意型项目征集与筛选、中期针对初筛入选企业的培训及参赛项目的动态孵化、后期对获奖企业所进行的各项增值服务，搭建文化创意项目的创新平台，为创业发展期的中小文化企业带来资金、资源、管理等方面的政策支持，提升企业核心竞争力。此次比赛在天津掀起了一场文化产业领域的创新创业高潮。

目前，在国家级文化和科技融合示范基地——天津滨海高新区内，先后出台了《滨海新区关于加快推进文化和科技融合发展的实施意见》等，提出原创动漫业、移动游戏业、3D 影视业、数字新媒体业、文化旅游业、文化艺术品交易业六大发展重点。同时，滨海新区以国家级文化产业示范区为龙头，以滨海国家科技创意创业产业园等专业聚集园为基础，构筑了"一区多园"的建设布局，为文化创意产业持续发展搭建了有效载体、提供了广阔空间，通过深入实施项目带动战略，国家动漫产业综合示范园等 9 个国家级项目落户新区，卡梅隆、七星

---

①网易新闻：http://news.163.com/14/1011/13/A89H1SFI00014AED.html.

①天津滨海新区文化产业网：http://www.bh.gov.cn/html/whcy/BHZX22818/2014-12-09/Detail_569488.html.

娱乐集团等多家国内外知名企业相继签约,涌现出了一大批领军人物,确立了"文化+创意+科技"的文化产业发展模式。

政府对文化产业扶植培育力度加大,天津市委、市政府不断加大文化投入,加强文化基础设施建设,实施文化惠民工程,为培育文化市场、促进文化消费、发展文化产业奠定了重要基础。2014 年文化体育与传媒支出 508.15 亿元,完成预算的 99.2%,增长 8.3%。[①]建成了以天津文化中心为代表的一批标志性文化设施,提升改造了一批区县文化馆、图书馆、博物馆和街乡镇文体中心,村文化室和农家书屋实现全覆盖,全市公共图书馆、美术馆、文化馆(站)和博物馆、纪念馆免费开放,天津图书馆与市内六区图书馆实现通借通还服务。2014 年上半年天津自然博物馆、群众艺术馆、少年儿童图书馆新馆相继投入使用,馆舍面积、服务功能得到明显提升。

2010 年以来,天津市设立了市级文化产业专项资金,2014 年规模已达到每年 1 亿元,通过组织项目申报、专家评审,利用项目补助、贷款贴息等方式,对涉及推动文化科技创新、培育骨干文化企业等方面的 128 个文化产业项目给予了支持。同时市财政积极探索股权投资、小额贷款等方式推动文化产业发展,设立了文化产业股权投资基金,成立了天津文化产业小额贷款公司,截至 2014 年 4 月末,天津文化产业小额贷款有限公司已累计发放贷款 7700 万元,服务企业 13 户,期末贷款余额 5200 万元,为天津市文化企业、文化项目提供投融资支持。

2014 年天津市出台了 5 项政策《天津市文化服务、文化产业转型升级工程》《关于促进天津市文化贸易发展的实施意见》《中共天津市委天津市人民政府关于加快服务业发展的意见》《天津市现代服务业重点产业三年行动计划汇编》《天津市关于推进文化和旅游融合发展的实施意见》,促进规范文化产业发展,为推动文化产业发展创造良好政策环境。[②]

---

①资料来源:http://www.culturalink.gov.cn/portal/pubinfo/101001/20150306/c4ca5b7b10d140ef812f944d5b777d30.html.

②资料来源:http://www.022net.com/2014/9-16/44665426306480.html,http://www.tianjinwe.com/rollnews/201503/t20150306_1043169.html.

第九章
天津市文化产业发展的测度一

综合评价是一个多指标的评价体系，是从各种不同的角度全面的评价多种现象的方法。采用的方法是将多项指标通过某种方法转化为能够全面评价经济现象的一个唯一的指标。具体包括："确定指标和不确定指标两类方法、灰色关联分析法、数据包络分析法、主成分分析法、聚类分析等都是需要选取确定性的指标才能使用的；还有无须确定具体指标的模糊评价方法。"①

主成分分析是综合评价的常用方法之一，文化产业绩效的影响因素很多，为推动天津市文化产业成为国民经济支柱产业，需要制定具体的路径选择，因此，本书选用主成分分析法将影响文化产业绩效的多因素转化为能够重点影响文化产业绩效且彼此之间不相关的因素，之所以在多指标评价方法中选取主成分分析，而不是因子分析，原因在于"主成分分析更侧重于贡献的影响力的综合评价，因子分析则是侧重于因子的形成原因的评价"②。

① 胡永宏，贺思辉.综合评价方法[M].北京：科学出版社，2000.
② 张鹏. 基于主成分分析的综合评价研究[D].南京：南京理工大学硕士学位论文，2004.

第一节　主成分分析法的原理及步骤

主成分分析是 Karl Pearson 于 1901 年提出的，是综合评价的常用方法之一，其分析原理是"实现用少数互不相关的指标概括原来彼此之间存在相关性的指标中所包含的所有信息"。"假设存在 P 个彼此之间具有一定相关性的指标 X_1, X_2, …, X_p，主成分分析就是找到 m 个新的指标 F_1, F_2, …, F_m，使得这组新的指标满足以下条件：（1）m < p；（2）X_1, X_2, …, X_p 之间具有相关性；（3）F_1, F_2, …, F_m 之间互不相关；（4）F_1, F_2, …, F_m 都是 X_1, X_2, …, X_p 的线性组合；（5）VAR(F_1), VAR(F_2), …, VAR(F_m) 是依次减小的。"[1]

进行主成分分析，要按照以下五步进行：①指标的正向化和标准化处理，由于每个指标对所分析的经济现象的影响方向不一定是一致的，也就是说根据所研究经济现象的不同要求和标准，指标的数值对其影响程度是不确定的，有时候数值越大对研究对象的影响越好，有时候则是越小越好，也有一些要求比较细致的指标，需要处于某一个范围内，才是最佳的；此外，由于每个指标的单位不同，所以需要对指标进行一些处理，以便去除不必要的影响，使得数据更加标准化，更具说服力；②利用标准化后的数据矩阵，计算指标的协方差矩阵；③计算指标协方差矩阵的特征值和特征向量[2]；④根据软件分析得出的结果，确定主成分，并根据各个指标的载荷对其命名；⑤根据分析结果得出的比例关系算出综合主成分值，最后进行综合分析和排名。

---

① 秦芬康. 综合评价似理与应用[M].北京：电子工业出版社，2003.

② 雷钦礼. 经济管理多元统计分析[M].北京：中国统计出版社，2002.

第二节　天津市文化产业绩效综合评价指标体系的构建

一、指标体系的构建

　　基于第三章中对文化产业与国民经济关系的理论分析，得出文化产业的发展受到资源配置、企业策略性行为、技术进步以及政府的政策干预等因素的影响。据此，本书以经济理论为基础，考虑文化产业的相关特点及数据的可得性，选取以下几个文化产业综合评价指标。

　　（1）反映供给方面因素的指标有：主要文化机构数（个），文化、体育、娱乐业固定资产投资额（亿元）和文化机构从业人数（人）。其中，文化文物机构数反映基础设施的供给，基础设施越完备，文化产业发展越好，所以，文化文物机构数越多，越有利于文化产业的发展；文化、体育、娱乐业固定资产投资额反映资金上的供给情况，资金上的供给越充裕，越有利于文化产业的发展；文化文物机构从业人数反映人力资本的供给，从文化产业微观经济学分析中的供需分析可知，文化产业的发展需要人力资本的投入，从业人数能够在一定程度上反映文化产业的发展规模。

　　（2）反映需求方面因素的指标有：人均生产总值（亿元），城镇居民人均可支配收入（元）和城镇居民对教育、文化、娱乐服务的人均消费性支出（元）①。人均生产总值反映各地区的经济发展水平，人均生产总值越高，发展水平越好；居民的人均可支配收入在很大程度上决定了消费需求，直接影响人们对文化产品的需求；居民对教育、文化、娱乐服务的人均消费性支出则是反映消费需求的一个直观指标。

　　（3）反映企业行为的指标有：文化文物部门所属机构的总收入（千

---

　　① 由于现阶段我国农村居民对文化产业的消费与城镇居民相比较少，而且城镇居民的相关数据较好获得，所以本书选择使用城镇居民的人均可支配收入和对教育、文化、娱乐的消费支出。

元）和总支出（千元）。

（4）反映技术进步的指标有：文化艺术科技科研机构的从业人数（人），专业技术人才数（人）以及机构数（个）。

（5）反映政府支持的指标有文化事业费和财政拨款（政府 X）。

二、数据的选取及来源

基于上述指标体系的构建，本书选取 2011 年全国 31 个省市的相关数据对全国文化产业的绩效进行综合评价,通过与其他省市的比较,进一步分析天津市文化产业的发展。数据主要来源于 2012 年的《中国文化文物统计年鉴》《中国统计年鉴》以及《中国固定资产投资统计年鉴》（表 9.1~表 9.3）。其中城镇居民对教育、文化、娱乐服务的人均消费性支出这一指标的数据来源于各省市的统计年鉴和国家统计局。

表 9.1　2011 年全国 31 个省市文化产业绩效评价指标体系（一）

地区	主要文化机构数（个）	文化体育娱乐业固定资产投资额（亿元）	从业人数（人）	人均国内生产总值（元）
北京	3521	54.98	11364	81658
天津	3342	105.06	6635	85213
河北	5823	157.81	21427	33969
山西	4997	77.69	22759	31357
内蒙古	4275	71.43	14381	57974
辽宁	4853	184.26	16171	50760
吉林	4093	72.75	11211	38460
黑龙江	4864	63.83	13902	32819
上海	3444	39.44	18998	82560
江苏	5130	209.76	26577	62290
浙江	5245	114.59	32007	59249
安徽	6002	109.73	28770	25659
福建	4772	129.18	22838	47377

续表

地区	主要文化机构数（个）	文化体育娱乐业固定资产投资额（亿元）	从业人数（人）	人均国内生产总值（元）
江西	5188	106.5	13362	26150
山东	5438	544.79	24197	47335
河南	6263	110.44	40156	28661
湖北	4721	121.26	19352	34197
湖南	5874	94.47	18328	29880
广东	5402	189.88	35317	50807
广西	4518	94.37	12901	25326
海南	3328	46.22	5414	28898
重庆	4379	58.21	11029	34500
四川	8387	140.64	27663	26133
贵州	4674	20.49	9851	16413
云南	4785	100.5	15102	19265
西藏	3376	11.72	2067	20077
陕西	5078	54.87	22123	33464
甘肃	4670	36.14	12772	19595
青海	3485	14.02	3171	29522
宁夏	3290	11.06	3890	33043
新疆	4476	15.91	11203	30087

数据来源：2012 年《中国文化文物统计年鉴》《中国统计年鉴》《中国固定资产投资统计年鉴》。

表 9.2 2011 年全国 31 省市文化产业绩效评价指标体系（二）

地区	城镇居民人均可支配收入（元）	城镇居民对教育、文化、娱乐服务的人均消费性支出（元）	所属机构总收入（千元）	所属机构总支出（千元）
北京	32903	3307	2643101	3136332
天津	26920.9	2116.01	1087748	894254
河北	18292.2	1204	1805568	1798105
山西	18123.9	1419.43	1779114	1718708
内蒙古	20407.6	1812.07	1776677	1680962

地区	城镇居民人均可支配收入（元）	城镇居民对教育、文化、娱乐服务的人均消费性支出（元）	所属机构总收入（千元）	所属机构总支出（千元）
辽宁	20466.8	1614.52	1577166	1574312
吉林	17796.6	1468.34	1389306	1205235
黑龙江	15696.2	1190.9	1127682	1115304
上海	36230.5	3746	3822365	3615091
江苏	26340.7	2696	3677181	3580574
浙江	30970.7	2816.1	4639012	4426350
安徽	18606.1	1631.28	2095925	1615736
福建	24907.4	1879	2025436	1901802
江西	17494.9	1429.3	1073978	1063530
山东	22791.8	1538.4	2294003	2210863
河南	18194.8	1525.33	2269472	2148907
湖北	18373.9	1489.67	1945204	1942226
湖南	18844.1	1526.1	1646028	1626855
广东	26897.5	2647.94	5329129	5089126
广西	18854.1	1503	1518859	1562251
海南	18369	1141.8	700463	732348
重庆	20249.7	1696.89	1450257	1483177
四川	17899.1	1369	3185820	3026326
贵州	16495	1331.43	1236654	1128913
云南	18575.6	1350.7	2229370	2055161
西藏	16195.6	514	295200	386990
陕西	18245.2	1857.6	1891472	1715181
甘肃	14988.7	1158.3	1258224	1271368
青海	15603.3	967.9	553744	539684
宁夏	17578.9	1441	563827	549550
新疆	15513.6	1122.18	1732051	1796564

数据来源：2012 年《中国文化文物统计年鉴》《中国统计年鉴》《中国固定资产投资统计年鉴》。

表9.3　2011年全国31省市文化产业绩效评价指标体系（三）

地区	科研机构从业人数（人）	科研机构专业技术人才（人）	科研机构数（个）	文化事业费（万元）	财政拨款（千元）
北京	321	309	24	179115	2706655
天津	28	25	1	74595	1091870
河北	166	128	12	93048	1603355
山西	289	227	17	111854	2192615
内蒙古	127	101	9	127692	1736457
辽宁	187	148	12	109256	1528173
吉林	181	156	10	93047	1146342
黑龙江	72	60	3	87957	1044548
上海	48	37	2	241757	2831218
江苏	110	98	11	228144	3083279
浙江	175	123	7	288595	3979087
安徽	150	120	11	91387	1316010
福建	109	82	10	107639	1510179
江西	162	103	14	69643	1014381
山东	99	87	7	175411	2424922
河南	184	139	21	122440	2274049
湖北	187	143	11	108101	1729463
湖南	63	35	3	98805	1544089
广东	98	62	8	337369	4362418
广西	80	71	10	82743	1158018
海南	33	31	3	37297	480029
重庆	36	28	1	93801	1302556
四川	76	53	4	205784	3051863
贵州	33	31	4	74805	979579
云南	109	97	13	121629	1445544
西藏	18	7	1	19239	403446
陕西	147	100	12	119207	2274342
甘肃	24	24	1	83375	1388188

地区	科研机构从业人数（人）	科研机构专业技术人才（人）	科研机构数（个）	文化事业费（万元）	财政拨款（千元）
青海	13	6	1	34114	563320
宁夏	33	30	2	35539	421467
新疆	58	24	2	87971	1551268

数据来源：2012 年《中国文化文物统计年鉴》《中国统计年鉴》《中国固定资产投资统计年鉴》。

第三节　基于主成分分析的文化产业绩效评价

基于上一节的文化产业绩效评价指标体系，本节采用主成分分析法对全国各省市的文化产业绩效进行综合评价，得到相应的综合评价值。主成分分析法能够消除指标对文化产业绩效影响的重复效应，能够更加准确地判断文化产业市场绩效的影响因素。本书中所构建的文化产业绩效评价指标体系对文化产业绩效的影响方向性一致，但数据的单位各不相同。因此在接下来的分析中，只需要对数据标准化，而不需要进行正向化处理，在本书选用的软件 SPSS19.0 中是可以自动实现的。

一、KMO 检验和 Bartlett 球形检验

在做主成分分析之前，首先通过 KMO 检验和 Bartlett 球形检验，确定主成分分析是否能够在本书的分析中应用。KMO 是用来检验变量之间相关系数的指标，KMO>0.5 时，才可以对变量做主成分分析；Bartlett 球形检验主要用于检验数据的分布，即检验各个变量之间是不是具有相关性，只有在变量之间有相关性的情况下才能使用主成分分析法，该检验的原假设是变量之间相互独立，当伴随概率小于显著性

水平时，拒绝原假设，即变量之间具有相关性。软件输出的检验结果显示，本书所选用的指标通过了 KMO 检验和 Bartlett 球形检验（表9.4），所以本书中的变量适合做主成分分析。

表 9.4　KMO 检验和 Bartlett 球形检验结果

Kaiser-Meyer-Olkin Measure of Sampling Adequacy.		0.765
Bartlett's Test of Sphericity	Approx. Chi-Square	657.484
	df	78
	Sig.	0.000

二、相关性分析

根据前文中构建的文化产业绩效评价指标体系，运用软件SPSS19.0对全国31省市2011年的文化产业相关数据（见表9.1~表9.3）进行分析评价。首先，为了去除不必要的影响，先对搜集到的数据进行标准化处理，然后对所选变量进行相关性分析，分析结果（见表9.4）显示本书选用的指标之间，都存在相关关系，所以直接用这些指标对文化产业的市场绩效进行评价会存在重复的影响。例如主要文化机构数和文化机构从业人数之间的相关系数为 0.739，相关程度较高，城镇居民可支配收入，城镇居民对教育、文化、娱乐服务的人均消费性支出和人均生产总值之间存在高度相关；人均国内生产总值与城镇居民可支配收入，城镇居民对教育、文化、娱乐服务的人均消费性支出的相关系数分别为 0.885 和 0.834，城镇居民对教育、文化、娱乐服务的人均消费性支出与人均可支配收入的相关指数高达 0.945。其他变量之间也存在着高度相关性，在此不做赘述。因为变量之间的相关性不是主成分的决定因素，也就是说相关性较高的指标不一定处于同一个主成分中，还要经过具体的分析才能够确定主成分模型。

三、主成分分析

（一）主成分提取

主成分分析中选取主成分的原则是选择特征值大于 1 的，这样的主成分对各个指标的解释能力都比较强。因此，根据分析结果（表9.5），特征值大于 1 的主成分有三个，第一主成分的特征值为 6.881，方差贡献率为 52.932；第二主成分的特征值是 2.489，方差贡献率为19.148；第三主成分的特征值为2.117，方差贡献率是16.282，这三个主成分的累积方差贡献率达到 88.363%，所以提取这三个主成分是合理的。

表 9.5　主成分方差分析表

Component（成分）	Initial Eigenvalues（初始特征值）			Extraction Sums of Squared Loadings（载荷平方）		
	总计 Total	方差贡献率（%） of Variance	累积贡献率（%）Cumulative	总计 Total	方差贡献率（%） of Variance	累积贡献率（%）Cumulative
1	6.881	52.932	52.932	6.881	52.932	52.932
2	2.489	19.148	72.080	2.489	19.148	72.080
3	2.117	16.282	88.363	2.117	16.282	88.363
4	0.801	6.161	94.523			
5	0.261	2.008	96.532			
6	0.187	1.438	97.970			
7	0.107	0.823	98.793			
8	0.067	0.518	99.311			
9	0.040	0.306	99.617			
10	0.026	0.202	99.820			
11	0.012	0.089	99.909			
12	0.009	0.069	99.978			

158

Comp onent（成分）	Initial Eigenvalues（初始特征值）			Extraction Sums of Squared Loadings（载荷平方）		
	总计 Total	方差贡献率（%）of Variance	累积贡献率（%）Cumulative	总计 Total	方差贡献率（%）of Variance	累积贡献率（%）Cumulative
1	6.881	52.932	52.932	6.881	52.932	52.932
2	2.489	19.148	72.080	2.489	19.148	72.080
3	2.117	16.282	88.363	2.117	16.282	88.363
4	0.801	6.161	94.523			
5	0.261	2.008	96.532			
6	0.187	1.438	97.970			
7	0.107	0.823	98.793			
8	0.067	0.518	99.311			
9	0.040	0.306	99.617			
10	0.026	0.202	99.820			
11	0.012	0.089	99.909			
12	0.009	0.069	99.978			
13	0.003	0.022	100.000			

资料来源：SPSS主成分分析结果。

（二）主成分载荷矩阵

根据主成分载荷矩阵得出的各个原始指标与主成分之间的相关关系，载荷值越高的指标与主成分的相关性越高，主成分能够对该指标的解释力度也就越强。

分析结果中提取的三个主成分：

第一主成分，记为 F_1，在文化体育娱乐业固定资产投资额、文化机构从业人数，人均国内生产总值、城镇居民人均可支配收入、城镇居民对教育、文化、娱乐服务的人均消费性支出，文化文物部门所属机构的总收入、总支出，文化事业费和财政拨款上载荷较大，文化体育娱乐业固定资产投资额反映了全社会对文化产业的重视程度，人均

159

国内生产总值、城镇居民人均可支配收入、城镇居民对教育、文化、娱乐服务的人均消费性支出则反映了文化产业的消费情况，文化机构从业人数反映文化产业的就业拉动,文化文物部门所属机构的总收入、总支出反映文化企业投入产出情况，文化事业费和财政拨款反映政府对文化产业的扶持力度，这些指标总体上反映了文化产业的市场，囊括了供给需求情况和投入产出情况，据此，将第一主成分命名为综合实力因素。

第二主成分，记为 F_2，在文化艺术科技科研机构的从业人数，专业技术人才数，以及机构数上载荷较大，这三个指标都是反映文化产业的科技发展水平，所以可以命名为科技水平因素。

第三主成分，记为 F_3，在主要文化机构数的载荷较大，该指标反映的是文化产业基础设施的投入，可以将其命名为基础设施因素。

表 9.6　主成分的初始变量载荷矩阵

原始指标	主成分（Component）		
	1	2	3
主要文化机构数（X_1）	0.367	0.518	- 0.683
文化体育娱乐业固定资产投资额（X_2）	0.442	0.173	- 0.316
从业人数（X_3）	0.767	0.336	- 0.0428
城镇居民对教育、文化、娱乐服务的人均消费性支出（X_6）	0.815	- 0.417	0.319
人均国内生产总值（元）（X_4）	0.611	- 0.493	0.482
城镇居民人均可支配收入（X_5）	0.768	- 0.491	0.336
所属机构总收入（X_7）	0.930	- 0.163	- 0.258
所属机构总支出（X_8）	0.939	- 0.161	- 0.199
科研机构从业人数（X_9）	0.549	0.664	0.475
科研机构专业技术人才（X_{10}）	0.531	0.613	0.560
科研机构数（X_{11}）	0.496	0.710	0.414
文化事业费（X_{12}）	0.932	- 0.209	- 0.229
财政拨款（X_{13}）	0.944	- 0.055	- 0.229

资料来源：SPSS 分析结果。

（三）主成分得分及排名

SPSS 软件分析得出的各省市的主成分得分是经过数据标准化处理之后的得分，用这个得分除以各个主成分的特征值的平方根即可得到未经标准化的主成分得分。由上表 9.6 所列示的相关数据，计算出下列表达式：

$$F_1 = 0.367X_1 + 0.442X_2 + 0.767X_3 + 0.611X_4 + 0.768X_5$$
$$+ 0.815X_6 + 0.93X_7 + 0.939X_8 + 0.549X_9 + 0.531X_{10} \qquad (9.1)$$
$$+ 0.496X_{11} + 0.932X_{12} + 0.944X_{13}$$

$$F_2 = 0.518X_1 + 0.173X_2 + 0.336X_3 - 0.493X_4 - 0.491X_5$$
$$- 0.417X_6 - 0.163X_7 - 0.161X_8 + 0.664X_9 + 0.613X_{10} \qquad (9.2)$$
$$+ 0.71X_{11} - 0.209X_{12} - 0.055X_{13}$$

$$F_3 = -0.683X_1 - 0.316X_2 - 0.0428X_3 + 0.482X_4 + 0.336X_5$$
$$+ 0.319X_6 - 0.258X_7 - 0.199X_8 + 0.475X_9 + 0.56X_{10} \qquad (9.3)$$
$$+ 0.414X_{11} - 0.229X_{12} - 0.229X_{13}$$

综合 F_1，F_2，以主成分的方差贡献率为各个主成分的加权系数，计算得到主成分综合表达式：

$$F = 0.182X_1 + 0.215X_2 + 0.401X_3 + 0.15X_4 + 0.367X_5$$
$$+ 0.403X_6 + 0.419X_7 + 0.434X_8 + 0.495X_9 + 0.49X_{10} \qquad (9.4)$$
$$+ 0.466X_{11} + 0.491X_{12} + 0.526X_{13}$$

再将各省市评价指标的标准化数据带入上式，便能得到文化产业市场绩效的综合评价值。

四、结果分析

由表 9.7 可知，文化产业的绩效评价值的排名结果显示，天津在全国 31 省市中排在第 22 位，综合评价值为-2.51102，其第一主成分，也就是文化产业发展综合实力上排在第 19 位，第二主成分——文化产业科学技术发展水平上排在第 30 位,第三主成分基础设施的评价值较高,位于全国第二位,第三主成分只包含一个指标,主要文化机构数,用于反映文化产业基础设施禀赋的指标,这说明天津市文化产业在科技发展上有所欠缺,综合发展实力比起其他文化产业发展较好的省市,还不够强大,但天津在资源上占据的优势地位证明其适合发展文化产业。本书所选用的主要文化机构数这一指标中,包含的文化机构主要包括公共图书馆、文化馆、博物馆、艺术表演团体、文化站、艺术表演场馆以及群众艺术馆。2011 年,天津市公共图书馆 31 个,艺术表演团体 16 个,艺术表演场馆 51 个,群众艺术单位 19 家,博物馆 19 个,无论在规模上还是发展水平上都处于优势地位。

表 9.7　全国 31 省市标准化处理后的主成分得分及排名

省份	综合实力评价值	排名	科技水平评价值	排名	基础设施水平评价值	排名	综合评价值	排名
北京	1.708664211	3	0.45134238	12	3.429833726	1	7.402463	1
天津	-0.41192893	19	-1.90144319	30	1.0896522	2	-2.51102	22
河北	0.033292036	15	1.146482174	3	-0.196715621	18	0.603826	15
山西	0.38115032	9	1.924385248	1	0.979174975	4	2.737638	7
内蒙古	0.036562539	14	-0.19970961	19	0.664275257	7	0.119976	16
辽宁	0.145435549	11	0.702296076	7	0.68926412	5	0.974816	10
吉林	-0.33326410	17	0.64359203	8	0.999514311	3	-0.6259	18
黑龙江	-0.75838595	25	-2.02354796	15	-0.331801459	21	-2.90561	24
上海	1.40718951	5	-2.84433453	31	0.674488035	6	3.849149	5
江苏	1.439680026	4	-0.57968850	23	-0.296471992	20	4.878244	4
浙江	2.051158963	2	-0.77889804	27	-0.37747609	22	7.142499	3
安徽	0.068168637	13	1.095196615	4	-0.422972748	23	0.67717	14
福建	0.212366998	10	-0.09678942	17	0.181190703	12	0.690914	13
江西	-0.45225106	20	1.041471075	5	0.366395218	9	-1.02093	19
山东	0.713110811	6	0.21917371	13	-1.177845849	29	2.312557	8
河南	0.654997111	7	1.874145053	2	-0.464190636	25	3.251346	6
湖北	0.088706566	12	0.848365186	6	0.324946149	11	0.868584	11
湖南	-0.35207249	18	-0.09253422	16	-0.938333874	28	-1.60755	21
广东	2.161291416	1	-0.95377309	29	-1.544144375	30	7.203243	2
广西	-0.47290441	21	0.178230043	14	0.024461909	15	-1.59358	20
海南	-1.25990557	28	-0.59934296	24	0.342475455	10	-4.84565	28

省份	综合实力评价值	排名	科技水平评价值	排名	基础设施水平评价值	排名	综合评价值	排名
重庆	-0.59837632	23	-0.83399599	28	-0.249300442	19	-2.68038	23
四川	0.653982065	8	0.503605232	11	-2.529831572	31	2.04344	9
贵州	-0.96128103	27	-0.20094034	18	-0.448781833	24	-3.65943	26
云南	-0.13944387	16	0.592654258	9	-0.148706079	17	-0.12943	17
西藏	-1.71437474	31	-0.50573270	22	0.048694386	14	-6.50595	31
陕西	0.135811208	12	0.574664697	10	0.021886463	16	0.867367	12
甘肃	-0.92261027	26	-0.31078209	20	-0.799603863	27	-3.67951	27
青海	-1.49206575	30	-0.71989672	25	0.08650479	13	-5.83749	30
宁夏	-1.31121591	29	-0.76909414	26	0.534674856	8	-5.08637	29
新疆	-0.71148755	24	-0.40844660	21	-0.531256121	26	-2.93444	25

数据来源：SPSS 分析结果。

综合评价值排在前 5 名的省份分别是北京、广东、浙江、江苏、上海。2011 年，北京市文化体育娱乐业固定资产投资额 54.98 亿元，广东文化体育娱乐业固定资产投资额 189.88 亿元，浙江、江苏、上海分别为 114.59 亿元、209.76 亿元和 39.44 亿元，天津的文化体育娱乐业固定资产投资额为 105.06 亿元，由此可见，天津市在文化产业中的投入并不少，而且高于综合发展水平较高的北京和上海，由此可见，发展方式不合理是落后的主要原因。

第十章

天津市文化产业发展的测度二

第一节　文化产业研究综述

波特的钻石模型被广泛应用于当前许多产业竞争力分析中，国外学者针对"钻石模型"的缺陷又进一步拓展了该模型。例如，卡特赖特（Cartwright，1993）加入五个海外变量得到多因素钻石模型；邓宁（Dunning，1993）将跨国公司作为第三个外生变量加入钻石模型中，构建国际化钻石模型；鲁格曼（Rugman，1991）和克鲁兹（Cruz，1998）将研究对象设定为加拿大，在原始钻石模型中加入了跨国经营因素，形成了"母国钻石"及"跨国经营"两个部分形成了专门针对加拿大分析的"双重钻石模型"；蒙（1998）等人将"双重钻石模型"进行进一步拓展变化，形成一个适用于全部小国经济分析的"一般化的双重钻石模型"，该模型包含"国内钻石""国际钻石"及"全球钻石"三部分；乔东逊（1994）以韩国为例构建了"九要素模型"，主要将影响竞争力的因素分为了两大类：物质因素和人力因素，使其在欠发达国家和发展中国家更具解释力。

国内诸多学者在各个领域的分析时都用到了钻石模型，使用时并对其进行了变化。万红先（2005）分析我国服务贸易的国际竞争力时将钻石模型中的政府要素作为核心影响因素；李林（2007）将钻石模型和 GEM 模型进行了结合，形成了"七因素模型"用于分析高新区的竞争力；王晞（2007）将钻石模型用于分析区域农业国际竞争力研究；陆立军（2010）用钻石模型研究产业集群与专业市场互动的机制问题，在此研究中，将辅助因素变为：根植性的文化环境因素与柔性化地方政府因素；将张林（2013）基于系统论的思想，以"钻石模型"为基础提出"要素—结构—环境—功能"为框架的"S模型"。

在文化产业的竞争力的研究分析中，祁述裕（2005）以中国文化产业国际竞争力报告作为参考，认为钻石模型的核心内容为企业竞争战略，除此之外，包括政府调控因素、生产要素因素、消费需求因素及产业集群因素。芮杰明（2006）将知识吸收和创新能力作为核心建立的新钻石模型，他认为这个核心是产业保持持续的竞争力的重要原因，从整个生产过程中分析竞争力的来源。宋彦麟（2006）、李宜春（2006）、杨沂（2008）、毕小青（2009）均对区域文化产业竞争力进行了研究，并构建了竞争力评价指标体系。宋彦麟分析辽宁省文化产业竞争力水平时用了五大系统衡量三个竞争力模块。五大系统分别为：需求状况系统、生产要素系统、政府行为系统、文化企业战略系统、及外围系统。将竞争力分为核心竞争力、基础竞争力、环境竞争力三个层次。李宜春分析安徽文化产业竞争力提升的途径时，对竞争力模块的划分同宋彦麟一样采取相同的方式，不同在于将五大系统的外围系统变更为相关产业集群系统，用来评价并分析提升安徽文化产业竞争力的途径。毕小青（2009）认为政府是个影响竞争力的关键外部变量，而不是决定因素，因此在确定竞争力评价体系时未考虑政府的行为。分析评价天津文化产业竞争力水平时构建的评价指标体系考虑了生产竞争力以及创新能力的重要作用。姜彤彤等（2011）在分析文化产业竞争力水平时，将产业竞争力的可持续发展的思想融入至钻石模型中作为分析工具；方慧等（2012）根据文化贸易发展的阶段性，对钻石模型进行了修改，提出了文化贸易竞争力的动态钻石模型，采用协整分析的方法证明文化贸易竞争力在长期及短期的影响因素中有差异性。郭国峰（2012）从资源竞争力、产业规模竞争力、产业贡献竞争者和产业环境竞争力四个方面对中部地区的文化产业竞争力进行了比较分析。

已有的文化产业竞争力的研究主要依据两种理论：比较优势理论及竞争优势理论。比较优势理论在于分析不同国家（地区）不同产业的优势，主要依赖基本的生产要素，因此，这是一种静态的分析。相比而言，竞争优势理论分析不同国家（地区）的同一产业的优势，竞争力除了与基本的生产要素有关，更重要的要素包括知识、技术、企业策略、管理水平等高级要素。而这些要素的构成是较容易改变的。因此，这是一种动态的调整过程。由于文化产业的特性，比较竞争优势理论不适用于作为文化产业竞争力研究的理论依据。本书将采用竞争优势理论作为分析依据。

波特提出的"钻石模型"被频繁引用于文化产业竞争力的研究中，大多数国内学者在文化产业竞争力测评中大多采用定性分析法，根据钻石模型或变动后的新钻石模型进行要素现状的分析。在定量的研究中，选取的指标文化产业竞争力的指标评价体系由于 2009 年以后《中国文化文物统计年鉴》的内容有了大幅度变化，统计数据的缺失，统计口径的变化使得近年来对于文化竞争力的研究大多还使用 2009 年及以前的数据进行分析，这就使得研究的结果缺乏时效性。从选取的指标来看，以原本的钻石模型为基础，指标选取的不够全面。原本的钻石模型分析文化产业发展不能体现文化产业的特征，对于分析不同地区的文化产业竞争力还需要依据各自的特点稍加变更，增强文化产业竞争力测度的准确性。在评价方法上，广泛使用的方法主要为两种，第一种是根据因果分析，测度文化产业的市场占有率或产出效益的指标。第二种是对影响因素进行分析，包括因子分析法、层次分析法等。根据本书的研究目的，文化产业竞争力测度意在寻找提升天津文化产业竞争力的方法。因此本书选用第二种方法。

第二节　动态钻石模型的建立

通过对现有的文献进行梳理可以发现，钻石模型被广泛应用于国家竞争力及产业竞争力的分析过程中。但是，在使用其分析不同产业竞争力模型研究中还需要对"钻石模型"进行因地制宜的改进，以增强其准确性。对于文化产业竞争力研究，钻石模型缺乏文化产业的特征，同时，文献整理发现区域文化产业竞争力评价体系的构建大多都是静态指标的分析、较少进行模型中"线"的分析。本书考虑到了文化产品的不同需求因素、环境及产业效益等因素对文化产业竞争力的影响。以钻石模型为基础，结合文化产业的特点，建立动态钻石模型，以此作为构建指标体系的依据，分析天津市文化产业竞争力水平。

一、"动态钻石模型"的理论基础

（一）五力分析模型

企业是市场的主体，企业的绩效水平、竞争现状影响着产业竞争力的水平。若一个地区没有一个在国内具有竞争优势的企业，则该地区也不会有具有竞争优势的产业。因此，企业的决定影响着产业的动向，而产业环境的变化会反映在企业的战略选择变化上。因此，企业的发展战略、与同业之间形成的市场结构是产业竞争力的核心影响因素。波特对这一观点进行了阐述。

波特于 20 世纪 80 年代初，在《竞争战略》一书中提到了企业是行业竞争力的核心影响因素。波特站在微观的角度，提出了分析客户所处的竞争环境的五力分析模型（图 10.1）。该模型指出影响行业利润变化的实质是五种力量的不同组织变化。这五种力量涉及供应商的谈判力量、客户的谈判力量、潜在竞争者、替代产品或替代服务的威胁及行业内的竞争者。如图所示，这五种力量中处于核心位置是企业的战略及产业结构。波特的钻石模型也是依据此五力模型进行改变，分析国家竞争力的影响因素。

迈克尔·波特作为市场结构学派的代表人物，基于产业组织相关理论对企业外部的市场结构环境进行深入研究。他持有的观点是：在产业竞争环境中，企业若要获得竞争优势可以通过制定切实可行的竞争战略来获得。波特认为，在影响行业竞争的五个要素中，增加企业在行业竞争优势的最重要的因素是制定适合的企业战略及结构。无论

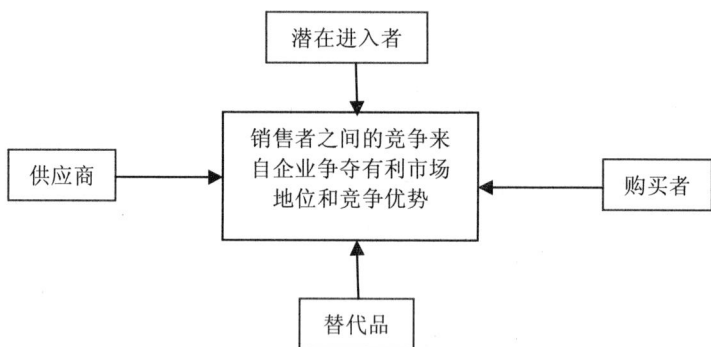

图 10.1　五力分析模型①

是上游的供应商还是下游的购买者，无论是未来的潜在竞争者还是目前生产替代产品的企业，只要四个要素中任一要素发生变化，这个作用力就会促使行业内的各个竞争者对企业战略进行相应的调整以增强企业的竞争优势，进而影响行业竞争力的变化。因此，五力分析模型表明，企业战略及结构是影响行业竞争力的直接因素，另四个要素是通过影响企业战略的变化间接影响行业竞争力的大小。最后，波特根据企业在行业的不同位置，由五力模型分析得出企业获得竞争力可以采用三种一般性的战略：专一化战略、总成本领先战略及差异化战略。

（二）国家竞争理论

美国哈佛商学院迈克尔·波特教授以《竞争战略》中提到的五力模型为基础，在《国家竞争优势》中阐释了解释国家竞争力的国家竞争优势理论。该竞争优势理论也被称为"环境说"，不仅用于分析国家竞争优势，也被广泛应用于产业竞争力的分析中。迈克尔·波特环境因素对国家竞争力的影响作用明显。此环境由六大因素共同形成的，这六大因素由四大关键因素及两个辅助因素相互作用形成，被称作描述产业竞争优势来源的"钻石体系"（图 10.2）。该模型中，有四个要素的影响程度最强，作用方式最直接，作用效果最显著。这四个因素对本国产业的作用效果并不确定，可能会加快提升本国产业竞争优势，

①迈克尔·波特. 国家竞争优势[M]. 北京：华夏出版社，2002.1.

也可能对产业发展造成阻碍性影响。一个国家的某一产业若要在国际竞争市场中获得竞争优势，则国内这四个关键因素对该产业的发展起到积极有利的作用。这四项最直接的因素分别为：企业战略、结构和同业竞争，相关及支持产业，生产要素，需求因素。其中波特将需求因素指定为国内市场需求，生产要素包括人力资源、资本资源、基础设施、知识资源、天然资源等。四大要素两两相互影响，形成了菱形结构。此外，波特认为产业竞争力的强弱变化还面临着两个辅助要素的影响：机会与政府。同时指出，政府和机会是无法控制的，将处于"钻石模型"的两个顶点位置，这两个辅助要素虽是不可操控的，但是它们的变化会对其他要素产生影响，进而共同影响着产业竞争力的大小。波特看来，尽管政府的作用是中立的，但其影响是不可忽视的。

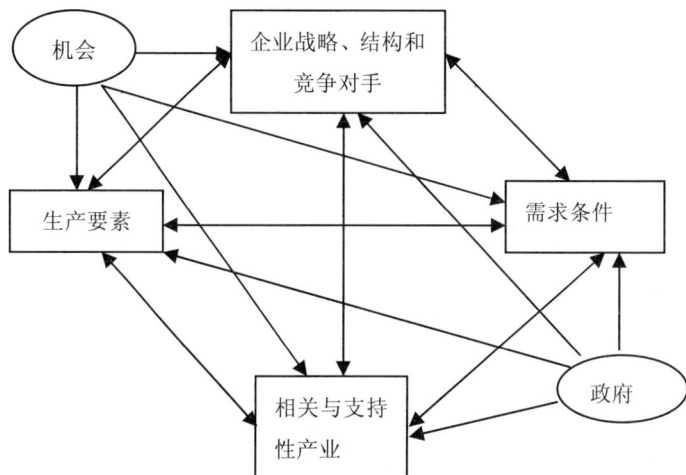

图 10.2　完整的波特钻石体系[①]

国家竞争优势理论的中心思想为：一国在国际竞争中是否能取得竞争优势决定了该国未来的兴衰，而影响一国竞争优势的关键就在于以上四个关键要素和两个辅助要素形成的整合能力，即"钻石体系"是否有效。对于有效的钻石模型，模型本身能够根据条件的变化及时做出正确的反应，进行各个要素之间的调整最终展现出显著的国家竞

---

①迈克尔·波特. 国家竞争优势[M]. 北京：华夏出版社，2002.1.

争优势，反之无效。

国家竞争优势加强可以提升一个国家的经济地位，波特在国家竞争优势理论中将国家竞争优势分为四个不同因素驱动的发展过程：初始阶段主要为生产要素驱动；进一步发展后驱动要素为投资；深入发展后驱动要素为创新能力；最终步入富裕驱动阶段。从国际竞争来看，每个国家在不同产业表现出产业发展的驱动因子不同。

相对于其他产业竞争力理论而言，用钻石模型分析文化产业具有以下优势：首先，波特提出的钻石模型立足于中观（产业）角度，结合微观（企业）角度和宏观（市场）角度，同时注重不确定因素的影响研究竞争力问题，具有全面系统性。突破了以往竞争理论单一层面的分析。其次，钻石模型强调了要素之间的相互作用，竞争优势不是既定的，是可以创造出来，而传统的比较优势论注重静态的产业要素禀赋的比较研究。最后，钻石模型是通过产业内部价值链的角度进行分析，而不是从政治、文化、经济等外部环境进行分析。因此，钻石模型提供了全新的分析产业竞争优势的范式，被频繁引用。

二、动态钻石模型的构建

（一）文化产业竞争力影响因素

基于波特的钻石模型，针对文化产业的特点，对其进行改进，提出针对文化产业的产业竞争力模型。该模型共分为三个层次，最内部的即为核心能力层为企业战略、结构及创新能力；中间层为外围影响层，包括市场需求、基础资源、相关及支持性产业及经济收益；最外层为随机层，包括机遇及政府。

1. 企业战略、结构因素

迈克尔·波特的钻石模型是以五力模型的框架分析国家竞争力而形成的。波特强调了产业集群中企业战略结构的重要作用。本书借鉴五力模型的分析，将企业作为核心能力层中重要影响因素。波特对于产业操作性的定义是"产业是由多个企业构成的一个团体，这些企业生产的产品近乎可以相互替代"。由此可见，企业是产业的主体。产业结构影响着企业的战略选择，同时企业的战略抉择也左右着产业的吸引力及竞争力。文化产业必须以追求利润最大化的文化企业为核心。在提升文化企业的竞争力的过程中，创造出更多文化财富。因此，文化企业的战略结构对文化产业竞争力强弱起到了核心的影响作用。而其他的影响因素也是通过影响文化企业的战略变化进而影响文化产业竞争力，因此都为间接影响因素。

2. 创新能力因素

波特将生产要素分为初级生产要素及高级生产要素两大类。其中，高级生产要素部分包括以下内容：各大学研究所、现代化通信的基础设施以及具备高等教育的技术型人才（如电脑科学家和工程师）等。本文中涉及的创新能力即指这些高级生产要素，同时波特认为创新能力可以用来弥补自然资源的不足。文化产业是具有一般产业的性质，但也具有特殊性：灵魂是创意。文化产业是提供文化产品及文化服务来满足消费者的精神消费需求，是文化创意生产、再生产、储备、销售的过程，是将无形的文化价值转化为商业价值的过程，这决定了地区文化产业竞争力的衡量应更多地倚重产业创新能力水平。同时，创新能力还是保持文化产业进行可持续发展的重要力量。发达国家的发展经验展现出文化企业不仅凭借科技、经济的优势具有很强的创新能力，还在再创作加工、数字化空间拓展等方面拥有几近完美的发展能力，再通过产品的整合开发获得具有高附加值的知识产权，这样就形成了发达国家文化产业很强的竞争力。因此，发达国家的丰富经验淋漓尽致地展现出创新能力对于文化企业乃至于整个文化产业竞争力的大小起到决定性作用。将创新能力纳入属于竞争力的核心能力层不足为过。这里的创新包括科学技术的创新、人力资本以及各大学研究所等。

3. 基础资源因素

基础资源的水平决定着文化产业发展的方向，这里的基础资源是指从生产要素中剥离出来的初级生产要素，主要包括：地理位置、资本构成、天然资源、环境等。在文化产业发展的不同阶段，对基础资源的依赖程度不同；在不同地域，对基础资源的依赖的程度也不同。

在文化产业发展的非成熟期，文化产业的发展更多的是依赖当地的历史资源，以发展旅游业作为出发点，在带动当地经济效益提升的同时进行传播。在文化产业发展较为成熟的阶段，文化产业发展方向应转变为对文化产业的价值向深处挖掘，扩展产业链的长度，将文化价值附加到更多的产业，进而推动经济发展。在自然资源丰富的地区，文化产业的发展可以首先依托于或主要依托于自然资源的发展。相反，在自然资源相对贫瘠的地区，依赖创新能力发展知识密集型产品的生产成为文化产业发展的方式。由于，各地区的具体情况不同，因此，文化产业的发展不是必须依赖于基础资源，但是，基础的资源的状况会影响地区文化产业的发展重点及发展方向。因此，基础资源属于影响层。随着逐步发展，基础资源的影响程度再逐步减弱。

4. 市场需求因素

随着人们生活水平的提高，在日益增长的物质需求得到满足之外，更多人更加关注个人的精神需求，需求导致供给的产生，所以文化产业是地区经济达到一定水平后，为了满足消费者需求而产生的。而需求的变化，也会促使文化产品和服务的不断变化。所以，在分析文化产业竞争力的时候，必须要分析市场需求情况。但是，波特的钻石模型只考虑到当地的需求，这显然是不够的。对于文化产业而言，市场需求不仅包括与本地区的内需，随着城市集群的发展及对外开放程度的加大，对于本地区文化产品及服务的需求将遍布全国及国外，所以也要考虑到文化贸易的外需部分。如江浙沪地区，浙江主要将负责文化产业的生产供应上海地区，而本地区的对此项产品的需求并不大。

5. 相关及支持性产业因素

借于文化产业具有高关联性的特点，文化产业的产业链可以触及其他各个产业，上下游产业关联度很大，所以文化产业竞争力离不开需要相关产业强有力的支持，如金融、咨询、信息等。产业间的作用机制是双向互动的，只有相关产业相互融通，达到一个强大的产业群后才能发挥出最大的文化产业的竞争优势，同时文化产业表现出对其他相关产业的带动作用，使得文化产业最终可以成为支柱产业。所以，在文化产业的发展非成熟阶段，产业间相互支持的联系网还不健全，相关产业对其的正效应作用不明显，待到成熟阶段，市场机制完善，相关产业对其正效应逐渐显现，对经济的贡献加大。

6. 经济收益

文化产业竞争力的研究目前主要分为两大方向，一个是根据产出结果进行衡量，即通过产出率、市场占有率等"结果性指标"显示出来，成本优势理论即沿着这个角度进行的分析；另一个方向是对竞争力的投入要素进行分析，波特的钻石模型就属于第二种研究方向。金碚（1996）提出，产业竞争力应该从影响因素及结果两个角度综合考虑。本书对于文化产业竞争力的研究就采用了这种方式。文化产业竞争力除了受到投入因素的影响外，其在经济中表现出来的结果也会影响企业的下一步战略选择。当文化产业经济收益较大时，会对竞争力产生拉动作用，会吸引更多的企业加入到文化产业中，会增加文化产业各要素的投入，其发展会获得更多的机遇。相反，当经济收益较小时，对竞争力的提升就会产生相对阻碍的作用。相应企业会考虑到战略选择的改变。对于文化产业而言，经济收益是增强产业竞争力的动力。

7. 政府

政府影响某一产业竞争力的途径有多种：可以通过颁布相关的政策、提出竞争条例、制定生产标准、设定产业税收补贴额度等方式为企业及产业的发展提供一个稳定的环境。对于文化产业而言，政府的作用更是不可忽视的，在文化产业发展的初期，政府的政策可以帮助产业尽快进入发展的轨道，为政策的有效贯彻提供所需的机构。例如，日本战后通过大力发展文化产业创造了日本经济发展史上的"经济奇迹"，如今发展成为今日的"动漫王国"，这离不开政府的引导。但是，政府的作用并不总是积极的。例如，法国的文化产业展现出"墙内开花，墙外不香"的现状，这与法国的文化产业是由国家和政府主导，以及过度发达的文化保护政策有重大的关系。我国目前处于文化产业发展的初级阶段，政府的作用表现明显，很多学者放大了政府对文化产业的作用，将政府当作影响文化产业竞争力的主要因素。但是，我们也能注意到，在很多国家，具有良好的竞争力的某些产业可能是最初政府并不看好的产业。而政府大力支持的产业并不是最具竞争力的

173

产业。相同的政策对于不同企业的作用效果也是不同的。因此，政府因素属于文化产业竞争力的影响的随机影响层。

8. 机遇

机遇是指发生了那些企业无法进行控制的突发性事件，主要包括重大的科技进步、战争、市场环境的剧烈变动等，机遇是可遇不可求的，可以打破现存的竞争环境、竞争秩序，创造出"竞争断层"。这种断层的出现虽然使原有产业的竞争地位丧失殆尽，但也提供了新的机会。引发机会的时间将会波及钻石体系中的每个要素，使其自身产生变化。这种变化对不同的国家不同的产业不同的企业而言造成的影响有好有坏。因此，机遇也是影响文化产业的一个随机因素。

（二）要素的互动影响分析

通过对现有的文献进行梳理可以发现，大部分学者基于钻石模型所进行的区域文化产业竞争力评价体系的构建大多只是对影响因素进行静态的分析，而忽略了对元素互动影响关系的分析。正是由于波特的钻石模型体现了元素之间的"线"的作用，才产生了波特的"四阶段论"[①]。对于文化产业竞争力的研究，本书以钻石模型为基础，结合文化产业的特点，建立动态钻石模型（图 10.3），用于分析文化产业竞争力的来源。并分析了文化产业竞争力发展的三阶段的不同来源。

基于原钻石模型的重构，本书构建的用于分析文化产业竞争力来源的动态钻石模型是个动态的体系，其"动态"包含两个含义：第一，整个动态钻石体系不是静止的。影响文化产业的各个因素层不是相互孤立的，各个因素之间也是相互影响的，最终在共同作用下，决定文化产业的竞争力；第二，动态钻石体系更加明确指出在文化产业发展的起步阶段、成长阶段及成熟阶段，各个要素的表现不同，对竞争力的贡献程度不同。动态钻石模型的三个层次中，能力层为模型的核心部分，是影响竞争力水平的直接因素和关键因素，在文化产业发展的各个阶段，核心能力层的因素直接影响到文化产业的内容产业部分。

---

① "四阶段论"由迈克尔•波特 1990 年提出，主要观点为竞争优势发展经历四个阶段：要素驱动阶段、投资驱动阶段、创新驱动阶段和财富驱动阶段。

外围影响层是通过作用核心能力层,间接影响文化产业竞争力的强弱。除此之外,七大因素之间也会相互影响。

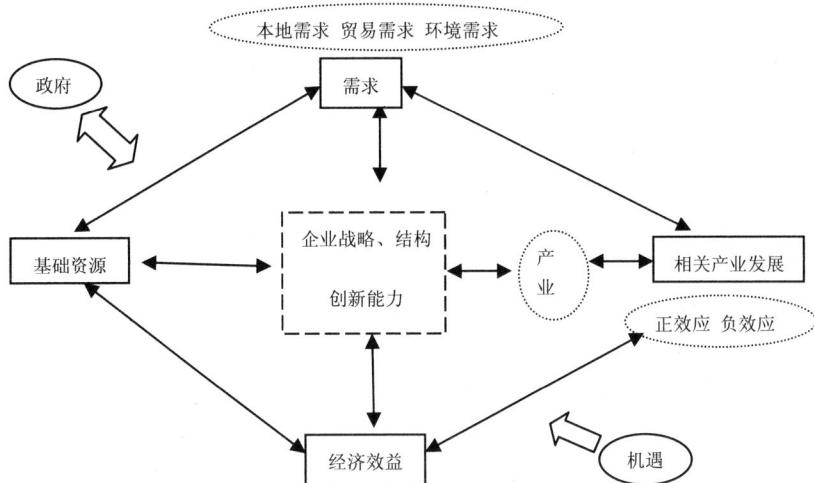

图 10.3　动态钻石模型

　　动态钻石模型的外围影响层及随机影响层均通过影响核心影响层对文化产业竞争力产生作用。主要是改变文化企业的数目、企业战略、产业结构、改变创新能力。需求是不断变化的,当消费者需要更加丰富多样的文化产品,丰富的需求会加快市场创新能力的提升速度以满足的市场需求。企业会进行战略转变,使原本的文化产业加快迎合新需求的生产,由于规模经济,会出现行业内企业间的合并、扩张等现象。市场文化产品的供给小于需求,存在很大的利润空间,则会有更多的企业加入文化产业,增加文化企业的数目,改变产业竞争结构;相关产业的发展可以对文化产业的生产资料采购、生产效率、销量等产生影响。同时,相关产业的发展可以引起产业间企业的转换、整合、人员的流动,这种变化对企业及产业结构的影响也是巨大的;基础资源的改变会改变企业原本的生产要素比例,企业会通过衡量基础资源的变化情况改变企业的战略,当基础资源较为匮乏时,或者基础资源的改变使得企业无法继续生产下去，部分文化企业就会退出，从而影响产业结构；经济效益是企业战略选择最重要的考虑因素。

尽管文化产业是需求导向型产业，但是其他因素的变化也会刺激或者降低文化产品需求。文化市场也可以通过创新技术，开发出新颖的文化产品，对消费者进行引导，形成新的文化需求。为了获得超额利润或者为了获得更低的生产成本，处于同一行业的不同企业会通过新技术的研发或者由于相关产业的发展刺激企业提高自身创新能力进行产品的创新及销售渠道的创新从而拓展市场的需求。基础资源的开发，如新遗址的发现。文化机构的设立，会吸引消费者的关注，进而产生更大的市场需求。当文化产业的产值不断升高，带来的社会财富不断增加，消费者的可支配收入增加，那么消费者对于精神产品的需求就会不断增加。

基础资源状况与竞争力大小密切相关，也易受到其他影响因素的影响，尤其文化产业处于非成熟时期。需求状况的变动是基础资源改变的一个动力，市场需求的改变会对生产要素的范围会发生改变，例如，当国家或市场对文化产品具有大量超额的需求或需求态度特别挑剔时，应运而生的就是满足这种需求的基础资源的大力开发；企业会通过技术手段，使得原本不能被利用的资源被加以利用，扩大基础资源的范围，使原本一次使用的物品重复使用，也可能放弃一直使用的生产原料，减少基础资源的范围；同业的竞争会带来基础设施的建设，新资源的开采、高科技的使用、融资的渠道等方面，影响到基础资源的构成比例；政府对于基础资源的态度、认定、保护力度也影响着基础资源的数量和范围。

相关支持产业的发展情况同样受到其他各个因素的影响。文化产业的高融合性使得文化相关产业的产业结构、产业内容会更容易受到影响；当市场需求旺盛时，关联产业必然会蓬勃发展以弥补文化产品发展的需要，加快科技的发展，拓展文化产业传播的渠道；当文化产业的经济贡献较大时，其相关互补产业也会受到溢出效应影响，其经济贡献也会处于上升的形势，促进相关产业的发展。

经济收益作为文化产业竞争力结果表现之一，必然会受到其他竞争力原因的影响。创新能力水平、基础资源的多寡、投入比例必然会影响到最后产出水平；相关产业的发展对于文化产业起到辅助促进作用，会加快经济收益的力度；市场需求情况等同于文化产品的销售情况，最终都由经济收益反映出来；在文化产业初期，政府的财政政策对经济效益起到重要作用。

政府对于文化产业的监管、引导是根据自于产业环境的变化而发生变化。市场需求的变化也是对政府效率的考验。政府应该根据市场需求的变化及时调整相关的财政政策及政府监管的力度。对于积极向上的文化需求应该鼓励，对于不良的文化需求要及时遏制住。在文化产业的发展中，政府经历了由文化包办到文化引导的转型。政府拥有的权利使得政府能够较好的规范文化市场的行为。通过补贴、税金等方式对文化生产、消费活动进行控制。通过建设公共文化基础设施，为广大群众提供更舒适的文化活动的场所。

从文化产业发展的历程来看，在不同时期，文化产业竞争力来源的各个因素的贡献度不同，在动态钻石模型中的侧重点不同。整个过程可以通过图 10.4 进行解释。图 10.4 将文化产业需求因素、相关支持产业因素、企业战略、结构因素分别拆成本地需求、环境需求和贸易需求；相关支持产业非正效应和相关支持产业正效应；垄断竞争和自由竞争市场两部分内容。由较粗虚线方框包含的部分表示文化产业发展初期阶段竞争力来源情况，政府在初期的作用用实线表示，表明在文化产业发展初期政府因素对竞争力起到了重要作用。由较细方框包含的要素表示文化产业发展成熟阶段的竞争力来源情况，具体分析如下分析：

在文化产业的发展初期，文化产业竞争力更多地依赖基础资源情况；政府的力量占主导，大多城市出现政府主办文化产业；文化企业数量少，规模小，文化产品趋同，由于政府大力发展文化产业，文化企业中可能存在由政府鼓励筹建的个别大型文化企业，带动整个文化产业的发展。创新能力作为核心影响因素提升较慢，文化产品附加值低，此时文化产业可能不满足"微笑曲线"，表现为"苦笑曲线"[①]。文化产品销售渠道少,主要进行的是文化工业生产活动;对于相关产业而言,文化产业的带动作用并不明显,产业集聚只是地理位置的集聚,外部效应不明显,甚至出现外部负效应的情况;对于文化产业的需求主要来自于本地的需求及环境的需求。对于文化产业初期的发展是一种被动的发展。文化产业竞争力水平较低。

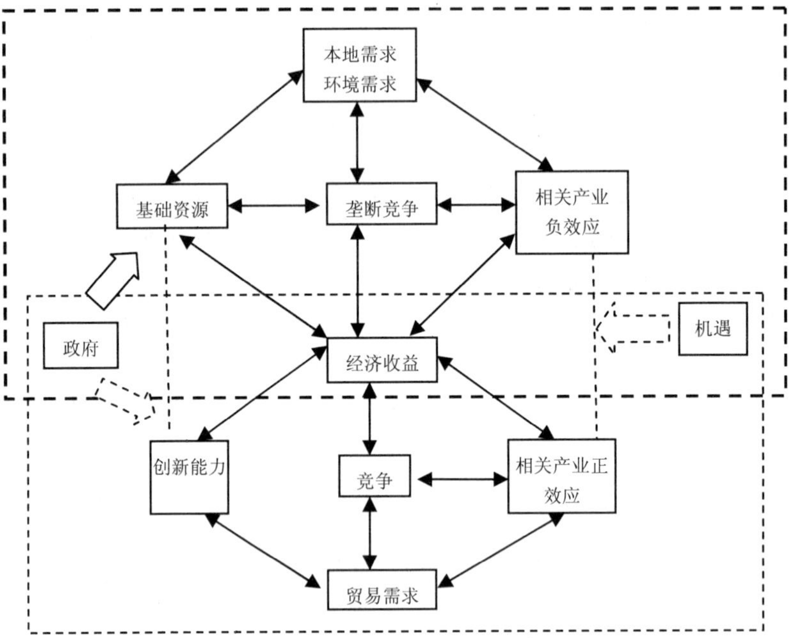

图 10.4 动态钻石模型的动态表示

在文化产业发展的成长阶段,随着文化产业的发展,文化企业规模的扩大,文化企业间的合并等因素使得文化产业中形成寡头垄断的竞争形式,文化产业竞争力主要表现为文化集团的竞争力水平。这种现象的出现是有利于文化产业的发展的。文化集团具有较为丰富的资本及良好的人才吸引、管理体系,有利于提高文化产业的创新能力;

---

① 刘长勇提出"苦笑曲线",认为只有先进地区会形成"微笑曲线",而对于后进地区而言,呈现为"苦笑曲线"。

即在文化产业发展的成长阶段，文化企业既依靠固有的基础性资源，同时也在积极发展创新能力，使之成为依靠力量。根据规模经济，文化集团的出现可以降低文化产品的生产成本；文化集团的出现成为文化产业竞争力的支柱力量。

在文化产业发展成熟阶段，基础资源在文化竞争力中的作用表现越来越弱，创新能力决定文化产业的主要因素，产品的差异化程度高、更新速度快。由于文化产业创新能力是可以积累的，此时文化产业具有很高的附加值，满足"微笑曲线"；此时不仅本地区的市场需求得到充分满足，随着文化贸易日益频繁，文化贸易需求已经成为主要需求，文化产业的不断产品创新，引导了部分文化消费的方向；文化产业的集聚已经跨越了地理因素，形成文化产业发展的城市群，产业链的深度及宽度得到了扩展，产业间的溢出效应明显，相互促进发展。此时的文化生产是一种主动积极的生产。

第三节　文化产业竞争力评价体系的构建

一、构建文化产业竞争力评价体系的依据

本书以第二章建立的文化产业竞争力分析的动态钻石模型的内容为基础，逐级分层由上至下提取能够表达文化产业竞争力不同方面的指标。通过借鉴已有文献对区域文化产业竞争力评价体系的指标构成，结合数据的可得性、真实性、客观性、可比性等原则，构建文化产业竞争力评价指标体系，力求全面、客观、准确地反映文化产业竞争力水平。

本书在具体指标体系的建立中主要遵循了以下的原则：①数据可得性及准确性原则。本书涉及不同省市的同一指标的研究，为了统计口径保持一致，在指标选取中尽可能选择那些能够在同一个统计年鉴中查到的所有省市的同一指标的数据。同时，在指标选择中尽

可能选择来自同一年鉴中的指标，保证不同指标之间的统计口径相同。②指标选取的全面性及代表性原则。在指标选取中既要保证指标能够全面反映要素含义，也要保证指标具有代表性，不会增加实证工作的复杂性。③客观性、科学性原则。相比较已有文献对指标体系的构建，本书为了保证统计结果的客观真实性，未选择评价性指标及通过调查才能获得的指标。本书均采取可以直接从统计年鉴中获得或通过计算得出的指标数据，减少了因主观因素对竞争力测度造成的影响。在指标选取过程中尽量选取比例指标、人均指标，能够较好地扣除规模影响及不同时间价格变动影响因素。

本研究中涉及的数据主要来源于以下几个基本渠道：

（1）统计年鉴：《中国统计年鉴》《中国区域经济统计年鉴》《中国文化文物统计年鉴》《中国财政年鉴》等。

（2）调查报告、政府报告：《中国文化产业发展报告》；《天津市国民经济和社会发展统计公报》等。

（3）官方网站、统计部门电话咨询：国家统计局网站、北方网、中华人民共和国商务部等网站，对于天津相关缺失数据，电话咨询天津商务委。

（4）理论估算：对于个别无法获得的残缺数据，通过统计方法对其进行估算获取。

二、文化产业竞争力评价体系的构建

（一）文化产业竞争力评价指标体系

本书基于上述分析，结合动态钻石模型，遵循客观性原则、系统性原则、可操作性原则，结合文化产业的特点及研究目的，参考已有文献所选取的指标，设计了产业竞争力的指标体系，包含七个一级指标、三十四个二级指标。在本指标体系中，融入了其他指标体系中较少出现的贸易指标、环境指标、产业集聚等指标。具体指标体系如表10.1所示。

表 10.1　城市文化产业竞争力评价指标体系

	一级指标	二级指标
能力层	企业战略、结构 B_1	文化企业成本利润率 X_1
		平均劳动报酬 X_2
		文化部门执行事业会计制度的艺术表演团体经费自给率 X_3
		文化企业机构数 X_4
		文化产业园区数 X_5
	创新能力 B_2	就业人员专科及以上受教育程度比例 X_6
		文化产业从业人员 X_7
		技术市场成交额 X_8
		国内专利申请授权数 X_9
影响层	需求 B_3	地区人均生产总值 X_{10}
		城镇人均文教娱乐支出 X_{11}
		出口额占 GDP 比重 X_{12}
		进口额占 GDP 比重 X_{13}
		居民消费水平 X_{14}
		二氧化硫排放量 X_{15}
	基础资源 B_4	本地主要文化机构数 X_{16}
		文物藏品 X_{17}
		石油资源基础储量 X_{18}
		文化市场外商直接投资资产总计 X_{19}
		公共藏书量 X_{20}
		文化、体育和娱乐固定资产总投资 X_{21}
	相关产业发展 B_5	国内旅游收入 X_{22}
		国际旅游外汇收入 X_{23}
		移动电话普及率 X_{24}
		电视覆盖率 X_{25}
		地区教育经费 X_{26}
	效益 B_6	文化产业增加值占 GDP 的比重 X_{27}
		艺术表演团体演出场次 X_{28}
		文化文物部门所属机构总利润 X_{29}
		文化文物部门所属机构经营收入 X_{30}
随机层	政府 B_7	文化文物部门财政拨款 X_{31}
		文化事业费完成基建投资 X_{32}
		人均文化事业费 X_{33}
		财政收入占 GDP 比重 X_{34}

企业战略、结构指标包含企业发展能力，产业结构；创新能力体现在人力、科技两方面；需求体现了本地需求、外地需求及环境需求三方面内容；基础资源包括文化资源、资本资源、能源；相关产业发展涉及旅游业、信息产业、教育业；经济效益包括产业收入；政府指标包含资金投入及公共服务能力两方面。

（二）关于评价指标的解释

1. 企业战略、结构

它主要包括：反映企业盈利能力的文化企业成本利润率 X_1；劳动报酬 X_2；反映企业成长能力的文化部门执行事业会计制度的艺术表演团体经费自给率 X_3；反映产业规模的文化企业机构数 X_4；反映产业集聚程度的文化产业园区数 X_5。

文化企业成本利润率=文化企业利润总额/文化企业营业总成本

2. 创新能力

它包括人才及科技创新两部分。人才创新能力包括：就业人员专科及以上受教育程度比例 X_6、文化产业从业人员 X_7。科技创新能力包括：技术市场成交额 X_8；国内专利申请授权数 X_9。

3. 文化消费需求

它为文化产业发展指明方向。影响文化产品需求的因素主要是从本地消费需求、外地贸易需求及环境需求三个方面进行研究。本地需求用指标地区人均生产总值 X_{10}、城镇人均文教娱乐支出 X_{11}、居民消费水平 X_{14} 表示；外地贸易需求用出口额占 GDP 比重 X_{12} 和进口额占 GDP 比重 X_{13} 表示；环境需求用二氧化硫排放量 X_{15} 表示。

4. 基础资源

它包括基础设施、文化资源、资本资源、能源三方面。基础设施主要用当地博物馆、文化站、电影院等场所数目表示，合计本地主要文化机构数 X_{16}，公共藏书量 X_{20}；文化资源表明地区文化历史的沉淀，用文物藏品 X_{17} 这一项指标表示；资本资源包括文化市场外商直接投资资产总计 X_{19}，文化、体育和娱乐固定资产总投资 X_{21}；传统能源的石油资源基础储量 X_{18} 对文化产业的发展也有影响。

5. 相关产业发展

它是文化产业竞争力的重要影响因素。文化产业可以通过一个上下游联动的产业链条，为相关产业提供附加值，主要从通信、教育、旅游业三个产业的发展情况分析。旅游产业的主要指标有：国内旅游收入占 GDP 比重 X_{22}、国际旅游外汇收入 X_{23}。通信产业发展的指标：移动电话普及率 X_{27}、电视覆盖率 X_{25}、地区教育经费 X_{26}。

6. 文化产业经济效益

它集中反映了文化产业的主要经营成果，用以下几个指标反映：文化产业增加值占 GDP 的比重 X_{27}、艺术表演团体演出场次 X_{28}、文化文物部门所属机构总利润 X_{29}、文化文物部门所属机构经营收入 X_{30}。

7. 政府

政府主要从两方面影响文化产业竞争力：资金投入方面及公共服务能力，它包括文化文物部门财政拨款 X_{31}；文化事业费完成基建投资 X_{32}；人均文化事业费 X_{33}；财政收入占 GDP 比重 X_{34}。

第四节　天津市文化产业竞争指标体系检验

竞争指标体系检验共分两个步骤，第一步确定指标的权重，第二步进行数据分析。常用的确定指标权重方法有主成分分析法、因子分析法、层次分析法。主成分分析法在应用上利用了数学领域的降维技术，在保持了大程度原始变量的信息的前提下，侧重于各个因子的贡献程度的综合评价；因子分析法同样采用降维的方法，不同点在于通过引入旋转因子，使得出的因子解释能力增强，更好地描述因子的内涵；层次分析法通过主观赋值、两两元素比较，确定各个指标的权重，是一种包含调查者主观意识的一种方法。常用的数据分析的方法有综合评分法和聚类分析法。综合评分法是对样本进行打分，根据打分的结果决定样本竞争力的排序情况，据此进行分析；聚类分析通过对样本数据进行分组，目的在于研究样本之间的内在结构，求同存异，进行分析。综合考虑，本书研究目的为分析目前天津市文化产业竞争力的各个一级指标要素的贡献情况，因此采用主成分分析法对 B1~B7 一级指标分别进行主成分分析确定指标权重，分析影响天津市的文化产业竞争力优势与劣势。再进行全国 31 个省市文化产业相关数据的主成分分析，计算总体综合评分排序，分析天津市文化产业竞争力的排名情况。

一、主成分分析的基本原理及计算过程

（一）主成分分析的基本原理[①]

主成分分析是一种常用的多变量分析方法。将原有的变量指标 x_1，x_2，…，x_p 通过数学降维技术构成一组综合变量 Z_1，Z_2，…，Z_m（m<p），这组综合变量即为原变量指标的主成分，且新变量之间相独立。

$$\begin{cases} z_1 = l_{11}x_1 + l_{12}x_2 + \cdots + l_{1p}x_p \\ z_2 = l_{21}x_1 + l_{22}x_2 + \cdots + l_{2p}x_p \\ \qquad\qquad \cdots\cdots\cdots\cdots \\ z_m = l_{m1}x_1 + l_{m2}x_2 + \cdots + l_{mp}x_p \end{cases} \qquad (10.5)$$

Z_1 是原变量的一切线性组合中方差最大者，Z_2 是那些与 Z_1 不相关的原始变量中所得方差最大的变量，按照这个方法分析下去，在 Z_1，Z_2，…，Z_{m-1} 中都不相关的原解释变量的所有线性组合中方差最大者是 Z_m。

通过以上主成分选择的原理介绍可知，主成分分析的实质就是确定原变量 x_j（j=1，2，…，p）在各个主成分因子 Z_i 上的荷载 l_{ij}。

（二）主成分分析的计算过程

1. 在进行主成分分析之前，首先进行 KMO 检验[②]和 Bartlett 球体

① 薛薇. 计分析与 SPSS 的应用[M]. 北京：中国人民大学出版社，2008.

② KMO（Kaiser-Meyer-Olkin)检验：是用于比较变量间简单相关系数和偏相关系数的指标。

检验[①]

　　KMO 检验系数的取值为[0，1]，当 KMO 检验系数越接近 0 时，意味着所有变量之间的相关程度弱；当 KMO 检验系数越接近 1 时，表示变量之间的相关程度越高，KMO 检验系数的数值越接近 1，越满足进行主成分分析的条件。在应用中，一般要求 KMO 检验系数＞0.5，数据才满足进行主成分分析。Bartlett 球体检验的统计量是从相关系数矩阵的行列式得出。一般设定显著性概率值为 0.05，将 Bartlett 球体检验的数值对应的相伴概率值同的显著性概率水平进行比较，如果数值比显著性概率水平小，那么应该拒绝零假设，认为原始变量之间存在相关性，适合于做主成分分析。相反不适合做主成分分析。

　　2. 计算相关系数矩阵

$$R = \begin{bmatrix} r_{11} & r_{12} & \cdots & r_{1p} \\ r_{21} & r_{22} & \cdots & r_{2p} \\ \vdots & \vdots & & \vdots \\ r_{p1} & r_{p2} & \cdots & r_{pp} \end{bmatrix} \qquad (10.6)$$

　　在公式中，r_{ij}（i，j=1，2，…，p）表示 x_i 和 x_j 两个变量的相关系数，其中 $r_{ij}= r_{ji}$，

$$r_{ij} = \frac{\sum_{k=1}^{n}(x_{ki} - \overline{x}_i)(x_{kj} - \overline{x}_j)}{\sqrt{\sum_{k=1}^{n}(x_{ki} - \overline{x}_i)^2 \sum_{k=1}^{n}(x_{kj} - \overline{x}_j)^2}} \qquad (10.7)$$

　　3. 特征值及相应的特征向量的计算

　　求解特征方程 $|\lambda I - R| = O$，求特征值常用 Jacobi 这种方法。将求出的特征值：$\lambda_1 \geq \lambda_2 \geq \cdots \geq \lambda_p \geq O$；再求解特征值 λ_i 对应的特征向量 e_i（i =1,2,…,p），要求 $\|e_i\| = 1$。

---

　　① Bartlett 球体检验：是用于检验相关阵是否为单位阵，即检验各个变量是否各自独立的指标。

4. 计算主成分贡献率及累计贡献率

$$贡献率 = \frac{\lambda_i}{\sum_{k=1}^{p} \lambda_k} \quad (i = 1, 2, \cdots, p) \tag{10.8}$$

$$累计贡献率 = \frac{\sum_{k=1}^{i} \lambda_k}{\sum_{k=1}^{p} \lambda_k} \quad (i = 1, 2, \cdots, p) \tag{10.9}$$

通常选取累计贡献率处于 85%~95%的特征值 λ_1，λ_2，$\cdots$，λ_m 所对应的主成分。

5. 计算主成分载荷

$$l_{ij} = p(z_i, x_j) = \sqrt{\lambda_i} e_{ij} (i, j = 1, 2, \cdots, p) \tag{10.10}$$

6. 计算主成分得分

$$Z = \begin{bmatrix} z_{11} & z_{12} & \cdots & z_{1m} \\ z_{21} & z_{22} & \cdots & z_{2m} \\ \vdots & \vdots & & \vdots \\ z_{n1} & z_{n2} & \cdots & z_{nm} \end{bmatrix} \tag{10.11}$$

在运用 SPSS19.0 统计分析进行主成分分析时，第一步是从在总方差解释表中找出特征值大于 1 的主成分，然后将成分矩阵的第 k 列向量除以第 k 个特征根的算术平方根就能得到第 k 个主成分 F_k 针对无量纲化后的标准解释变量的系数向量，最后运用各个主成分对应的方差解释贡献率作为总方程的权值，对检验期间内各样本主成分得分进行加权平均，计算得到指标评分总值。

二、天津市文化产业竞争力测度

由于 2012 年国家统计局出台了《文化及相关产业分类（2012）》，相比 2004 年颁布的《文化及相关产业分类》，统计口径有了一些变化，为了满足数据的可比性，本书选取 2004—2011 年的天津文化产业相关数据进行分析，测度天津市文化产业竞争力的变化形势。

进行天津市文化产业竞争力的测度，由于时序数列中包含价格因素的指标，本书均以 2004 年数值作为基期，扣除了其价格因素后，通过 SPSS19.0 对 2004—2011 年数据进行去量纲处理，X_i（i=1，2，…，34）对应去量纲处理后得到的结果记作 Z_i（i=1，2，…，34）。通过对标准化以后的数据进行 KMO 检验和 Bartlett 球体检验，检验结果见表 10.2。

（一）企业战略及结构发展水平测度

KMO 检验系数=0.596>0.5 通过 KMO 检验；Bartlett 球体检验 P=0.024<0.05，通过 Bartlett 球体检验（表 10.2）。说明可以进行主成分分析。

表 10.2　B_1 因素 KMO 和 Bartlett 检验结果

KMO 和 Bartlett 的检验		
取样足够度的 Kaiser-Meyer-Olkin 度量		0.596
Bartlett 的球形度检验	近似卡方	12.475
	df	6
	Sig.	0.024

由总方差的解释表（表 10.3）可以看出，指标 X_1 至 X_5 可以用两个主成分 F_{11}、F_{12} 表示。同时所选取的主成分因子可以涵盖原始数据的 83.157% 的原始指标内容。

表 10.3　B₁ 因素总方差的解释表

成分	解释的总方差					
	初始特征值			提取平方和载入		
	合计	方差的 %	累积 %	合计	方差的 %	累积 %
1	2.603	52.058	52.058	2.603	52.058	52.058
2	1.555	31.099	83.157	1.555	31.099	83.157
3	0.747	14.934	98.091			
4	0.084	1.686	99.777			
5	0.011	0.223	100.000			
提取方法：主成分分析						

根据成分矩阵表（表 10.4）计算可得：

$$F_{11}=0.5523Z_1+0.5120Z_2+0.1271Z_3+0.3173Z_4+0.3173Z_5$$

$$(10.12)$$

$$F_{12}=-0.3392Z_1+0.3793Z_2+0.5309Z_4+0.2277Z_4-0.63833Z_5$$

$$(10.13)$$

$$F_1=0.6260F_1+0.3740F_2=0.2188Z_1+0.4624Z_2+0.2781Z_3+0.4367Z_4$$
$$-0.040$$

$$(10.14)$$

表 10.4　B1 因素成分矩阵表

成分矩阵 a		
	成分	
	1	2
成本利润率（%）	0.891	−0.423
平均劳动报酬（千元）	0.826	0.473
文化企业机构数（个）	0.205	0.662
文化产业园区数（个）	0.906	0.284
文化部门执行事业会计制度的艺术表演团体经费自给率	0.512	−0.796
提取方法：主成分分析		
a.已提取了 2 个成分		

根据公式 10.4，可以计算出 2004—2011 年天津市文化产业竞争力的企业战略、结构因素的得分情况。据此绘制出图形如图 10.5 所示。

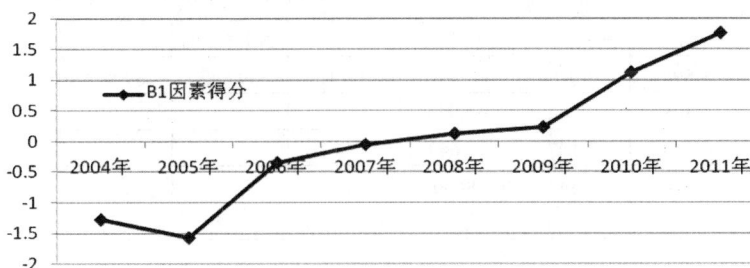

图 10.5　2004—2011 年天津市 B_1 因素得分图

由上图可以看出天津市企业战略、结构因素的竞争力水平在 2006—2009 年增速缓慢，2009 年以后出现了快速增长。在选取的二级指标中，平均劳动报酬 X_2 及文化企业机构数 X_4 的权重最大。

同理得出影响文化产业竞争力的其他要素在 2004—2011 年的变化趋势图。

（二）创新能力发展水平测度

通过对就业人员专科及以上受教育程度比例、文化产业从业人员、技术市场成交额、国内专利申请授权数这四个指标进行分析，根据表 10.5 的检验结果可知，KMO 检验系数=0.772>0.5 通过 KMO 检验；Bartlett 球体检验 P=0.000<0.05 通过检验。因此，可以认定该组数据进行主成分分析可以得出有意义的因子，可以采用主成分分析。

表 10.5　B_2 因素 KMO 和 Bartlett 检验结果

KMO 和 Bartlett 的检验		
取样足够度的 Kaiser-Meyer-Olkin 度量		0.772
Bartlett 的球形度检验	近似卡方	32.140
	df	6
	Sig.	0.000

表 10.6　B2 因素总方差的解释表

成份	解释的总方差					
	初始特征值			提取平方和载入		
	合计	方差的 %	累积 %	合计	方差的 %	累积 %
1	3.594	89.842	89.842	3.594	89.842	89.842
2	0.308	7.704	97.546			
3	0.084	2.107	99.653			
4	0.014	0.347	100.000			
提取方法：主成分分析						

　　通过表 10.6 可以看到，得出的一个主成分因子 F_{21} 能够反映出上述四个指标基本信息的 89.842%，说明这个主成分因子可以较好地代表这四个原始变量，具有较强的代表性，因此，因子可以用于评价文化产业的需求水平。

$$F_2=F_{21}=0.50927Z_6+0.472212Z_7+0.507978Z_8+0.509552Z_9$$

$$(10.15)$$

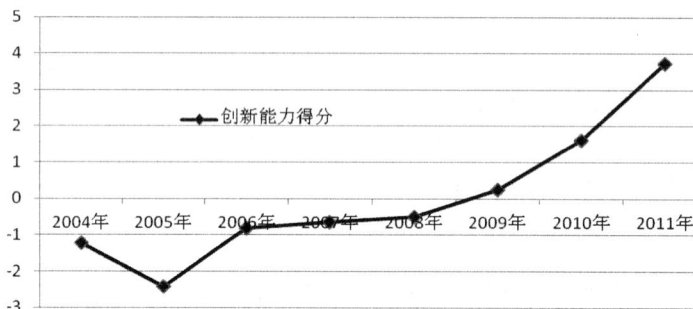

图 10.6　2004—2011 年天津市 B2 因素得分图

　　图 10.6 表明天津市创新能力从 2008 年以后开始快速提升。这种提升有可能来自两方面的原因：第一，2007 年以后天津市加快了文化产业园区的建设。文化产业的集聚现象加快了知识外溢，同时，文化企业的数目的增长使得文化企业意识到加快竞争的重要性。第二，2008

年金融危机是文化产业发展的另一重要契机，因此，在两种能力的作用下，2008 年以后，天津文化产业创新能力出现了快速增长的趋势。

（三）需求发展水平测度

通过对地区人均生产总值、城镇人均文教娱乐支出、居民消费水平、出口额占 GDP 比重、进口额占 GDP 比重、二氧化硫排放量这六个指标进行分析，结合表 10.7 的分析结果，我们可以看出该 KMO 检验数值为 0.523 大于 0.5，通过 KMO 检验；Bartlett 球体检验 P=0.000<0.05 通过检验，拒绝原假设。因此，可以认定该组数据进行主成分分析可以得出有意义的因子，可以进行主成分分析的方法。

表 10.7　B₃因素 KMO 和 Bartlett 的检验

KMO 和 Bartlett 的检验		
取样足够度的 Kaiser-Meyer-Olkin 度量		0.523
Bartlett 的球形度检验	近似卡方	66.329
	df	15
	Sig.	0.000

表 10.8　B₃因素总方差解释表

解释的总方差						
成分	初始特征值			提取平方和载入		
	合计	方差的 %	累积 %	合计	方差的 %	累积 %
1	4.949	82.489	82.489	4.949	82.489	82.489
2	0.701	11.687	94.176			
3	0.269	4.486	98.662			
4	0.062	1.032	99.694			
5	0.018	0.304	99.998			
6	0.000	0.002	100.000			
提取方法：主成分分析						

通过表 10.8 可以看到，得出的一个主成分因子 F_{31} 能够反映出上述六个指标原始信息的 82.489%的内容，说明表明 F_3 这个主成分因子可以较好地代表这六个原始变量，具有较强的代表性，因此，这个因

子可以用于评价文化产业的需求水平。

$$F_3=F_{31} \tag{10.16}$$

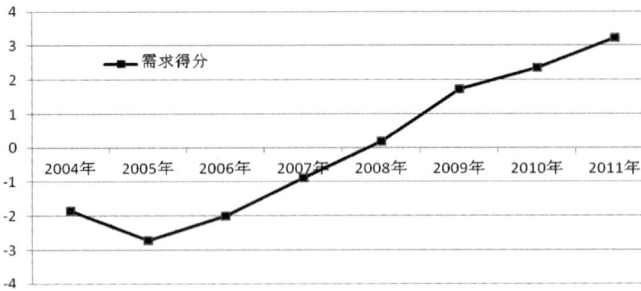

图 10.7　2004—2011 年天津市 B₃ 因素得分图

从图 10.7 中可以看出，2004 年至 2011 年，天津市文化产业的需求水平保持平稳的增长速度，只有在 2008 年的时候出现了一个需求水平稍高的点。结合实际情况可以分析得知，2008 年文化消费需求出现小范围提升的原因来自于全球金融危机对文化产业的影响，文化产业满足"口红效应"①中"口红"的条件，因此增大了文化需求。

（四）基础资源发展水平测度

通过对本地主要文化机构数，文物藏品、公共藏书量、文化、体育和娱乐固定资产总投资、石油资源基础储量这六个指标进行分析，结合表 10.9 的分析结果，我们可以看出该 KMO 检验数值为 0.604，球形假设检验结果显示，原零假设被拒绝，因此，可以得出因子分析对这几个指标变量有意义，适合做主成分分析。

通过表 10.10 可以看到，得出的两个主成分因子 F_{41}、F_{42} 能够反映出上述六个指标基本信息的 85.056%，说明这两个主成分因子可以较好地代表这六个原始变量，具有较强的代表性，因此，这两个因子可以用于评价文化产业的需求水平。

$$F_4=0.6386F_{41}+0.3614F_{42} \tag{10.17}$$

---

① "口红效应"：意指在经济萧条时期，像口红这样的价格低廉的非生活必需品的销售量会大幅增加。

表 10.9　B₄ 因素 KMO 和 Bartlett 的检验

KMO 和 Bartlett 的检验		
取样足够度的 Kaiser-Meyer-Olkin 度量		0.604
Bartlett 的球形度检验	近似卡方	19.661
	df	10
	Sig.	0.033

表 10.10　B₄ 因素总方差的解释

解释的总方差						
成分	初始特征值			提取平方和载入		
	合计	方差的 %	累积 %	合计	方差的 %	累积 %
1	3.221	64.423	64.423	3.221	64.423	64.423
2	1.032	20.633	85.056	1.032	20.633	85.056
3	0.409	8.177	93.233			
4	0.308	4.215	97.392			
5	0.155	2.03	99.397			
6	0.030	0.605	100.000			
提取方法：主成分分析						

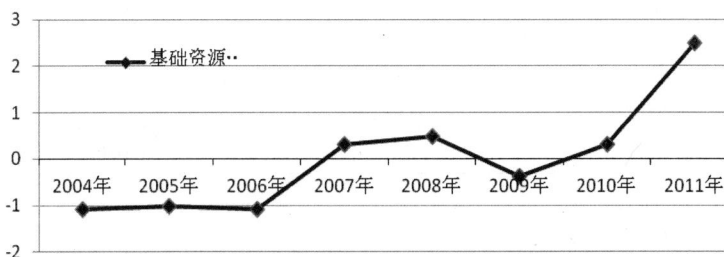

图 10.8　2004—2011 年天津市 B₄ 因素得分图

从基础资源的竞争力发展水平来看,图 10.8 出现了阶段性的波动,2006 年以前保持平稳水平, 2006—2008 年出现了增长过程, 2009 年数据下降，2009 年以后，基础资源竞争力水平增速加快。从政策上分析，2006 年以前天津市文化产业发展一直处于缓慢起步的阶段，还没有大力发展如博物馆、文化站等文化机构的建设。随着 2006 年相关政策的出台，天津市开始关注文化产业的发展，加快建设基础设施，增加资本的投入，所以出现了增长的态势。到 2008 年，全球金融危机的影响波及文化产业。资本的紧缺影响基础设施的建设。因此，2009 年基础资源竞争力出现了下降趋势。2009 年以后，天津已经将发展文化产业放在了战略的高度上，因此，对于文化产业的资本投入增多，加大了主要文化机构的建设，使得基础资源的竞争力出现了快速提升。

（五）相关产业发展水平测度

通过对国内旅游收入、国际旅游外汇收入、移动电话普及率、电视覆盖率、地区教育经费这五个指标进行分析，结合表 10.11 的分析结果，我们可以看出该 KMO 检验数值为 0.529，球形假设检验结果显示，原零假设被拒绝，因此可以得出因子分析对这几个指标变量有意义，适合做因子分析。

表 10.11　B_5 因素 KMO 和 Bartlett 的检验

KMO 和 Bartlett 的检验		
取样足够度的 Kaiser-Meyer-Olkin 度量。		0.529
Bartlett 的球形度检验	近似卡方	66.357
	df	15
	Sig.	0.000

通过表 10.12 可以看到，得出的一个主成分因子 F_{51} 能够反映出上述五个指标基本信息的 81.767%，说明这个主成分因子可以较好地代表这五个原始变量，具有较强的代表性，因此，这个因子可以用于评价文化产业的相关产业发展的水平。

$$F_5=F_{51} \tag{10.18}$$

表 10.12 B5 因素总方差的解释表

成分	解释的总方差					
	初始特征值			提取平方和载入		
	合计	方差的 %	累积 %	合计	方差的 %	累积 %
1	4.906	81.767	81.767	4.906	81.767	81.767
2	0.804	13.404	95.171			
3	0.248	4.129	99.299			
4	0.036	0.605	99.904			
5	0.001	0.096	100.000			
提取方法：主成分分析						

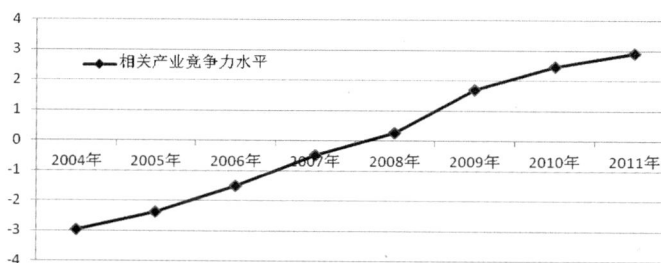

图 10.9 2004—2011 年天津市 B_5 因素得分图

图 10.9 表明，天津市文化产业相关产业竞争力水平基本保持平稳增长的趋势，但是可以发现增长速度有减慢的趋势。这表明文化产业应该扩大与相关产业的融合方式、寻找新的经济增长点。

（六）产业效益发展水平测度

通过对文化产业增加值、艺术表演团体演出场次、文化文物部门所属机构总利润、文化文物部门所属机构经营收入这四个指标进行分析，结合表 10.13 的分析结果，我们可以看出该 KMO 检验数值为 0.632，球形假设检验结果显示，原零假设被拒绝，因此，可以得出因子分析对这几个指标变量有意义，适合做因子分析。

表 10.13　B6 因素 KMO 和 Bartlett 检验结果

KMO 和 Bartlett 的检验		
取样足够度的 Kaiser-Meyer-Olkin 度量		0.632
Bartlett 的球形度检验	近似卡方	46.099
	df	15
	Sig.	0.000

通过表 10.14 可以看到，得出的两个主成分因子 F_{61}、F_{62} 能够反映出上述四个指标基本信息的 93.685%，说明这两个主成分因子可以较好地代表这四个原始变量，具有较强的代表性，因此，这两个主成分因子可以用于评价文化产业的相关产业发展的水平。

$$F_6=0.807F_{61}+0.193F_{62} \tag{10.19}$$

表 10.14　B6 因素总方差解释表

成分	解释的总方差					
	初始特征值			提取平方和载入		
	合计	方差的 %	累积 %	合计	方差的 %	累积 %
1	4.536	75.606	75.606	4.536	75.606	75.606
2	1.085	18.080	93.685	1.085	18.080	93.685
3	0.258	4.395	98.080			
4	0.085	1.920	100.000			
提取方法：主成分分析						

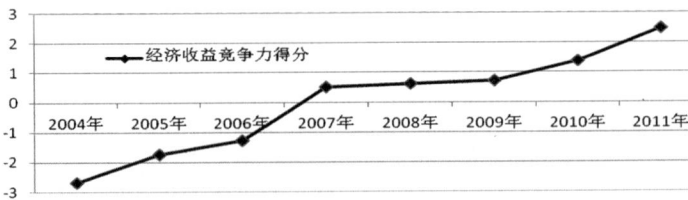

图 10.10　2004—2011 年天津市 B_6 因素得分图

图 10.10 表明天津市文化产业中经济收益对文化产业竞争力在 2006 年有一个明显的推动作用，2007—2009 年竞争力水平较弱，2009

年以后经济收益对文化产业竞争力的提升较为在稳定的增长。

（七）政府行为竞争力水平测度

通过对文化文物部门财政拨款、文化事业费完成基建投资、人均文化事业费、财政收入占 GDP 比重这四个指标进行分析,结合表 10.15 的分析结果,我们可以看出该 KMO 检验数值为 0.574,球形假设检验结果显示,原零假设被拒绝,因此,可以得出主成分分析对这几个指标变量有意义,适合做因子分析。

表 10.15　B₅ 因素 KMO 和 Bartlett 检验结果

KMO 和 Bartlett 的检验		
取样足够度的 Kaiser-Meyer-Olkin 度量		0.574
Bartlett 的球形度检验	近似卡方	39.006
	df	6
	Sig.	0.000

表 10.16　B₇ 因素的总方差解释

成分	初始特征值			提取平方和载入		
	合计	方差的 %	累积 %	合计	方差的 %	累积 %
1	2.951	73.772	73.772	2.951	73.772	73.772
2	0.994	24.844	98.616			
3	0.053	1.334	99.950			
4	0.002	0.050	100.000			
提取方法：主成分分析						

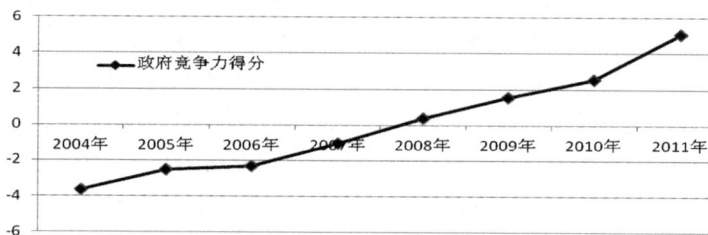

图 10.11　2004—2011 年天津市 B₇ 因素得分图

从图 10.11 中可以看出天津市政府对于文化产业竞争力的影响水平在不断增加。这包含两方面的问题：一方面，加大政府影响因素，提升了文化产业竞争力表明了政府增加了对文化产业的重视程度，在政府资金支持方面、基础设施建设方面或者政府的公共服务能力方面都得到了提升。这种促进作用推动了文化产业竞争力的提升；另一方面，目前对于文化产业的发展，政府的作用不是主导，在于引导。文化产业的发展还是要靠市场运行为主。所以应该进一步分析目前政府在文化产业发展中所扮演的角色。

（八）天津市 2004—2011 年文化产业竞争力总体竞争力水平

通过对 39 个指标整体进行主成分分析，通过了 KMO 检验，同时球形假设检验结果显示，原零假设被拒绝，因此，可以得出因子分析对这几个指标变量有意义，适合做因子分析。

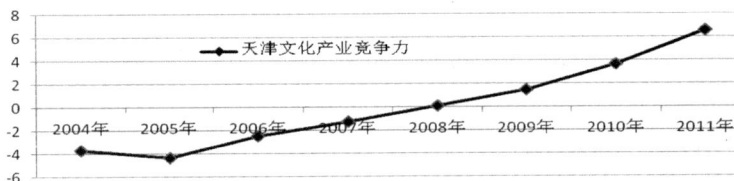

图 10.12　天津文化产业竞争力得分情况

从图 10.12 中可以看出，天津市文化产业竞争力正在逐年增强。2005 年以前，文化产业竞争力水平很低，不但没有增长的趋势，反而偶尔会出现倒退。但这段时期，是文化体制加快改革的时期，是文化产业快速发展奠定基础的时期。2005—2007 年文化产业竞争力得分虽然为负值，但是可以看到竞争力有了缓慢的提升，这个阶段产业集聚区初步形成，政府由主导的角色转变为引导。完善产业链、提升产业价值，进入了快速成长阶段，形成了政府引导、市场运作和企业经营的发展模式。2008 年是天津文化产业竞争力的转折点，经历了金融危机后，文化产业竞争力水平迅速提升，竞争力得分由负转正。政府加强文化产业的引导，制定了一系列指导性文件。科技创新、文化创意促使传统文化产业的结构转换，加快新兴文化产业的发展，推动天津构建高端化、高质化和高新化的产业结构。

表 10.17　2014—2011 年天津各因素得分差异表

	绝对差异	相对差异
企业战略、结构	3.332095	-2.11956
创新能力	6.135922	-2.54347
需求	5.940893	-2.18236
资源发展	1.564462	-1.43098
相关产业	5.148457	-1.73924
产业效益	5.855366	-2.18507
政府行为	8.720001	-2.38764

从 2004—2011 年 7 个一级指标的得分变化看（表 10.17），绝对变化量（最大值—最小值）及相对变化量（据对变化量/最小值）中变化排名靠前的两位均是创新能力及政府因素。变化最小的因素是基础资源因素。这点符合文化产业发展的规律。从基础资源包含的内容可以看出，基础资源的增速很缓慢，除文化机构的新建立外，历史资源、文化资源基本保持不变。创新能力是文化产业发展的核心内容，且具有积累递增的特点，是未来文化产业竞争力发展的主要动力。

三、天津市文化产业竞争力区域比较

本节从动态的角度，对天津市文化产业竞争力进行区域比较研究。众所周知，文化产业是经济发展到一定程度后的产物，文化产业的发展是在当地经济水平、居民消费水平、城市定位等多方面共同作用下发展起来的。由于部分省市统计数据的大量缺失及文化产业发展的各个因素明显处于全国靠后的位置。综合以上因素及统计准则的要求，本书在全国 31 个省市中，剔除了西藏、青海、宁夏、新疆、海南、甘肃、贵州 7 个省市，提取了除此之外的 24 个省市 2004—2011 年的相关数据进行竞争力分析。首先，分别对 2004—2011 年的每年的截面数据进行运用主成分分析，得出每年七个一级指标及综合竞争力各自的排名情况,计算方法与上节相同,此节中不再赘述。其次,按照七个一级指标将不同年份的排名进行归整,获得 2004—2011 年针对每一指标的不同地区不同时间的排名变化表,即得到表 10.18~表 10.25 数据。最后,从表 10.18~表 10.25 中提取出天津的数据,得到表 10.26,即为天津市 2004—2011 年不同要素在全国的排名顺序表。具体排名结果如下表所示。

表 10.18　24 个省市 2004—2011 年企业战略、结构因素排名

	2011年	2010年	2009年	2008年	2007年	2006年	2005年	2004年
北京	3	9	12	7	3	21	5	17
天津	4	13	22	18	6	23	9	24
河北	13	10	16	9	14	17	13	13
山西	19	18	15	22	7	6	20	4
内蒙古	25	21	13	23	19	24	23	23
辽宁	20	15	14	20	18	18	7	2
吉林	22	24	21	23	15	9	24	11
黑龙江	24	23	24	19	16	15	21	16
上海	1	2	1	1	1	1	1	1
江苏	2	1	2	2	2	3	4	8
浙江	5	4	5	4	5	5	8	7
安徽	7	17	7	14	22	13	18	20
福建	11	14	23	13	11	20	10	21
江西	23	20	18	21	21	12	22	18
山东	17	12	8	8	17	8	11	9
河南	10	7	4	12	9	7	12	5
湖北	16	16	9	11	12	15	17	12
湖南	18	6	3	5	8	2	2	3
广东	6	3	6	3	10	11	3	10
广西	15	19	24	16	20	22	16	22
重庆	12	8	17	17	4	10	6	15
四川	14	5	10	6	23	4	14	6
云南	21	22	19	15	24	17	18	19
陕西	8	11	11	10	13	14	15	14

表 10.19　24 个省市 2004—2011 年创新能力因素排名

	2011年	2010年	2009年	2008年	2007年	2006年	2005年	2004年
北京	1	1	1	1	1	1	1	1
天津	4	4	3	5	4	4	4	4
河北	16	21	18	21	19	21	20	16
山西	14	15	14	16	16	15	14	18
内蒙古	12	10	13	15	17	16	16	14
辽宁	9	7	6	7	7	7	7	7
吉林	15	16	10	12	15	17	17	15
黑龙江	19	14	11	13	12	13	13	19
上海	2	2	2	2	2	2	2	2
江苏	3	3	4	6	6	6	6	6
浙江	6	6	5	4	5	5	5	5
安徽	18	19	24	22	23	24	24	23
福建	11	13	9	11	14	14	15	12
江西	23	22	19	17	13	19	18	22
山东	8	8	15	8	9	8	8	8
河南	20	12	22	19	22	20	19	17
湖北	10	18	16	10	11	10	10	11
湖南	13	20	20	14	8	11	11	10
广东	5	5	7	3	3	3	3	3
广西	24	23	21	24	24	24	24	20
重庆	21	11	17	20	18	12	12	13
四川	17	17	12	18	10	9	9	21
云南	22	24	23	24	20	18	21	24
陕西	7	9	8	9	21	23	23	9

表 10.20　24 个省市 2004—2011 年需求因素排名

	2011年	2010年	2009年	2008年	2007年	2006年	2005年	2004年
北京	2	2	2	2	2	2	2	2
天津	4	3	3	4	4	4	4	4
河北	23	23	22	20	21	20	20	23
山西	21	22	23	21	20	18	18	20
内蒙古	9	14	12	10	10	13	14	15
辽宁	8	9	10	9	9	10	10	8
吉林	12	10	9	12	12	12	12	12
黑龙江	19	17	16	17	16	16	15	14
上海	1	1	1	1	1	1	1	1
江苏	6	8	7	6	6	6	6	7
浙江	3	4	4	3	3	3	3	3
安徽	15	12	13	16	15	17	22	21
福建	7	6	8	7	7	7	7	6
江西	18	16	17	19	19	19	19	19
山东	10	18	18	8	8	9	9	10
河南	24	24	24	22	24	24	23	24
湖北	14	7	6	13	14	14	13	13
湖南	16	15	15	15	13	11	11	11
广东	5	5	5	5	5	5	5	5
广西	17	20	19	18	18	22	16	18
重庆	11	11	11	11	11	8	8	9
四川	20	21	21	23	22	23	21	22
云南	22	19	20	24	23	21	24	17
陕西	13	13	14	14	17	15	17	16

表 10.21　24 个省市 2004—2011 年基础资源因素排名

	2011年	2010年	2009年	2008年	2007年	2006年	2005年	2004年
北京	4	8	9	6	1	6	4	14
天津	17	24	24	24	24	24	24	23
河北	18	12	12	13	9	9	11	10
山西	16	15	16	18	18	13	14	13
内蒙古	21	19	20	19	16	16	17	19
辽宁	8	7	8	9	11	11	9	12
吉林	23	23	23	23	23	22	22	24
黑龙江	22	22	22	22	20	19	21	21
上海	12	5	6	7	12	20	10	2
江苏	2	2	3	3	4	1	1	1
浙江	11	9	7	10	7	7	6	7
安徽	9	13	13	11	13	14	15	16
福建	14	16	18	16	17	17	18	20
江西	13	14	14	15	15	15	16	15
山东	1	1	1	1	3	4	3	6
河南	5	6	5	5	5	3	5	5
湖北	7	10	10	12	10	8	8	9
湖南	10	11	11	8	8	10	12	8
广东	6	3	2	2	2	2	2	4
广西	19	18	19	20	21	18	20	18
重庆	20	21	21	21	22	21	23	22
四川	3	4	4	4	6	5	7	3
云南	24	20	17	17	19	23	19	17
陕西	15	17	15	14	14	12	13	11

表 10.22　24 个省市 2004—2011 年相关及支持产业因素排名

	2011年	2010年	2009年	2008年	2007年	2006年	2005年	2004年
北京	5	6	5	5	2	5	2	2
天津	17	19	19	14	10	21	15	9
河北	14	13	13	12	18	12	14	11
山西	19	18	17	16	19	19	20	18
内蒙古	21	21	23	20	13	18	17	23
辽宁	7	8	9	7	7	9	8	8
吉林	24	24	24	23	24	24	23	14
黑龙江	22	22	21	19	22	22	24	13
上海	6	5	7	4	5	4	4	3
江苏	2	2	2	2	4	2	3	4
浙江	3	3	3	3	3	3	5	5
安徽	13	14	14	17	20	15	18	19
福建	10	11	11	9	9	11	10	7
江西	23	23	22	24	21	20	22	21
山东	4	4	4	6	6	6	6	6
河南	8	7	6	8	8	7	7	10
湖北	11	12	12	13	14	14	12	12
湖南	12	10	10	11	12	10	11	16
广东	1	1	1	1	1	1	1	1
广西	18	17	18	21	17	17	19	22
重庆	20	20	20	22	23	23	21	15
四川	9	9	8	10	11	8	9	24
云南	16	15	15	18	15	13	13	20
陕西	15	16	16	15	16	16	16	17

表 10.23　24 个省市 2004—2011 年产业收益因素排名

	2011年	2010年	2009年	2008年	2007年	2006年	2005年	2004年
北京	12	14	10	14	12	9	10	8
天津	15	19	13	19	15	23	23	23
河北	22	22	20	21	22	18	22	20
山西	24	24	24	24	24	24	24	24
内蒙古	23	23	23	23	23	21	21	22
辽宁	19	16	14	18	10	20	18	21
吉林	18	18	16	15	20	14	19	18
黑龙江	21	20	18	22	19	19	17	16
上海	3	1	1	1	1	1	1	1
江苏	5	5	2	4	3	4	2	3
浙江	4	4	3	5	2	2	3	2
安徽	7	3	5	2	5	3	6	7
福建	2	9	6	7	9	8	13	10
江西	8	11	17	10	14	16	14	15
山东	11	8	9	3	8	5	5	4
河南	9	12	11	8	4	6	7	6
湖北	13	2	8	11	7	13	11	13
湖南	10	7	7	9	11	7	4	5
广东	1	6	4	6	6	11	12	12
广西	14	15	19	12	13	10	10	11
重庆	17	17	22	16	17	22	20	19
四川	6	10	15	13	16	17	8	9
云南	20	21	21	20	21	15	16	17
陕西	16	13	12	17	18	12	15	14

表 10.24　24 个省市 2004—2011 年政府因素排名

	2011年	2010年	2009年	2008年	2007年	2006年	2005年	2004年
北京	5	2	3	5	1	9	4	4
天津	11	15	7	13	6	10	11	9
河北	19	24	22	16	19	15	12	21
山西	16	12	11	10	8	19	16	17
内蒙古	8	5	9	6	10	7	6	14
辽宁	14	18	14	15	15	12	14	16
吉林	17	9	10	20	16	14	21	20
黑龙江	24	22	24	23	14	21	19	12
上海	6	3	2	4	2	5	5	5
江苏	3	7	5	3	5	4	2	3
浙江	2	1	1	2	3	1	1	2
安徽	22	23	23	24	21	23	20	18
福建	9	6	6	9	7	3	8	7
江西	23	16	19	21	23	24	24	22
山东	4	17	8	8	9	6	7	10
河南	10	20	16	14	18	13	9	13
湖北	12	13	12	7	11	11	10	11
湖南	13	21	15	19	22	17	15	19
广东	1	4	4	1	4	2	3	1
广西	21	19	21	22	24	18	23	15
重庆	20	14	20	17	17	22	22	24
四川	7	8	13	12	12	16	13	6
云南	18	11	18	11	13	8	17	8
陕西	15	10	17	18	20	20	18	23

表 10.25　24 个省市 2004—2011 年综合竞争力排名

	2004年	2005年	2006年	2007年	2008年	2009年	2010年	2011年
北京	4	6	1	1	1	2	6	2
天津	11	9	5	5	4	3	5	5
河北	16	19	16	24	20	21	18	15
山西	18	18	12	14	15	14	22	24
内蒙古	22	23	15	10	12	5	14	23
辽宁	20	20	21	21	23	23	15	10
吉林	19	22	19	19	21	15	23	17
黑龙江	13	17	18	16	16	16	24	16
上海	3	1	7	4	2	1	1	3
江苏	5	2	3	6	6	8	3	1
浙江	2	4	4	3	3	4	4	4
安徽	9	7	6	13	11	10	9	11
福建	8	13	10	9	7	6	8	9
江西	24	21	23	22	24	20	20	21
山东	6	5	8	12	10	9	11	8
河南	21	11	13	15	18	22	13	12
湖北	15	10	17	7	14	13	12	13
湖南	10	8	14	18	8	18	10	14
广东	1	3	2	2	5	7	2	6
广西	14	16	22	23	19	17	17	19
重庆	17	12	9	8	13	11	19	7
四川	7	14	20	17	17	24	7	20
云南	12	24	24	20	22	19	21	22
陕西	23	15	11	11	9	12	16	18

表 10.26　天津市 2004—2011 年二级指标竞争力排名

	2011年	2010年	2009年	2008年	2007年	2006年	2005年	2004年
企业战略、结构	4	13	22	18	6	23	9	24
创新能力	4	4	3	5	4	4	4	4
需求因素	4	3	3	4	4	4	4	4
基础资源	17	24	24	24	24	24	24	23
相关及支持产业	17	19	19	14	10	21	15	9
产业效益	15	19	13	19	15	23	23	23
政府因素	11	15	7	13	6	10	11	9
综合	5	5	3	4	5	5	9	11

　　通过以上分析可以看出，在 2004—2011 年期间，各省市无论是各个一级指标的排名还是综合竞争力排名上均发生了或大或小的变化。每张排名表的前五位基本均被北京、上海、江苏、浙江、广东五省市包揽。在现实中，这五座城市是我国文化产业发展较早的城市，目前文化产业已经成为当地的支柱产业之一，并且形成了较为成熟的文化产业发展的模式。由此看来，这个测定的结果与现实情况基本吻合。说明本书从指标的设定到实证检验采用的方法及得到的结果具有一定的准确性，能够用来反映现实情况，可以用来分析天津市文化产业竞争力的发展水平。

　　本书虽然未通过具体的统计方法对全国 31 个省市按照文化产业竞争力指标进行聚类分析，但从上述各个表格的整理归纳中可以大体将全国文化产业竞争力水平分为三个梯队，第一梯队为文化产业发展较成熟的先驱城市，包括北京、上海、江苏、浙江、广东五省。第一梯队的特点为：各项排名均位于前列，竞争力七个一级指标发展较为均衡，整体表现出很强的竞争优势；第三梯队为文化产业各项指标竞争力水平均很低的城市，主要为实证初始剔除的七个省市；其余城市均属于第二梯队。第二梯队的特点为：文化产业竞争力的各项指标发展不平衡，存在某些一级指标排名较靠前，同时不乏个别一级指标排名却垫底的情况；从时间上看，同一指标的竞争力水平易出现较大的波动。天津即处于第二梯队的位置，但从总体发展的趋势及各个一级指标的排名情况看，有望跻身第一梯队的行列。

通过表10.26排名的面板数据可见：创新能力因素、需求因素两个方面竞争力排名一直处于靠前位置，在基础资源、相关及支持产业、产业收益、政府因素排名较靠后，企业战略、结构排名自2009年以后持续提升，天津文化产业综合竞争力目前在全国处于中等靠前的水平。虽然从时间角度看，天津市文化产业各项指标都得到了快速提升，但是由表10.26中看出，自2006年，天津整体文化产业竞争力水平在全国基本保持不变的趋势。这说明，天津及其他地域的文化产业竞争力提升的速度均较快。纵观天津市文化产业的排名顺序发现天津市综合竞争力水平在2006年出现了小幅上升，之后保持着稳定的水平。这种变化的产生主要反映以下几方面内容：第一，从资源的角度看，天津拥有深厚的文化底蕴、丰富的历史文化遗产及民俗文化资源，拥有京剧、曲艺等传统文化市场，这为文化产业的初始发展奠定了良好的基础。同时，天津人均GDP水平在全国一直处于领先的位置，这表明天津拥有大量的文化产品的潜在需求。2006年全国提出文化产业发展战略后，使得天津文化产业的发展水平迅速提升到全国第五的水平。这验证了文化产业是需求导向型产业，同时验证了文化产业起步阶段对于文化资源的依赖程度比较强。第二，综合排名水平与创新能力因素、需求因素排名相近表明这两大因素对于天津市文化产业竞争力的综合水平影响程度较深。

四、结论及分析

本节第一与第三两部分内容是基于不同角度对天津市文化产业竞争力水平进行的测度，从时间和空间两个方面的比较得出发展趋势及侧重点的不同。第三部分是从动态的视角对天津文化产业竞争力进行时序分析，统计天津不同年份的各项指标及综合指标的得分及变化历程。先从静态的视角统计2004—2011年期间24个省市每一年文化产业竞争力的各项指标及综合指标的排名结果。再从动态的视角分析各省市，尤其天津市不同年份的一级指标及综合指标的排名变化。

天津市文化产业竞争力测度结果表明：第一，天津市文化产业竞争力在持续提升，且各项指标均进入快速增长的阶段。第二，天津市文化产业竞争力水平虽处于全国前列的位置，但各项竞争力指标发展不均衡。目前天津市文化产业竞争力的核心影响因素为需求因素及创新能力因素。第三，天津文化竞争力仍具有较大的提升空间。在天津市文化产业竞争力影响因素中，相关及支持产业的发展因素、经济收益因素和政府因素的排名靠后说明这三个因素水平与发展较好的省市有一定的差距。

通过对实证部分的结果进行分析可以看出目前天津市文化产业发展现状中存在一定的优势条件可以提升天津文化产业竞争力的提升具备水平。同时，也存在着制约因素阻碍着文化产业竞争力的发展。

目前有利于文化产业竞争力提升的优势条件有以下几点。

1. 文化产业发展初具规模

天津市企业战略、结构排名位列第四，较前两年排名有大幅度提升，这说明目前天津市的文化产业在朝着规范化、规模化的结构发展。2012 年，全市共纳入统计范围的各类文化市场经营单位 1583 家，比2011 年增加 69 家①，2011 年国家文化产业发展专项资金申报中，天津上报的项目 80% 以上属于动漫产业项目。天津滨海高新技术开发区聚集了全市 60% 以上的重点动漫游戏企业和软件研发企业。自 2006 年以来，产业园区和基地建设的数目增长迅速，其生产水平及社会影响力都得到大幅度提升。天津的新兴媒体集团的成立带动天津文化产业在全国的竞争力水平。文化产业规模的扩大，产业集聚现象的形成促使文化企业创新能力的提升。同时，规模扩大有利于形成龙头企业提升文化产业竞争力。

2. 雄厚的创新能力

天津文化产业人才济济。天津市大专院校数量较多，为了迎合文化产业发展的需求，一些院校专门针对文化产业的需求开设了不少相关专业或者课程。例如，天津美术学院、天津音乐学院为文化艺术业

---

①数据来源：2013 文化发展统计分析公报。

提供了大批优秀的青年，南开大学、天津大学、河北工业大学为高新技术产业提供了专业型人才。科研机构、创意专科学校、实训基地为文化产业提供了不同层次人才可以满足不同水平的需求。滨海新区形成的文化产业园区多为技术含量高、文化含量高的高科技产业园区，吸引了部分国内重点动漫企业的加盟入驻，提升了文化产业科学技术水平。

　　3.文化需求潜力巨大

　　天津市文化产品需求因素排名平稳地保持在第四的位置，说明天津市目前存在较大的文化需求潜力。由表 10.27 可以看出，天津的 GDP 呈逐年上升态势，GDP 增幅高于全国平均水平。第三产业增加值从 2006 年到 2012 年增幅达 246%，2009 年以后，第三产业比重上升较快，天津向着第三产业为主导产业的阶段迈进。但 2012 年末第三产业的比重仅为 47%，因此，天津的产业结构仍处于工业社会后期阶段。2013 年对全国 74 个城市 PM2.5 年均浓度由高到低进行排序，天津位于第 11 位，基于对环保的要求，大力发展文化产业已成为既保持经济增长又不污染环境的重要途径。综上所述，无论从社会发展的角度还是从居民消费的角度考虑，天津发展文化产业的动力巨大。

表 10.27　天津地区生产总值、第三产业增加值及所占比重的比较

年份	第三产业增加值（亿元）	第三产业占 GDP 的比重（%）	GDP（亿元）	GDP 增长率（%）
2006	1752.63	40.3	4462.74	14.5
2007	2048	40.54	5252.76	15.2
2008	2410.73	37.94	6719.01	16.5
2009	3405.16	45.3	7521.85	16.5
2010	4238.65	46	9224.46	17.4
2011	5219.24	46.2	11307.28	16.4
2012	6058.5	47	12893.88	13.8

　　资料来源：2006—2013《中国统计年鉴》，2012《天津统计年鉴》。

从实证结果中看到，天津文化产业竞争力各要素发展不平衡，在文化产业基础资源、产业效益，及相关及支持产业的排名均靠后。这表明天津文化产业的发展还受到以下几方面的因素制约：

（1）文化产业实力较弱

尽管天津市拥有较为丰富的历史文化底蕴、人文资源优势及现代城市文化资源及民俗文化资源优势，但竞争力指标体系中文化资源不足及产业效益排名靠后。这表明天津缺乏将文化资源优势转变为产业优势的能力。同时，显示出天津文化产业的发展中缺少文化品牌的宣传、发展，没有充分利用资源、文化价值链较短，缺少与其他产业的融合，文化产业实力较弱，制约着文化产业竞争力的提升。如果这个因素得到改善，则天津市文化产业还有巨大的发展空间。

（2）文化产业发展外部环境复杂

天津的市区范围内有丰富的文化资源，但市区文化资源的开发受到城市整体规划、拆迁等因素影响，因此发展缓慢。目前天津动漫产业发展如火如荼，但是，在动漫产业发展方面与多个城市正在进行激烈的竞争。文化产业相关的政策支持体系还不完善，天津紧邻北京，受到北京文化辐射力的影响。因此，在天津文化产业定位时，应充分考虑多方面的因素共同作用下的结果。

第十一章

国外文化产业发展模式的经验借鉴

作为 21 世纪的新兴产业，文化产业发展已成为世界趋势，基于文化资源蕴藏的巨大经济潜力，许多国家和地区将发展视野转向文化产业，文化产业已经成为各个国家在新一轮经济竞争中的核心竞争力体现。在一些发达国家，文化产业已经成为重要的支柱产业，文化产业发展比较好、比较快的国家主要有美国、欧洲、日本、韩国等。

第一节　美国文化产业发展分析

一、美国文化产业发展概况

美国作为当今世界文化产业最发达的国家，在世界文化产业的发展中占据着主导地位。在美国，文化产业往往被称为"版权产业"，版权产业是美国文化产业的核心产业。

据 IIPA《2014 美国版权产业报告》提供的数据：2013 年，核心版权产业创造产值 11266 亿美元，占美国国内生产总值的 6.71%；整个版权产业的总产值高达 19217 亿美元，占 2013 年全美国内生产总值的 11.44%。根据 IIPA 于 2014 年度公布的最新统计报告，美国版权产业 2009—2013 年间各年度的实际销售额以及占当年度 GDP 的份额如

表 11.1 所示。

表 11.1　美国版权产业 2009—2013 年度收入及所占 GDP 比例

年份（年）	2009	2010	2011	2012	2013
GDP（亿美元）	144179	149583	155338	162446	167997
核心版权产业（亿美元）	9544	9888	10300	10922	11266
核心版权产业占 GDP 的比重（%）	6.62	6.61	6.63	6.72	6.71
全部版权产业（亿美元）	16401	17083	17699	18623	19217
全部版权产业占 GDP 的比重（%）	11.38	11.42	11.39	11.46	11.44

数据来源：IIPA，《2014CopyrightIndustriesReport》。

在就业方面，2013 年，核心版权产业就业人数为 547.07 万人，占美国总就业人数的 4.03%；全部版权产业就业人数高达 1120.68 万人，占全美就业人数的 8.26%。美国版权产业创造的就业甚至比化工、纺织、木材、飞机、石油和煤炭产业的就业人数总和还要多。下表为 IIPA 于 2014 年最新公布的美国版权产业就业人数以及所占的比例（表 11.2）。

表 11.2　美国版权产业 2009—2013 年就业人数及所占比例

年份	2009	2010	2011	2012	2013
总就业人数（万人）	13085.93	12991.11	13149.98	13373.62	13563.70
核心版权产业就业人数（万人）	512.63	518.03	527.28	537.17	547.07
核心版权产业占总就业人数比重（%）	3.92	3.99	4.01	4.02	4.03
全部版权产业就业人数（万人）	1073.15	1059.16	1080.35	1098.13	1120.68
全部版权产业占总就业人数比重（%）	8.20	8.15	8.22	8.21	8.26

数据来源：IIPA，《2014CopyrightIndustriesReport》。

此外，美国版权产业的出口额也明显大于其他行业的出口规模。

2013年,美国版权产业出口高达1563亿美元,化学产品的出口额为1478亿美元,略低于版权产业。除了化学产品外,版权产业的出口额远超过飞机、农产品、食品和医药等产业的出口额。根据IIPA于2014年度公布的最新统计报告,2013年美国特定行业出口情况如图11.1所示。

增值、就业水平和对外出口三方面持续性的积极趋势,巩固了版权产业作为引领美国经济增长的关键产业的地位。版权产业已经成为美国经济增长的核心动力,IIPA预计随着新技术和新方法的引进以及在强大的法律和有效的制裁之下,美国版权产业的繁荣将继续为美国以及全球市场的经济复苏铺平道路。

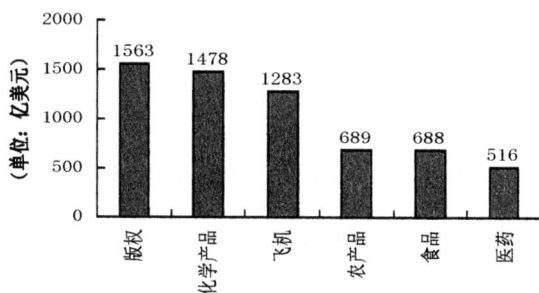

图 11.1 2013 年美国特定行业对外出口情况

数据来源:IIPA,《2014CopyrightIndustriesReport》[①]。

在电影行业,自第一次世界大战后,美国便登上了电影世界霸主的宝座,并一直牢牢占据这个位置。美国拥有全世界最具影响力的电影生产基地好莱坞。美国六大电影制作公司——福克斯、迪士尼、环球、派拉蒙、索尼和华纳兄弟,为巩固美国电影霸主的地位做出了极大的贡献。根据美国电影协会发布的研究报告,2013年美国国内电影票房(含加拿大)总计109.2亿美元,与2012年的108.4亿美元基本齐平。2014年北美票房为103.5亿美元,比2013年略减少5.7亿美元。[②]在美国国内电影票房一路飘红的同时,美国电影的海外票房也取得了不

---

① 数据来源:http://www.iipa.com/pdf/2014CpyrtRptFull.PDF.
② 数据来源:http://news.mydrivers.com/1/365/365059.htm.

俗的成绩，在美国电影的海外电影市场上，美国电影创造了 60%左右的票房。从总体上看，美国电影占据了全球 70%左右的市场份额，可谓雄霸天下（图 11.2）。

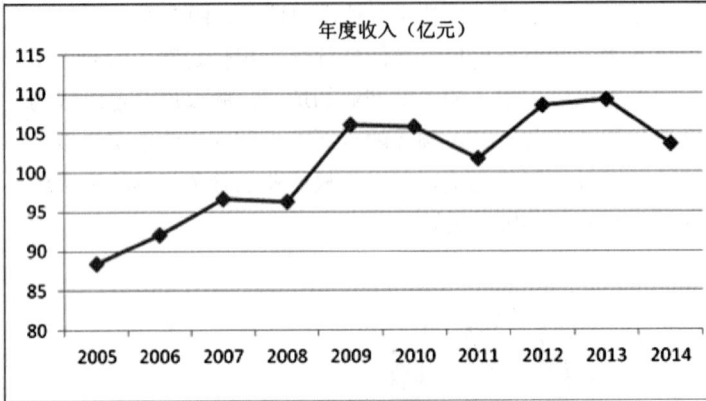

年度收入（亿元）

图 11.2 2005—2014 年美国（包括加拿大）票房收入

资料转引自：美国票房网站 Box Office Major。

美国电影取得如此高的票房，不仅是因为美国存在多元化的投资主体、成熟的金融支持体系和广泛的投资回收渠道，另一个重要原因是美国低廉的票价。美国电影票价每年都会根据通货膨胀率进行调整，在考虑了通货膨胀因素的条件下，2012 年美国的平均电影票价只有区区 7.96 美元，和 2012 年美国 36300 美元的人均收入相比是一个几乎可以被忽略掉的花费（表 11.3）。

表 11.3 2005—2012 年美国平均电影票价

年份	2005	2006	2007	2008	2009	2010	2011	2012
票价（美元）	6.41	6.55	6.88	7.18	7.50	7.89	7.93	7.96
年涨幅	3%	2%	5%	4%	4%	5%	1%	0%
CPI 涨幅	3%	3%	3%	4%	0%	2%	3%	2%

资料转引自：2012 Theatrical Market Statistics，MAPP。

在图书出版行业，美国拥有全球规模最大的出版业和出版市场，占有全球图书销售的 30%。美国各类大大小小的出版机构约有 8.7 万家，每年新出版图书都在 20 万种以上。美国严格实施版权保护战略，制定了众多的版权保护法律，如《版权法》《跨世纪数字版权法》《电子盗版禁止法》等，并予以严格落实，形成了世界上最为详尽、全球保护范围最广的版权保护法律体系。在媒体更加多元化的美国，图书出版业总体上是一种正在发展的朝阳产业。美国最大、最重要的出版自治组织——美国出版商协会（简称 AAP）与书业研究集团合作开展的调查项目 Book Stats 数据显示，2012 年，美国市场图书总销售额为 271 亿美元；大众图书销售接近 150.5 亿美元，达到总销售额的 55%，较前一年增长 9.69 亿美元，这其中电子书销售贡献大约为 20%，占图书销售总额的近 1/4。[①]

在广播电视业，美国拥有 1900 多家电台和 1400 多家电视台，创造了全国广播公司（NBC）、哥伦比亚广播公司（CBS）、美国广播公司（ABC）、有线新闻广播公司（CNN）和福克斯电视台（FOX）等全国性广播网，CNN 还以各种语言向世界 200 多个国家和地区播放。美国掌握了全球 75% 以上的电视节目主导权，在世界 120 多个国家和地区都占有较高比例的市场份额。

在音像业方面，美国的索尼、华纳、贝特斯曼、宇宙、宝丽金和 EMI 全球六大音像业巨头联手操控，垄断了全球音像制品市场。美国除了六大音像业巨头外，还拥有 1200 多家大型唱片发行公司。据统计，美国各大娱乐集团所出版的音乐唱片所占份额已超过市场总量的 60%。美国音像业的出口规模也发展迅速，其出口额已超过航天工业的出口额，成为美国创造利润最多的行业之一。

美国是当今世界广告业最发达的国家，也是市场营销学的发源地，被公认为是世界广告的中心。而纽约又是广告中心的中心，目前最大、最具权威性的国际广告行业组织——国际广告协会和著名的世界广告行销公司的总部都设在纽约。纽约著名的麦迪逊大街是美国广告的象

---

① 数据来源：http://www.chinairn.com/news/20131211/141113442.html。

征，它也几乎成了世界广告中心的代名词。目前世界上营业额最大的十大广告公司，美国公司就占了大半，扬·罗比肯公司、麦肯·有力坚公司、奥美广告公司、汤姆森公司、天高广告公司、李奥贝纳广告公司、恒美广告公司等都是世界上最著名的广告公司。美国也是世界广告投资额、广告营业额、广告费用占国民生产总值的比例及人均广告费都居世界首位的国家，并且其广告费大约占世界广告费的 50%。

在网络产业方面，美国在全球遥遥领先。仅仅看一个国家的人口上网率就可以反映该国家网络文化产业市场的发展程度。2013 年，美国上网人口为 260.5 万人，上网人口普及率为 82%，比 2008 年的 73% 增长 9%。[①]网民平均上网时间超过每周 22.5 小时，且数据每年呈上升趋势。

此外，美国文化产业在公益性文化产业方面也取得了举世瞩目的成就。据统计，美国公益性文化产业每年以各种形式创造的经济收益超过 369 亿美元，解决 130 万多个就业岗位需求。美国联邦政府直接管理和掌握着 388 个国家公园，1.2 万个历史遗址，总面积约 33.7 万平方米的 8500 座纪念碑和纪念馆。美国政府直接资助包括纽约大都会博物馆、华盛顿国家艺术画廊、波士顿美术博物馆、费城艺术博物馆等博物馆在内的 1200 多家博物馆，这 1200 多家艺术博物馆每年举办大型展览超过 1200 次，创造了可观的经济和文化收益。

综上所述，美国的文化产业已经成为其国民经济的支柱性产业，同时也为美国经济主导世界经济起到关键作用，并进而成为美国控制世界的文化软实力。

二、美国文化产业的特点

（一）美国文化多元化是文化产业崛起的基础

美国文化产业的发展深受美国文化的影响，美国是一个移民国家，不同文化背景的移民融合为美利坚民族，形成一种整合程度高的杂交

---

① 数据来源：http://www.docin.com/p-403794189.html.

文化。从文化产品上来说，多元民族、多元文化是文化产业不断发展的动力。文化产品只有满足最大多数人的需求才能获得最大的经济效益。美国电影在世界上受到热烈的追捧就是其文化多元化的重要作用。在好莱坞的电影中，制片商们不会停留在本国本民族的娱乐趣味和主流意识形态上，而是从中提炼出既属于本民族又属于全人类的，可以被各个民族、各种意识形态所认同的人性化主题，然后灌注在影片中，如浪漫的爱情、正义必定战胜邪恶、歌颂人性的真善美等。

（二）自由主义经济政策支撑美国文化产业的构架

在经济全球化的时代，美国特别倡导一种自由主义的经济政策。美国政府一直采取放松对文化企业的行政干预和限制的政策，强调要消除不合理的规章制度，以使企业具有更高的创新意识和活力。例如，对国内传媒企业的政策管制的放松，传媒行业内掀起了并购的风潮，其中最为瞩目的就是时代华纳与 AOL 的合并，强强联手取得更为巨大的经济效益。

金融管制也进一步放松，金融创新活动加快，使投资方式日趋多样化，各种风险基金的投资活动迅速发展。宽松的市场环境、投融资活动的活跃以及渠道的畅通都为文化产业的迅速膨胀提供了经济基础和政策支持。大量的资本流入了文化产业，促进了文化产业的极大繁荣。

总之，政府放松对企业经营活动限制的情况下，增强了企业的创新力和经济的活力。自由主义经济政策就是支撑美国文化产业的构架。

（三）自由贸易以及资本的自由流动是美国文化产业的优势

美国文化产业的全球化首先就是贸易的自由化，文化商品在全球范围内的自由流通。在出口方面，美国依靠文化产业的强大优势向其他国家输出美国的文化产品，并将这种符号化的产品渗透到世界的各个角落。美国也是一个文化进口大国，西班牙歌曲、西班牙语的电视节目在美国拥有较大的市场空间。凭借强大的文化产品进出口能力，美国强有力地带动了文化经济的繁荣和发展。

美国不仅在产品上实现了自由贸易，同时在资源、劳务上也依靠贸易的国际化。近年来，由于美国本土的制作成本日益升高，导致文化产业的成本直线上升，因此，美国将一些录像制品的拷贝以及文化产品的制作都搬迁到低成本的国家完成。

美国文化产品的全球化也是资本市场的全球化，而美国的文化产业无疑是资本市场全球化的最大受益者。例如，近年来美国电影采取大成本的制作，有些甚至达到了天文数字，而这必须依赖全球的资本市场的融资。这种高成本、高收益的商业模式让巨额的资金涌入美国的文化市场，使得文化产业在美国经济总产值中占据重要地位。

（四）非美国主体的跨国企业运作是美国文化产业持续繁荣的贡献者

美国文化产品的市场化程度很高，这使得美国的企业之间并购频繁。在竞争机制的作用下，如今的美国文化产业大多由跨国公司运作，而这些公司大部分都不是以美国为主体的。比如在好莱坞最具实力的电影制片厂中，哥伦比亚三星的老板是索尼公司，福克斯的背后是澳大利亚的新闻集团；在音像出版业内，除了美国的 WEA 之外，日本的 Sony、荷兰的 Poly gram、德国的 BMG 等占据着绝大多数的市场份额。不同国籍主体的加入不仅给产业带来了新鲜的活力，还带来了大量的资本、物力与资源，极大地促进了美国文化产业的发展。所以，美国文化产业是依靠跨国公司从全世界获得利润的产业，这些跨国公司大多数是非美国主体的，而美国却是最大的受益者。

（五）文化产业成为美国国际战略格局中重要的"软实力"

1990 年，美国负责国家安全事务的前助理国防部部长、现哈佛大学教授约瑟夫•奈出版了《美国定能领导世界吗》一书。在书中，他第一次明确提出了"软实力"的概念。所谓"软实力"，是相对于"硬实力"而言的，所谓"硬实力"是指一个国家凭借经济实力、军事力量，通过对其他国家进行经济制裁和武装军事干涉，去胁迫其他国家干他们不想干的事情。"软实力"是指文化、生活方式、价值观和国民凝聚力等，是一个国家的文化与意识形态诉求。它是一种通过吸引力、感召力和同化力而不是强力获得理想结果的能力。"软实力"的表现形式要比"硬实力"温和得多，它是无形的，甚至是低俗的，但其影响力要比"硬实力"来得丰厚和久远。美国"软实力"的核心内容是"民主、人权、自由、法制"观念和美国的生活方式，美国希望用这样的价值观念逐渐渗透到其他国家的意识形态中及其生活方式中，比如可口可乐和麦当劳在全世界的风靡。美国在生活和娱乐方面对世界其他国家和地区的影响与渗透可以说是无所不在的，它的进一步发展可能会影响和制约这些国家的国际行为，甚至是世界秩序。

三、美国文化产业发展的趋势

（一）美国文化产业的集聚趋势分析

20 世纪 90 年代以来，信息技术的发展和进步在推进文化产业规模扩大的同时，也革新了文化产品的生产、传播和销售方式。在技术的驱动下，文化产业逐渐向集团化和多元化方向发展，企业并购不仅仅局限于纵向并购，还有横向并购，而且并购的规模越来越大。如电子商务、广告业和教育业的整合，又如迪士尼、时代华纳等美国最大的传媒集团都是集合了各种行业的综合性跨国公司，如今的迪士尼已经是集电影公司、电视台、广播公司、主题公园、图书杂志出版社等多种文化企业于一身的大型文化产业集团，在全球文化产业中都具有极高的影响力。

这种巨型文化产业集团如雨后春笋般出现，一方面使文化产业与其他产业的融合范围越来越广、程度越来越深，将不同文化产业紧密联系在一起，使其整合度、专业性越来越高，竞争越来越激烈；另一方面使行业的集聚优势成分发挥出来，形成规模经济，提高了经济效益和竞争力，保证了美国文化产业在全球的主导地位。

（二）美国文化产业的全球化趋势分析

在全球经济一体化的趋势下，美国文化产业大集团逐渐调整了传统文化产品的生产分工和市场格局，通过遍布世界各地的跨国公司来从事其产品的生产和流通，从而带动了人力、物流、资本等资源和文化产品大规模跨国流动，使美国文化产业的全球化趋势快速发展。如美国在线—时代华纳集团，最初的集团雏形是由时代华纳演变而来，它是 1989 年由时代集团和华纳通信合并成立。2000 年 1 月，它与全球网络巨头——美国在线强强联手，由此开创了一个集大众传媒娱乐以及综合性互联网于一身的超级企业舰母，就是现在的美国在线—时代华纳集团。集团每年的销售额高达 400 亿美元，在其旗下的公司有 4000 多家，分布在全球各地。

如今美国文化的全球化趋势十分明显，其标志可以概括为"'三片'风行世界"，即代表美国信息文明的硅谷"芯片"、代表美国电影文化的好莱坞"大片"以及代表美国饮食文化的麦当劳"薯片"。美国其他文化产业也都向全球化发展，如美国《读者文摘》每月向世界发行 1.3 亿份，需要翻译为近 20 种语言，印制成近 50 种版本投放给全球各地的读者；CNN 的听众遍布全球 200 多个国家和地区，占据全球电视新闻频道的霸主地位。

美国的文化产业在当前的全球市场上占据绝对优势，它不仅为美国带来了巨大的经济利益，而且在对外输出文化商品的过程中，传播了美国的价值观念和意识形态，为美国带来了巨大的政治利益。在可预见的未来，美国仍会不遗余力地加快文化产业的全球化步伐，这也会对部分国家的民族文化安全形成不利的影响。

四、美国文化产业发展的优势及经验

（一）投资主体多样化

一是政府投资大。美国政府鼓励多元化投资机制和多种经营方式，联邦政府主要通过国家艺术基金会、国家人文基金会和博物馆学会对文化艺术业给予资助，州和市镇政府在文化方面也提供资助。二是吸收非文化部门和外来投资。美国文化艺术团体得到的主要社会资助来自于各大公司、基金会和个人捐助等，其数额远远高于各级政府的资助。三是完善的融资体制。例如，美国广播公司、哥伦比亚公司等实力派的文化产业集团背后都有大金融财团的支持。

（二）注重加大科技投入

科技含量高是美国文化产业的一个杀手锏。在大众传播媒介领域，印刷复制、录音录像、电子排版、网络传输、数字化等高新技术的广泛应用，使美国文化产业具备了向全世界扩展的桥梁。在影视业，每一项对影视产业的创制产生影响的科技成果几乎都会同步运用于电影、电视之中。在图书出版业，因因特网的运用，网上售书方便了顾客挑选图书，极大地提高了销售效率，推动了出版业的发展。

（三）法律法规和政策杠杆

鼓励各州、各企业集团以及全社会支持文化艺术。美国不设文化部，1965 年，美国通过了《国家艺术及人文事业基金法》。依据此法，美国创立了致力于艺术与人文事业发展的机构：国家艺术基金会与国家人文基金会。这一立法，保证了美国每年拿出相当比例的资金投入文化艺术业。此外，美国政府还依据文娱版权法、合同法和劳工法推动文化产业的发展。

（四）市场化和商业化的产业经营

全球市场的产业发展理念使得美国充分吸收世界文化资源和各国人才，美国在资金、技术、信息等要素的全球自由流动中受益。按照市场规律经营，美国影视业、图书出版业、音乐唱片业等已建成庞大的全球销售网络，控制了世界许多国家的销售网和众多电影院、出版社，获取高额垄断利润。

（五）美国政府充分利用其国际政治

一直以来，美国都在积极推动贸易和投资领域自由化，用经济优势为其文化产品输出提供保障。在中美知识产权问题的谈判中，美国表面谈保护知识产权，而实际的意图却是帮助美国的视听制品、出版物等文化商品打入中国的文化市场。

第二节 欧洲文化产业发展分析

欧洲经济发达，发展水平居各州之首。工业、交通、商贸、金融保险在世界占有举足轻重的地位，科学技术的许多领域处于世界领先地位。在强大的经济和科技的支持下，欧洲融合了多方的文化，形成了自己独特的文化背景。其中在文化产业具有代表性的国家有英国、法国和德国等。

一、英国文化产业发展分析

（一）英国创意产业发展概况

英国在全球最早提出"创意产业"的概念，同时也是世界上第一个政策性推动创意产业发展的国家。1998年，英国政府出台了《英国创意产业路径文件》，明确提出了"创意产业"（Creative Industries）的概念，将其界定为"源自个人创意、技巧及才华，通过知识产权的开发和运用，具有创造财富和就业潜力的行业"。根据这个定义，在2001年的英国《创意产业发展报告》中，广告、建筑、艺术和文物交易、工艺品、设计、时装设计、电影、互动休闲软件、音乐、表演艺术、出版、软件、电视广播等13个行业被认定为创意产业。

英国测算创意产业的经济增长对总体经济增长的贡献，主要是依靠四个指标：创意产业增加值、就业、企业数量、出口。创意产业文化已经成为英国的第二大产业，仅次于英国金融服务业，其产值占英国国内生产总值的7%以上。[1]据英国政府机构披露的最新数据显示，创意产业平均每分钟为英国经济贡献高达14.6万英镑的收入。2012年英国创意产业增加值同比增加9.4%，达714亿英镑，占经济总量的5.2%，产值增速仅次于房地产。2013年创意收入同比增长接近10%，达到英国总体经济增速的3倍。[2]近些年，英国创意产品和服务在全球许多领域备受关注，创意经济就业人口占总就业人口的7%以上，据估计有15.74万个企业，就业人数200万左右，位居各产业之首。其中，电影、音乐、科技、建筑、时尚设计等就业增长较为迅速。根据英国战略技术委员会在2013年9月发布的《2013—2016年英国创意产业报告》，过去10年，英国创意产业就业率以9%的速度递增，而其他行业平均增长只有1.6%。[3]与此同时，英国创意产业在出口上

---

① 数据来源：http://blog.sina.com.cn/s/blog_6cbd45f601016557.html。
② 数据来源：http://www.199it.com/archives/321645.html。
③ 数据来源：http://www.chuguo.cn/travel/233415.xhtml。

也领先其他行业，其出口额占总出口额的 10%左右[①]，拉动了英国创意产业的蓬勃发展。

从以上经济增长额、就业人数、企业数量和出口四个指标的衡量和分析，我们可以看出英国政府对文化创意产业的扶持和引导取得了十分可喜的成果，一方面促进了整体经济的发展，促进了就业和创业，发展创意产业已成为英国推动经济增长与降低失业率的有效策略。另一方面大幅度提升了文化产品的出口，增强了英国国家的软实力和国际影响力。

（二）英国创意产业的外交分析

文化外交是提升国家软实力的重要途径，英国在将近百年的文化外交实践中，在紧跟时代潮流和趋势的文化战略引导下，灵活运用多样的外交方式，推动英国文化逐渐走出国门，走向世界舞台。

英国建立了三大文化管理机构来领导文化的外交。外交与联邦事务部是领导英国文化外交最重要的机构，其职责是统一协调英国文化协会、英国艺术来访署等文化管理机构的文化外交活动。英国文化协会是英国重要的半官方机构，辅助英国与他国培育文化关系、开展文化外交活动。英国文化协会在全球 110 多个国家和地区拥有分支机构，从这一点来看，该协会在英国外交和对外文化交流中担任着极为重要的角色。英国艺术来访署是一个独立运营的机构，其宗旨是促进其他国家的艺术在英格兰、苏格兰、威尔士和北爱尔兰等地区的良好传播，为其他国家提供指导，对其在英国开展的艺术活动提供辅助，使来自国外的艺术流派和形式能够为改善文化意识、增强互惠互利的国际文化关心做出一定的贡献。

英国凭借有效的外交政策，不仅扩大了英国的对外影响力，还带来了巨大的经济收益，强化了国际社会对英语的认同。英语是英国文化外交的载体，英国文化外交通过推广英语教学与培训、英语考试、留学服务等方式进一步巩固了英国在语言方面的优势地位，进而增强了英国的文化影响力。英国通过文化外交对英联邦国家的影响渗透到

---

① 数据来源：http://www.eic.org.cn/News/Detail/yRwUEjOSuESIoBEpdemjmQ.

各行各业中,大部分通过英联邦奖学金和助学金计划留学英国的人员,回国后在各领域发挥重要作用,这些获得奖学金的留学生发挥了保持各国与英国联系的桥梁作用,取得了广泛的社会和经济效应。例如英国通过文化外交保持与津巴布韦、南非等国的联系,有助于解决其殖民地遗留问题。

(三)英国创意产业的特点

在管理理念上,通过政策引导和经济调控达到管理目标,而不是依靠行政手段。政府奉行三级管理体制,秉承保持距离原则、适当分权原则和"专""宽"兼备的原则,通过财政拨款、政府扶持、法律保障等形式促进文化产业的发展。

在政策制定上,政府十分重视创意产业的发展,针对形势发展,不断提出发展规划。从地域来看,英国是由大不列颠岛和爱尔兰岛东北部及附近许多岛屿组成的岛国,分为英格兰、威尔士、苏格兰和北爱尔兰四个部分。英国各地区各种有形和无形资源的差异性很大,政府根据地区特色,合理利用独特的自然与文化资源,制定各自文化产业的发展规划,打造属于本土的文化品牌,极大地推动了地区特色文化产业的发展。

在人才培养上,政府部门协力培养创意人才,在创意人才培养方面推出了一系列举措。例如,政府实行博物馆、美术馆、艺术馆免费对学生开放。将英国数量众多、馆藏丰富的文化艺术遗产转化为取之不竭的艺术教育资源,让学生从中得到形象生动的艺术教育。英国产业技能委员会在大学为电影、电视和多媒体行业举办为期三年的人才再造工程,为这些行业的人士提供电影摄制、编剧、动画、导演、作曲、录音等十个专门学科上百门学习课程,使66%的影视业和24%的多媒体行业从业人员达到研究生水平,有效地提高了这些行业的创新潜能。

在资本筹集方式上,既注重政府的重要角色,也着力调动企业的积极性。英国文化机构采用一种三三制的资本结构方式:1/3 的投入来自政府;1/3 来自社会资金,比如彩票和其他社会捐助;另外 1/3 来自组织自身的商业活动,如门票、场地租用费等。

（四）英国创意产业发展的趋势

1. 超越创意产业的"创意经济"

2008 年，英国国家科技艺术基金会发布的《超越创意产业》显示，创意类职位的收入高于平均收入，产业外的就业人数多于产业内就业人数。目前，创意产业已经成为英国经济最重要和最具活力的组成部分，创意对整体经济的作用越来越受到政府和公众的重视。因此，英国创意产业的未来发展，将更加重视创意及创意产业对经济的拉动作用，超越创意产业，发掘创意经济。

2. "数字英国"的数字化发展

在当今愈发愈盛的数字化时代，创意产业给英国带来了新的机遇和挑战。2009 年，英国发布的《数字英国》指出，要在数字时代下，将英国打造成全球创意产业中心。在未来的几年中，将继续扩大数字内容的传播范围，数字广播、数字电视和互动内容将得到更大发展，在法律框架的保护下，非法下载等使用方式将被限制，以便创作者、平台主体、发行者和消费者的利益得到适当保护。

3. 创意人才引领的"创新国家"

正如英国关于创意产业的概念中所强调的，"个体的创意、技能和智慧"是创意产业的源头和基础，没有大批具有创意能力的人才，创意产业就会成为无源之水和无本之木。因此英国政府十分重视人才培养，制定了长期、系统的创意人才培养规划，政府专门成立创意产业高等教育论坛，努力促进产、学、研之间的对话与合作，充分利用高校资源为业界培养创新型人才。同时根据业界需求，高校增设与创意产业接轨的新课程，为这些行业人士提供上百种学习课程，有效地提高了这些行业的创新潜能。

4. "后危机"背景下的去政府化

创意产业受 2008 年金融危机的影响仍未散去，一方面政府对创意产业的资金支持减少，另一方面许多创意产业公共机构被合并或关闭。但由于政策鼓励创意发展，文化产业基金有较大增长，文化创意产业在经济总体中的比重也在稳步增加。所以，在政府资助减少，创意产业壮大的背景下，创意产业逐渐摆脱对政府的依赖，运用产业自身的力量发展壮大，在产业内部生成新的活力。

二、法国文化产业发展分析

（一）法国文化产业发展概况

法国是世界公认的文化大国，其核心文化产值占据国内生产总值3.5%以上，并创造了4%以上的就业人口。法国共有1200余座博物馆，44000处历史遗迹，39项经联合国教科文组织认定的世界文化遗产，每年吸引着几千万参观者，仅卢浮宫、凡尔赛宫和奥赛博物馆每年就接待1500万游客，埃菲尔铁塔也是备受游客欢迎的去处。法国堪称全球出版业之牛耳，法国拥有全年发行总量达90亿份的136种日报，各类出版社4000多家，年出版新书4.5万册，年营业额超过150亿欧元。法国还是电影的发源地，是欧洲最大和最重要的电影生产国，是全球第五大电影市场。根据法国国家电影中心公布的数据，2012年法国票房总收入为16.8亿美元，位居世界前列。而在海外市场上，2013年共有480部法国电影在海外上映，较2012年的567部减少了18%；2013年法国电影的海外票房收入达2.8亿欧元，较2012年的4.7亿欧元减少68%。①法国各剧场每年演出5万场戏剧，吸引800万固定的观众。全法约有4300多个音乐机构，平均每年举办各种音乐会达250次，定期还会提供免费音乐会。此外，法国艺术有着悠久的历史，世界级的艺术巨匠大多在法国，其中法国巴黎国际当代艺术博览会是世界五大艺博会之一。法国在国际艺术市场中占据重要地位，相关资料显示，近年来，法国占全球艺术品市场总值份额比例约为6%，艺术品中最重要的镇馆三宝有断臂的"维纳斯"、没有头的"胜利女士"、微笑的"蒙娜丽莎"。法国诸多城市文化特色享誉欧洲甚至世界：红酒之乡波尔多的葡萄酒文化，香奈尔5号诞生地格拉斯镇的香水文化，薰衣草之都普罗旺斯的阿维尼翁世界戏剧艺术节，比肩好莱坞的戛纳

---

① 数据来源：http://www.dmcc.gov.cn/publish/main/177/2014/20140124160015231251940/20140124160015231251940_.html。

电影节等，这些都构成了法国悠远博大灿烂的文化产业。

（二）法国文化产业的政策

1. 政府主导政策

法国在文化发展方面不太信赖市场的作用，而是依赖国家的扶持和庇护，这一方面源于法国对其历史传统的骄傲，另一方面在于其在文化竞争中处于守势的无奈。负责管理全国文化事务的政府机构是法国文化和通信部，其成立于 1959 年。其主要职能是：制定文化政策和文化法律、编制文化预算、管理和使用政府文化经费、保护文化遗产、促进文化普及工作以及与外国的文化合作和交流等。

政府把文化当成是所有公民的共同财富，每个公民都可以平等地参与和享受这一财富。为此政府直接拨款资助文化事业的发展，且对文化的投入逐年增加，在国家经费预算中所占的比例也逐年提高。据法国文化部报道，2015 年法国文化部所获预算达 70 亿欧元，比上一年度增加 0.3%，其中文化事业预算达 27 亿欧元，公共视听、传媒和图书、电影、音乐、电子游戏等文化产业预算达 43 亿欧元，仅公共视听领域预算就达 38.5 亿欧元。[①]这是在法国继续将控制公共开支作为政府首要工作任务的背景下出现的，凸显了政府对文化的重视和欲突出文化各领域积极作用的决心。此外政府还出台了一系列的政策来促进法国国民共享文化成果。如在"世界文化遗产日"，所有的名胜古迹和博物馆都会向国内外公众免费开放；法国各地都有公共图书馆，无论当地居民还是外国人都可以免费借阅，也可办借书证借阅馆内书籍和音像制品；成立专门的基金会，对属于重要的文化遗产又在文化市场中难以生存的文化团体进行挽救和扶持。

法国政府对文化产业的扶持给文化产业带来了意想不到的效果，正如皮埃尔·穆里尼埃所说的那样，"政府的积极扶持渗透到了文化领域的各个方面，政府确立了文化行为的范围、优先性，树立文化领域的价值观念、善恶美丑标准，并在此基础上，保证了文化行为的协调发展，提供了有利于文化发展的环境，同时也消除了文化发展中的不

---

① 数据来源：http://news.china.com.cn/live/2014-11/06/content_29695761.htm.

平衡"。

2. 文化遗产保护政策

悠久的历史与丰富的民族文化遗产，使法国成为世界著名的文化大国，也为其文化产业的发展奠定了基础。法国将文化遗产称为"国家的窗口和荣誉"，将文化遗产的保护放在文化政策的首位。政府一方面投入大量资金对一些重点的古建筑遗产、城堡、教堂进行修复和维护，另一方面加强博物馆和档案馆的建设，努力使它们的管理和设备现代化，以提高其文物的保存功能。此外法国注重加强民众保护文化遗产的意识，使每个公民都意识到文化遗产不仅是名胜古迹，还包括人们平时接触的民宅、农舍、古书、旧家具、古代服装、古画等。

3. 文化分散政策

法国不同地区的文化发展不平衡，因此，政府推行文化分散政策，以区域经济拉动文化产业的发展。巴黎是法国文化和创意产业中心的"法国岛"，在欧洲和世界都具有重要影响。巴黎市区文化中心、艺术中心、体育中心等总数达 300 多个，巴黎还拥有 134 座博物馆、170 多家歌舞厅、350 个电影厅、141 个剧院、64 所市属公共图书馆和 400 多座体育设施。巴黎的文化产业覆盖面广，涉及行业众多，除"视觉艺术、表演艺术、出版印刷、视听"之外，富含创意的传统奢侈品行业，如高级成衣、香水、家具、化妆品、皮革、葡萄酒、餐饮、旅游也是巴黎文化产业的重要内容。

相比之下，法国外省的文化设施和文化活动相对贫乏，城市和农村的文化发展也不平衡，城市的文化产业明显优于农村。市区和郊区的文化活动也不均等，市区居民比郊区居民有更多参与文化活动的机会。为此法国政府正努力改善文化发展不平衡的局面，认真落实文化分散政策，将文化活动、资金和设施分散到全国各地，而不是集中在巴黎。

（三）法国典型的文化产业——时尚产业

法国自古以来就享有"时尚之都"的美誉，法国的时尚产业在世界时尚界的地位是不容置疑的。法国是高级定制的发源地，其将时尚产业作为第八艺术，是时尚的风向标，是奢侈品的聚集地，是社会名流最为活跃的场所。法国的宗教信仰、绘画、音乐、建筑和雕塑，法国的哲学、美学和文学，法国的香水、时装和葡萄酒，法国的自由、平等、博爱以及勇于创新的精神，都是其浪漫风情的文化的组成部分，正是这种充满浪漫风情的文化特质造就了法国时尚产业的蓬勃发展。法国时尚产业的设计、制作、销售中的每个环节都极具特色。法国除了纺织服装蓬勃发展外，香水、化妆品、珠宝等各类品牌在世界时尚产业界都拥有自己的一席之地。目前，法国的时尚产业每年可以创造350亿欧元的经济效益，为16多万人提供了就业机会。

服装业是法国的第一时尚产业，与服装相配套的饰品、鞋帽等产业样样俱全，包括与服装相关的服装信息业以及服装设计教育都相当发达，这些都得益于巴黎时装的发展，巴黎大区的服装时尚展览会每年接待72.5万名参观者和2万家参展企业，其中有40%的国际观众和43%的国际参展商。法国香水的名望是其他国家遥不可及的，时尚先锋香奈儿（Chanel）不仅对整个法国的时尚产业来说是经典、优雅、个性和浪漫的传奇，在全球更是受到广大消费者的青睐。此外，世界首屈一指的珠宝卡地亚，包含皮革、丝巾、男女装、香水、手表、帽子、鞋子等多至14种产品的世界顶级奢侈品牌爱马仕，几乎无人不晓的皮包产品中的名牌LV等，这些杰出的时尚品牌都向世界彰显了法国设计师自身的风格和价值取向，也凸显出法国在国际时尚产业界做出的巨大贡献。

总之，法国的时尚产业链非常完善，加之政府扶持以及时尚教育的推进，它总能给人们带来振奋和欣喜，吸引了一批又一批来自世界各地的优秀人才。即使在各国的时尚产业都欣欣向荣的发展现状下，法国凭借其得天独厚的条件，继续引领时尚潮流，在时尚产业界中发挥着不可替代的作用。

三、德国文化产业发展分析

（一）德国文化产业发展概况

德国是一个拥有深厚历史文化传统的国家，在哲学、音乐、文学等方面都取得过辉煌的成就。康德、黑格尔、马克思、尼采、海德格尔、巴赫、贝多芬、歌德、席勒等人都是享誉世界的文化巨匠，对德国文化的发展做出了巨大的贡献。20 世纪 90 年代，柏林墙的拆除，为德国文化发展提供了新的历史机遇，也为文化的产业化创造了更广阔的生存空间。德国的重要文化产业主要有出版业、会展业、电影、戏剧以及音乐等。

德国是仅次于美国的世界出版大国，出版业在德国文化产业中占据重要地位。德国拥有 16000 多家出版社，每年出版图书超过 8 万种，图书年销售额高达 8 亿欧元。德国还是一个报刊大国，有欧洲大陆"报刊王国"之称，市场上各种期刊达 18000 种之多，每天发行 2520 多万份日报，图书报刊的大量出版发行为德国带来了良好的经济效益。德国出版业的发展首先得益于政府在立法和税收上的支持。德国对图书实行"维持零售价格"政策，即书价在全国是统一的，此制度保护了中小出版商的利益，并防止了行业垄断的出现。在税收上，德国政府对图书征收相当低的增值税率，德国普遍商品的增值税率为 16%，而图书只有 7%。

德国是世界上第一会展大国，国际上 150 多个重要专业博览会中大约 2/3 在德国举办。其博览会年营业额高达 25 亿欧元之多，参展商和参观者为德国博览会每年支出超过 85 亿欧元。德国形形色色的书展也对出版业的发展具有积极的推动作用。创办于 1949 年的法兰克福书展是世界最大的书展，它不仅对德国的出版业具有重要意义，而且也对世界出版业产生极大影响，因而又被称为出版业的奥运会。法兰克福书展为世界各国的出版商、代理商和图书馆人员提供了一个洽谈版权贸易、出版业务和展书订书的平台，每年吸引着世界 110 多个国家和地区的书业界人士约 16 万人次前来参加。其盛大的规模（19 万平方米）、丰富的展品、先进的服务设施堪称世界之冠。据展方统计，每届博览会约有 30 万名参观者，其中约 12 万名书业界决策人士是为贸易目的或寻求合作机遇而来，约 75% 的版权贸易是通过法兰克福国际书展达成的。

德国重视发展电影业。德国拥有 4000 多个电影院，开办过众多电影节，其中著名的有柏林电影节、霍夫电影节等。据介绍，德国发展电影有两种原因：一是电影是文化的组成部分；二是电影业有很多的工作岗位，可以促进经济的发展。2012 年，德国票房收入第一次突破10 亿欧元，达到 10.33 亿欧元，足足超过上一年 8%。这一方面归功于观影人次的增长，2012 年德国总观影人次达到 1.35 亿人次，较 2011年增长了 4.2%；另一方面在于票价的大幅上涨，2012 年德国的平均票价为 7.65 欧元，票价涨幅控制在了正常的范围之内。而在 2013 年德国票房收入为 13 亿美元[①]，约为 10.14 亿欧元，略低于上一年。柏林国际电影节、戛纳国际电影节、威尼斯国际电影节并称欧洲三大国际电影节。电影节的举办，每年都吸引世界各国的著名影星以及观众的眼球，促进了德国电影业欣欣向荣的发展，为德国带来巨大的经济效益，也向世界传播了德国古典文明的文化。

德国的艺术氛围非常浓厚，公众普遍具有良好的艺术修养，这极大促进了戏剧、音乐、舞蹈等表演艺术的发展。德国拥有约 160 座公共剧院、200 多家私人剧院和为数众多的社团剧院及业余剧院，每年大约举办 10 万场戏剧和音乐会演出。其中德国国家剧院属德联邦财政支持的剧院，是德国推广歌剧的重要场所。国家歌剧院除了歌剧和芭蕾舞表演外，柏林国家乐团还安排了一系列令人激动的音乐会。在德国，戏剧长期以来被认为是公益事业，不以营利为目的，因此，其经费来源主要是国家财政补贴。每个演出季节，国家都要拨款 30 多亿马克进行资助。德国戏剧深受大众喜爱，每年观看戏剧演出和参加艺术节的人数都超过 3500 万人，有 90%的观众通过戏票预定制度购票观看全年的演出，对很多德国人来说，戏剧已成为有教养的生活中不可缺少的一部分。

作为乐圣贝多芬的故乡，德国可以称得上是一个音乐王国，德国公众普遍具有良好的音乐素养，音乐在他们的文化生活中占据极为重要的位置。在德国，有 30 多万人从事与音乐相关的各种工作，其歌剧院的数量比世界其他地方所有歌剧院加在一起还要多，其中由国家全

---

① 数据来源：http://tieba.baidu.com/p/2841291494.

额资助的歌剧院就有 121 座。德国有 141 个职业乐队，其中包括享誉世界的柏林爱乐乐团和慕尼黑交响乐团,另外还有大约 4 万个合唱团,2.5 万个业余或专业乐团以及其他为数众多的歌舞团。德国每年举行大大小小的音乐会演 100 多场,如 8、9 月份在奥格斯堡举行具有洛可可情调的音乐会演出——莫扎特之夏,每年 7 月慕尼黑举办的歌剧文艺节,8、9 月份在斯图加特举办的欧洲音乐节,11 月在柏林举办的爵士音乐节等。德国还拥有众多世界一流的音乐家,指挥大师卡拉扬就是他们当中具有代表性的一位。德国的音乐教育也相当发达,德国不但有众多的音乐大学和音乐学校,而且音乐还是普及学校的必修课,这使音乐成为德国的一项大众艺术,大约每 4 个德国年轻人中就有 1 人会演奏一种乐器,或在合唱团里唱歌。音乐的普及带动了音乐行业的蓬勃发展,现在每年在德国售出的本国和国际上生产的激光唱盘、磁带和唱片大约有 2.4 亿张,取得了良好的社会效益和经济效益。

（二）德国文化产业的特点

1. 一体化和多元化的文化联邦制

根据德国基本法,"促进文化发展首先并且将一直是各州和市镇的职责",多文化的管理权主要还集中在各级政府及其所属行政部门。德国文化体制主要是由政府机构与以自我管理权为基础的具体文化组织这两级组成。但从性质上说,德国的文化联邦政策是分散的、分权的文化制度。州、市、郡对本地的文化发展负责。德国宪法赋予 16 个德国州郡及城市各自发展及执行文化政策的权力,于是全国共有 16 个文化部及许多隶属市政部门的文化机构。德国的文化产业就是在各级政府与州、市、郡的合作扶持下蓬勃发展起来的。

2. 民族化和多样化的文化保护政策

德国是对保护本国文化不受外来文化侵蚀持积极态度的国家。德国联邦政府对欧盟采用的、法国提出的"文化例外"的立场基本上持肯定态度,对欧盟制定的一些文化保护条令,也予以贯彻。如《德国国家广播电视条约》第 6 条第 1 款贯彻了《电视无疆界指令》第 4 条第 1 款,并规定在德国播出的 50% 以上的电影、电视影片、电视剧以及纪录片等必须是欧洲生产的。但是,德国对过去给其他国家造成的错误进行了深刻的自我反省，在文化保护上的立场并不与法国等国家一致。由于德国民族主义曾经给世界带来相当大的危害，而今德国对有可能造成民族主义膨胀的思想和行为都十分敏感，对民族文化加以保护的限度也就难以确定了。反之，德国文化政策中反复使用并视之为使命的另一个词是"多样性"，而不倾向采用强制手段保护本国文化产品。

第三节　日本文化产业发展分析

一、日本内容产业发展概况

　　日本是当今世界上仅次于美国的第二文化产业大国，其文化产业的规模大大超过了本国具有国际竞争力的电子产业和汽车产业。日本将文化产业称为"内容产业"，即通过一定介质将信息化的内容作为产品提供的产业，包括出版、新闻、电影、广播电视、音乐、游戏、动画等。日本的内容产业在动漫产业、出版业、电子游戏业、体育与健身产业、会展业、旅游业、教育培训业等方面都取得了长足的发展，这些新兴内容产业，给日本带来了巨大的收益，使日本成为世界上的文化产业大国和文化产业强国。

　　日本是当今世界的"动漫王国"，日本的动漫产业年营业额高达230万亿日元，已经成为日本第二大支柱产业。广义的动漫产业实际上已占日本GDP的10%以上，甚至超过汽车行业，成为给日本带来巨大效益的赚钱产业。目前，日本大概有440多家形形色色的动漫制作公司以及众多的活跃在动漫产业链中各个环节的企业，世界著名的动漫导演和漫画师也不计其数，日本每年出版高达7000多种漫画作品，成为世界上最大的动漫制作和输出国。日本的动漫产业在海外占据强大的市场，全球播放的动漫动画中有六成以上出自日本，在欧洲日本动漫的市场占比更是超过了八成，彰显了日本动画电影需求的稳定性。

日本所创作的动漫形象已被全球观众所熟悉和喜爱，赢得奥斯卡最佳动画电影奖的《千与千寻》，是对日本动画电影实力的最佳肯定。

日本是世界上报纸发行量和个人订报量最多的国家。日本有5大全国性综合报纸，即《读卖新闻》《朝日新闻》《每日新闻》《日本经济新闻》《产经新闻》，此外还有众多的专业报纸和晚报以及地方报纸，共约100多种。日本的主流报纸发行量一直很大，世界上突破千万大关并一直保持到今天的报纸，都在日本。世界报业协会2010年公布的发行量排行榜前25名的报纸中，日本报纸囊括了前五名。2013年，日本报纸读者普及率高达92%①，全国平均每2.35人订一份报纸，每1.12户订一份报纸。2013年1至6月，《读卖新闻》的平均有价发行量为13368310份（含早版9931332份和晚版3436978份），《朝日新闻》的平均有价发行量为10527747份（含早版7674406份和晚版2853341份）②，过去十年来，尽管网络时代的冲击越来越剧烈，但《读卖新闻》的发行量一直维持在1000万份上下，其发行量一直居日本乃至世界第一③。

日本一度是世界游戏产业的霸主，其电子游戏一直处于全球领先地位。日本游戏业最辉煌的1998年，曾经占领全球电子游戏市场硬件90%以上，软件50%以上，主导着世界游戏市场的潮流。在《2014CESA游戏白皮书》中显示，2013年日本国内家用游戏硬件市场规模为15.58亿美元（1558亿日元）、软件市场规模为25.37亿美元（2537亿日元），合计40.95亿美元（4095亿日元）。海外家用游戏硬件市场规模为117.72亿美元（1兆1172亿日元）、软件市场规模为170.5亿美元（1兆7050亿日元），合计282.22亿美元（2兆8222亿日元），与2012年相比增长了196%。④据日本游戏杂志《电玩通》公布的数据，2014年日本电子游戏市场价值为36.86亿美元（3685.5亿日元），比2013年的40.90亿美元（4089.7亿日元）下滑了10个百分点。⑤近几年随着智能手机

① 数据来源：http://www.chinairr.org/view/V13/201302/20-122973.html.
② 数据来源：http://blog.sina.com.cn/s/blog_65759ec50101ff9d.html.
③ 资料来源：http://www.techweb.com.cn/internet/2013-11-17/1358219.shtml.
④ 数据来源：http://games.sina.com.cn/y/n/2014-07-29/1437802618.shtml.
⑤ 数据来源：http://games.qq.com/a/20150109/016066.htm.

的普及和手机互联网的不断发展，日本企业也越来越重视手机游戏市场，为电子游戏产业带来良好的发展势头。根据日本 online game 协会协力的《日本智能手机游戏市场动向调查报告》，2013 年，日本手机游戏规模占游戏市场的 50%，较前一年增长了 178%，达到了 5468 亿日元的水平，预测在 2016 年将扩大到 8000 亿日元的规模。[①]

日本是一个高度重视体育与健身业的国家。2011 年日本参议院通过了"体育基本法"，这是 1951 年日本体育振兴法颁布以来，时隔 50 年，日本又一次全面修改体育基本法。该法表明了日本要以体育立国为目标，作为国家战略推进体育发展的决心。日本政府对体育事业的拨款逐年增加，2011 年度的日本体育协会经费预算额为 228 亿日元，2012 年为 238 亿日元，增加了 10 亿日元，增长幅度为 4.4%。为培养奥运会人才，日本在 2014 年的体育预算中较 2013 年度原始预算增加了 12 亿日元，总经费高达 255 亿日元。[②]日本还借奥运会的契机来提振日本经济，2013 年 9 月 7 日，日本东京获得 2020 年夏季奥运会主办权，申奥成功将为日本带来超过 3 万亿日元（约合 300 亿美元）的经济收入，并为日本民众提供 15 万个就业机会。[③]此外。日本体育事业的振兴，推动了体育用品产业的发展，增进了国民的身心健康，还可以抑制医疗、看护费的开销等，减轻了政府及个人的负担。

日本的会展业也相当发达，定期举办的一些国际性会展具有很大的影响力。其中，包括一些以文化为主题的各种展览和授奖活动，如以高科技纤维为中心的创作展览会、东京国际动漫节、东京书展、东京亚洲音乐节等，对开展国际文化交流、扩大日本文化的国际影响发挥了很大的作用。

为宣传日本的文化产品，日本政府还积极鼓励本国企业参与各种各样的世界展会，例如，经济产业省、文化厅、日本贸易振兴会等每年都牵头组织参加奥斯卡、戛纳、上海国际电影节等大型的国际展会，以促进日本电影的海外宣传和销售。

---

① 数据来源：http://www.199it.com/archives/204739.html.

② 数据来源：http://sports.qq.com/a/20131224/011789.htm.

③ 数据来源：http://sports.sina.com.cn/l/2013-11-01/10206861884.shtml.

表 11.4 为日本主要的国际性展会。

表 11.4　日本主要的国际性展会

	内容介绍
展会	由原研哉策划，受到业界一致好评，展览涵盖建筑、装饰、产品、服装设计等不同领域的作品，连同合作厂商，将人造纤维的可能性发展出全新面貌，给人类生活带来惊喜
东京国际动漫节 (TAF)	东京国际动画博览会，又称东京国际动画展，是从 2002 年开始，每年 3 月底左右在东京国际展览厅举办的动画商务综合国际交易会，旨在振兴和培育动画产业。以动画综合信息展示、商品展销以及人才挖掘为主要目的的 TAF 为业界表彰和输送了众多人才
东京书展（TIBF）	东京书展是与法兰克福书展、美国书展齐名的世界上最重要的国际图书展览会之一，该展会是日本最大的国际图书展览会，也是亚洲地区最大的书展，由日本书展执委会主办。该展会是版权谈判、合作出版项目、直接出口方面的理想平台
东京亚洲音乐节 (Tokyo Asia Music Market)	以全球性商务的发展为目的，作为亚洲音乐节的产业发展和合作的平台，东京亚洲音乐节从 2004 年开始于每年 10 月举办，为期 2 天。东京亚洲音乐节以"亚洲音乐关系者相聚东京，支持亚洲音乐产业的发展及相互合作"为宗旨，旨在向日本音像界推介亚洲各国具有代表性的音乐
东京电玩展 (Tokyo Game Show)	东京电玩展（简称 TGS），是规模仅次于美国 E3 游戏展的全球第二大游戏展会，以各类游戏机及其娱乐软件、电脑游戏以及游戏周边产品为主，从 1996 年开始于每年 9 月举办，至今已经发展成为亚洲最大的游戏展览会。该展会以促进国际交流为目的，吸引了不少来自海外的参展公司和买家
次世代（World Hobby Fair）	这是从 1994 年开始，以动画、漫画、游戏、模型为主要内容，面向儿童的个人爱好展览会。展会展出的是广受关注的软件和硬件，因此吸引了全世界的相关人士前来参加

二、日本内容产业的发展战略

（一）日本政府的高度重视和强有力的支持

日本政府高度重视文化，看重文化对经济发展的重要作用，采取了各项政策措施推动内容产业的发展。日本内容产业经历了从行政到立法、从地方重视到国家重视、从个别产业到全面振兴的发展轨迹。

1. 立法施政，为内容产业的顺利发展提供法律依据和保障

日本政府特别重视通过制定法律来保护知识产权、促进内容产业的发展。2001 年 11 月 30 日，日本政府审议通过的《文化艺术振兴基本法》明确规定了振兴构成文化核心的艺术、媒体艺术、传统技能、生活文化、大众娱乐、出版物、唱片、文化遗产等文化艺术的基本概念、国家及地区政府的责任，同时还规定了有关振兴文化艺术的基本政策和方法。按照该法，日本内阁文化审议会于 2001 年 12 月 5 日制定了《有关振兴文化艺术的基本方针》，该方针确定了今后 5 年日本振兴文化艺术的基本方向和国家应当承担的责任。同年 10 月颁布《著作权管理法》。2003 年 3 月，日本成立"知识财富战略本部"，由首相任部长，明确将音乐、电影等文化产业与技术、工艺、名牌产品等并列为国民经济的基础产业，制定了详细的"知识产业推进计划"，并从执行政策的高度把文化产业作为商业行为。2004 年 5 月，通过了《关于促进创造、保护及应用文化产业的法律案》。[1]此外，政府不断健全、完善与文化相关的各种法律体系，相继颁布《振兴文化艺术基本法》《内容产业促进法》《文化产业振兴法》《创造新产业战略》《IT 基本法》《知识产权基本法》《著作权中介业务法》等法律法规[2]，依靠立法手段保护国民享受文化艺术服务的权利，维护文化市场的良好秩序，规范国民的文化艺术行为，为丰富国民的文化生活和推动文化的产业化发展提供了可靠的法律保障。

---

① 资料来源：http://www.cc.cn/culture/whcyk/gundong/201109/29/t20110929_22730645.shtml。

② 资料来源：http://www.rmlt.com.cn/2013/0107/58996.shtml。

2. 通过制定和实施国家战略来引导内容产业的发展

早在 1996 年 7 月, 日本文部省文化厅提出的《21 世纪"文化立国"方针》就意味着日本"文化立国"战略的正式确立。该战略提出, 通过知识产权内容产品的创造, 带动社会经济的全面发展, 提升国家形象, 打造国家软实力。2007 年 5 月, 日本政府组织下的"亚洲前景战略会议"委员会通过《日本文化产业战略》, 成为日本文化产业的纲领性文件。这一文件认为文化产业不仅可以对外提升国家软实力, 扩大国家影响, 打造国家形象及本国产业品牌, 对内也可以培育经济增长点, 带动经济长期发展。①

2011 年 8 月, 日本经济产业省制定了"酷日本"战略, 确立了首批政府资助项目, 决定在 2015 年前以中国、印度等 8 个国家为重点, 积极扩大食品、生活杂货、住宅及动漫等日本商品的销售市场。该战略是日本政府 2011 年正式启动的文化产业大国战略, 其主旨是向海外介绍日本时装、设计、漫画、电影等文化商品, 同时培养日本国内相关产业所需要的人才。

3. 在财政上支持"产、官、学、研"的合作, 共同开发文化产品

长期以来, 日本在新技术、新产品的研究开发方面形成了"产、官、学、研"相互配合、共同合作的良好传统。其具体做法是: 企业在政府法律与政策的支持下, 加强与大学和科研院所的合作, 共同研究开发新技术、新产品, 谋求共同发展; 大学和科研院所在政府的要求下, 主动与企业合作, 承担企业新技术、新产品研发的课题并得到必要的科研资金, 与企业共同研究开发, 相得益彰。为支持文化产业发展, 日本政府也支持"产、官、学、研"共同开发文化产品, 并采取各种鼓励措施和优惠政策。

（二）企业积极参与内容产业

在日本, 举办大型文化交流活动大都可以得到企业的积极参与和赞助。例如为扶持文化产业, 在新的《信托业法》颁布以后, 住友信托银行与某家在东证二板市场上市的电影制作和发行公司签订了信托

---

① 资料来源: http://roll.sohu.com/20120116/n332269322.shtml.

协议，建立了日本国内首个以电影和动画等文化产业为对象的知识产权信托融资案例，该信托协议规定将电影软件的销售权作为信托财产进行信托，由住友信托银行作为受托人，将信托财产进一步划小单位以后，再转让给投资者，投资者可以从电影软件的销售中获得相应的受益权。这样一来，拥有知识产权的企业可以将影像资产提前资金化。

除了信托方式以外，日本政府还鼓励建立文化产业投资基金，投资于文化产业的基金已经大量产生，基金的投资领域包括动画、音乐、电影、游戏等各个方面。由于基金管理公司的出面，行业以外的资金开始流入文化产业，给文化产品的制作和开发增添了原动力。比较典型的是日本数码信息内容公司（JDC），该公司早在 1998 年就设立了总额达 7 亿日元的东京多媒体基金（TMF），后又追加设立了 8 亿日元的第 2 号基金。TMF 的投资对象，由每年四次举行的公募活动决定，在每次公募活动中，要从全国的制作公司所选送的 30~50 件作品中进行挑选，挑选标准除了有关艺术的固有要求以外，主要是考虑投资的回报率。投资基金插手文化产业以后，文化产业资金来源不再仅仅依靠自有资金或行业内部资金，基金的出资者大多来自 NTT 数码和伊藤忠商事等行业外的大型企业，其目的是通过文化产业基金的投资，来吸收文化产品的技术诀窍，为将来本企业的事业发展服务。因此，其投资有一定的内在积极性，从而扩大了文化产业的资金来源。

许多日本企业也经常通过捐资的方式来参加文化活动。2013 年英国当代雕塑艺术家安东尼·葛姆雷——"世界文化奖"的得主，赞赏日本企业对艺术的慷慨赞助。葛姆雷表示，日本有着企业慈善的传统，他们把在创新和艺术上的投入当作一种责任。日本有很多与公司相联系的基金会，比如 Inimori 基金会和大和基金会被认为是"模范机构"，他们认为利用企业收益在更广阔的领域支持创新是企业自身的责任。①

（三）注重培养内容产业的优秀人才

文化产业是一个特别需要创意的产业，其能否顺利发展，与人才的培养和积累之间的关系特别密切。文化产品的开发和经营是一项系

---

① 资料来源：http://news.chushan.com/index/article/id/78877.

统工程，需要掌握包括文学、艺术、电脑、网络、管理、营销等大量跨学科的知识。因此，在培养和造就人才方面，是实现文化产业可持续发展的尤为重要的课题。日本政府设定了专门的方案和计划，来培养文化产业方面的高级人才，除了挖掘原有教育体系中的潜力，还新建了很多教育机构，委托教育机构培养文化产品创造和制作人才。如东京大学的"内容产业工程"专业、庆应大学的"数字媒体与文化统合研究机构"等。另外，文部科学省在东京都杉并区新设了动画专业研究生院大学，名称为"WAO 大学院大学"，毕业生可以取得数码动画硕士学位。由于个人电脑的普及，以前必须是专家才能插手的影像制作，现在已经普及到了普通的中小学生，为了给中小学生提供技术平台，增强孩子们的创造力和表现力，日本的产官学（产业界、政府部门、教育界）各界还专门成立相关的研究会，由各方面的有识之士自主参加，谋求扩展全社会的文化产业后备人才基础的方法。层出不穷的各类文化人才的涌现，又进一步推动了日本文化产业的发展。

（四）注重文化产品衍生市场的开发

日本非常重视文化产品的二次开发，创立文化产品的衍生市场，提升文化产品的附加价值，形成了由漫画、动画等衍生的人物、文具、玩具、游戏、服装、电影等构成的产业链。日本著名的动画片《袋魔》是带动其他相关产品进一步商品化的典型例子。当《袋魔》播出后，制作公司就将卡通造型交给游戏厂商，不仅制作出孩子们喜欢的游戏软件，以卡片的形式供孩子们收藏，而且还依其制造出铅笔盒、书包等文具。动画电视剧《机动战士高达》也是一个成功的例子。日本最大的玩具制造商万代公司的销售额中，每年大约有 17%来自以《机动战士高达》为原型的机器人玩具销售收入。由于注重了衍生品市场的开发，日本具有影响力的漫画和动画很好地带动了其他相关行业的发展，从而创造出更多新的商机。比如，一部小说出版后，围绕这部小说，会改编成电影、戏剧，还可以发行磁带、唱片等系列产品，这是日本出版、电影、音乐的一种成功的综合经营方法，也是值得我们借鉴的日本文化产业发展的成功模式。

（五）促进国际文化交流，推动日本文化发展

通常，一国文化产业的发展，仅仅依靠本国的文化艺术是难以形成丰富多彩的文化市场的，必须通过开展各种各样的文化交流活动，才能促使文化产业不断形成旺盛、持久的活力。因此，日本积极举办的各种各样大型的国际文化主题活动，如 1964 年的东京奥运会、1970年的大阪世博会、1998 年的长野冬季奥运会及 2005 年日本爱知世博会等，都为日本带来了可观的经济效益。2010 年 6 月 12 日，日本国际文化节在上海世博会拉开帷幕。日本国际文化节是游戏机、动画、漫画卡通人物、音乐、播送、电影等日本引以为豪的，与文化产业相关的各种有机结合，具有世界最大规模的综合性文化节。在上海世博会为期 12 天的文化活动中，让中国朋友乃至来自世界各地的观众感受丰富的日本文化，让新一代的年轻人通过新的交流来更享和平。

2012 年 2 月 10 日全日空航空公司开设了面向海外网民的网站"IS JAPAN COOL?"，将日本特有的文化，知名观光景点以图片和视频的方式呈现介绍给各国游客，网友们还可以通过网站对自己感觉"COOL"的项目进行投票，这极大地促进了日本文化与国际文化的交流。①此外，日本政府为了将文化产品推广到海外，每年还专门拨出 5亿日元专款，资助日本的电视剧、卡通片和游戏软件等参加世界上的各种文化交流活动，进行广告宣传。

日本前首相麻生太郎以喜欢卡通、漫画而闻名，在他担任外务大臣时期，日本就举办了世界漫画卡通大奖赛，并由政府出资援助漫画卡通产业。他担任总理大臣后，更是积极地为漫画卡通产业提供方便，推进日本文化产品的出口。所以，继家电、汽车等工业制品成功占领世界市场之后，日本的游戏机和游戏软件又风靡全球，还带动了一大批文化衍生产品打入海外文化市场，使日本成了世界上竞争力强大的文化出口大国。

《华盛顿邮报》刊登的《"酷"帝国——日本》一文，报道盛赞日本是"地球上最酷的国家"，并指出，日本的漫画、动画、时装和电影

---

① 资料来源：http://www.foods1.com/content/1586163/.

正风靡全球，文化已超越制造业，成为日本的最大出口产品。日产文化商品的突飞猛进的确让世人刮目相看，全世界都在狂热地痴迷于宫崎骏的动漫、任天堂（Nintendo）的游戏、村上春树的小说、高田贤三的时装和安藤忠雄的建筑。[①]

三、日本内容产业的发展趋势

日本内容产业的发展方向可以归纳为两点：数字化与国际化。这也是日本内容产业增长的两大增长点。据此日本政府的内容产业政策有四个重点，一是强化国际竞争力；二是大力发展数字内容产业；三是打击盗版，保护知识产权；四是注重人才培养。同时日本政府在内容产业发展战略上注重更新，即保持政策的持续性，又保证根据实际情况进行调整。

2010年6月，日本经济产业省发布了《面向文化产业立国——将文化产业作为21世纪的主打产业》的白皮书，详细预测了日本文化产业今后的重点市场。该书指出，日本今后将"以中国为中心的亚洲圈"和"以欧美为主要市场"。以大众传媒及内容产业为中心，展开"时装、饮食、日用品"的有效销售战略。由此可见，对外文化交流和文化产品输出是日本文化发展的一大趋势，是其实施"文化立国"战略的重要组成部分。

日本内容产业为保持数字化和国际化，将继续采取创新的发展趋势。日本文化产业竞争优势的形成，很大程度上与其注重发挥传统制造业的优势并广泛借鉴其他产业先进经验，加强技术创新、产品创新和市场创新等密切相关。日本跨行业、跨部门整合出版、影视、音乐、游戏等产业力量和资源，大力发展能"被海外认同"并包含着日本新文化的动漫产业，出版漫画期刊、拍摄动画片、制作动漫电影、开发动漫游戏、打造手机音乐等系列新媒体产品，充分体现了日本文化产业发展的融合创新、综合创新特征。与此同时，日本文化产业的制度创

---

① 资料来源：http://bbs.tianya.cn/post-worldlook-177098-1.shtml.

新、管理创新和组织创新，也有效降低了产业发展创新的不确定性、降低成本和分散风险，提高了产业发展创新的效率和收益，从而为整个产业发展提供了有力保证。种种实践表明，日本文化产业发展是集制度创新、技术创新、产品创新、市场创新、组织创新、管理创新等多重创新于一体的产业综合创新。日本内容产业的创新，对提高经济效益、增加品牌价值、优化产业升级以及增强国家竞争力起到了重要作用，日本也将继续加强文化产业的创新，推动文化产业的繁荣发展。[①]

第四节　韩国文化产业发展分析

一、韩国文化产业发展概况

韩国文化产业起步较早，在 20 世纪 60 年代，韩国政府就出台了发展文化产业的有关政策。20 世纪 90 年代，韩国实行"文化强国"战略，文化产业成为国家支柱产业。目前，韩国文化产业发展迅速，呈现出全面发展态势。无论是在市场规模、出口创收还是就业人口方面，都对国民经济发挥着重要影响。游戏、漫画、动画、电影、音乐、放送等重点行业都得到较为显著的发展。

（一）韩国文化产业的整体状况

近些年来，韩国的文化产业增长迅速，文化产业的销售额和出口额保持着强劲的增长势头。韩国文化观光研究院发布的题为《内容产业经济效应和展望分析》的报告显示，2014 年韩国文化内容产业销售额为 71.9440 万亿韩元，预测 2020 年将增加到 94.6892 万亿韩元（约合人民币 5225 亿元），增幅达 31.6%[②]，这充分显示了韩国政府对内容

---

① 资料来源：http://www.zhazhi.com/lunwen/whls/whcylw/60384.html.

② 数据来源：http://www.cssn.cn/jjx/jjx_hw/201411/t20141120_1408651.shtml.

产业发展的信心和决心。目前韩国是公认的文化出口大国，以中国和日本为重点的亚洲地区作为目标市场，不断促进韩国文化产业的发展。

1. 经济效益方面

近几年来，韩国文化产业的国内销售额呈现连年增长的趋势，并且在未来的发展中依然保持着增长势头。2007—2011 年，五年的年均增长率达到 5.0%（见表 11.5）。

表 11.5　韩国文化产业销售额（单位：兆韩元）

产业	2007 年	2008 年	2009 年	2010 年	2011 年	年均增长率（%）
出版	21.60	21.05	20.61	21.24	21.24	1.5
漫画	0.76	0.72	0.74	0.74	0.75	9.3
音乐	2.36	2.60	2.74	2.96	3.82	13.5
游戏	5.14	5.60	6.58	7.43	8.80	0.2
电影	3.18	2.89	3.31	3.43	3.77	2.3
动漫画	0.31	0.40	0.42	0.51	0.53	14.9
广播	10.53	9.35	9.88	11.18	12.75	6.7
广告	9.43	9.31	9.19	10.32	12.17	6.3
卡通形象	5.12	5.10	5.36	5.90	7.21	23.0
总计	58.43	57.02	58.83	63.71	71.04	5.0

数据来源：文化体育观光部，统计资料库（www.mcst.go.kr）。

从以上统计数据中清楚地看出，在九大行业中，卡通形象产业、动漫画产业和音乐产业的国内销售额增长最大，年均增长率最高，成为韩国文化产业发展中新的经济增长点。而游戏产业和电影产业的增长则相对缓慢，但随着游戏和电影的不断开发和创作，具有继续增长的势头，广播和广告产业也在稳步地增长。

2. 出口方面

韩国文化产业出口经历了持续的增长态势，如表 11.6 所示。

由表 11.6 可以看出，在所有文化产业行业中，广告和音乐产业的出口年均增长率最高，分别达到了 49.0% 和 43.7%，对文化产业的出口做出了极大贡献。其次是漫画产业和游戏，年均增长率为 31.9% 和

27.1%。另外，广播和卡通形象产业的出口增长趋势也很明显，年均增长率为 10.6%和 15.7%。其中，卡通形象产业的出口增长速度越来越快。电影产业的出口额呈现下降趋势，年均增长率为-23.0%。究其原因，是由于韩国电影的弱势产业结构、作品质量的下降、不合理的产业常规、银幕限额的减少等因素，使得电影产业遇到观影人数下降、海外出口减少和附加市场停滞的整体危机。但从 2011 年起，影片的制作片数有所增加，出口额开始增长。

表 11.6 韩国文化产业出口的增长情况（单位：千美元）

产业	2007 年	2008 年	2009 年	2010 年	2011 年	年均增长率（%）
出版	213100	260010	250764	357881	283439	6.8
漫画	3986	4135	4209	8153	17213	31.9
音乐	13885	16468	31269	83262	196113	43.7
游戏	781004	1093865	1240856	1606102	2378078	27.1
电影	24396	21037	14122	13583	15829	-23.0
动漫画	72770	80583	89651	96827	115941	6.7
广播	150953	171348	184577	184700	222372	10.6
广告	93859	14212	93152	75554	102224	49.0
卡通形象	202889	228250	236521	276328	392266	15.7
总计	1556842	1889908	2145121	2702390	3723475	20.3

数据来源：文化体育观光部，统计资料库（www.mcst.go.kr）。

3. 业方面

随着文化产业逐渐被重视，韩国文化产业的从业人数及人员结构也在发生变化。近几年，重点文化产业从业人数如表 11.7 所示。

根据表 11.7 的统计资料显示，2007—2011 年，韩国出版和游戏产业的从业人数在整个文化产业中所占的比率最高，分别为 41.2%和 20.0%，然而，年均增长率却出现了负增长。由于数字技术的广泛应用和韩国大力推行数字文化内容的原因，在文化产业的行业中，出版产业和漫画产业的从业人数不断减少。而其余各个产业的从业人数都在不同程度的增加中，尤其广播产业、动漫画产业、广告产业和卡通产业的人员增加比较明显。另外，近几年，韩国文化产业的从业人员整体上处于增加的状态，文化产业受到越来越多人的青睐。文化产业在韩国的发展不但带动了经济的增长，也解决了较大的就业问题。

表 11.7　韩国文化产业从业人数（单位：人）

产业	2007 年	2008 年	2009 年	2010 年	2011 年	年均增长率（%）
出版	225347	210084	206926	203226	198691	-1.3
漫画	11772	11093	10748	10779	10358	2.3
音乐	75027	66475	76539	76654	78181	3.0
游戏	92572	95292	92533	94973	95015	-6.4
电影	23935	19908	28041	30561	29569	0.3
动漫画	3847	3924	4170	4349	4646	4.4
广播	28913	34393	34714	34584	38366	4.4
广告	29416	30700	33509	34438	34647	2.6
卡通形象	21846	21092	23406	25102	26418	20.1
总计	512675	492961	510586	514666	515891	-0.5

数据来源：文化体育观光部，统计资料库（www.mcst.go.kr）。

（二）韩国重点文化产业发展的现状

韩国文化产业中最具有代表性的产业分别是：游戏产业、音乐产业、电影和电视剧以及人物形象产业，以下将分别介绍各行业在韩国的发展现状。

1. 游戏产业

韩国游戏产业的发展是全方位的，主要包括电脑游戏、街头游戏机、网络游戏、家庭游戏机和手机游戏，发展成果最为显著的是网络游戏。据韩国文化信息振兴院发行的《2014 韩国游戏白皮书》，2013年的游戏市场规模为 9 兆 7198 亿韩元，相比较 2012 年的 9 兆 7525亿韩元减少 0.3%。游戏出口额有所增加，较前一年成长 2.9%，约为 27 亿 1540 万美元，其中出口最多的仍是网上游戏，占 90.1%。韩国国产游戏出口最多的国家是中国，占全体的 33.4%，接着依次是日本

（20.8%）、东南亚（18.8%）、北美（14.3%）、欧洲（8.9%）等。报告还指出，韩国国内市场在 2013 年所生产的收入约为全世界游戏市场的 6.3%，由此可以看出韩国游戏市场在全世界的强大地位。[①]

2. 音乐产业

韩国具有悠久的乐舞传统和精湛的表演技术，创造了很多脍炙人口的歌谣歌剧。早在 1996 年，韩国 SM 音乐公司推出的 HOT 偶像歌唱组合掀起了韩流的热风，标志着韩国新娱乐时代的到来。韩国唱片企业通过精心设计和计划选择曲风、造型服装、舞蹈配合到专辑制作和商业宣传，不断打造出时尚前沿的明星艺人。最近 wonder girls，少女时代，super junior，2PM 等韩国偶像歌唱组合不仅赢得了亚洲人的喜欢，还在欧洲大陆以及美洲大陆深受欢迎，使韩国音乐推向了更高的层次。随着韩国对外开放和经济崛起步伐的加快，西方音乐的融入大大改变了雅乐和俗乐的传统界限，逐步孕育出韩国现代流行音乐（K-Pop）。

韩国政府在最初的文化产业发展规划中就包括对韩国音乐的扶植。2003 年，制定《音乐产业振兴五年计划》，提出将音乐产业发展成为核心创意产业。国际金融危机后，韩国政府于 2009 年颁布《音乐产业振兴中长期规划》，把扩大国内音乐消费需求、扩建音乐基础设施、增强国际文化交流活动作为提振音乐产业的三大战略，政府并注资 1275 亿韩元资助音乐市场开发、版权保护、人才培育和数据库建设工作，促使音乐产业尽快摆脱国际金融危机后发展趋势下滑的困境。由于韩国政府持续刺激音乐产业，音乐产业成为韩国国民经济发展中的重要动力。目前，韩国已形成完整的音乐产业链和多层次的音乐市场主体，持续推出多个深受亚洲乃至全球受众欢迎的偶像团体。2012 年，韩国音乐界最受欢迎的歌手朴载相发布他的第 6 张专辑，该专辑主打歌曲《江南 style》在全球产生 100 多种语言的模仿版本，可谓风靡一时。以至于韩国文化体育观光部认为，朴载相"为韩流国际化开创了一种新的模式——通过社交网站，以独特、有趣的内容吸引观众，以

---

① 数据来源：http://gnn.gamer.com.tw/8/105758.html.

共享形式拓展影响力"。

3. 电影和电视剧

韩国电影和电视剧简称韩剧。韩剧一直是韩国文化产业的支柱产业，是卷席世界的"韩流"的典型代表。韩剧的制作是由制片人全程负责的，从前期的市场调研和制作规划以及监督制片的全过程，到最后的宣传与修改都由制片人完成。这有助于韩国电影和电视剧的规范化和专业化，从制作、发行、流通都能体现出韩剧的本土价值。

20 世纪 90 年代，韩国电影院与专门的电影发行网站联手，形成合作企业，提高了电影的宣传效果，满足了观众的精神需求。随着多厅电影院和复合式电影院的出世，更吸引了观众的眼球，大大增加了电影的市场份额。根据针对 1990—2012 年韩剧放映的统计显示，《朱蒙》等 84 部韩剧的单集最高收视率超过 40%，其中 26 部超过 50%，包括中国大陆观众耳熟能详的《蓝色生死恋》《冬日恋歌》《天国的阶梯》《大长今》等经典剧目。据韩国电影振兴委员会发布的《2014 年韩国电影产业结算报告》显示，2014 年韩国电影产业销售额达 20276 亿韩元（约合人民币 115 亿元），同比增长 7.6%，首次突破 2 万亿韩元大关。观影人数达 2.1506 亿人次，连续 2 年突破 2 亿人次，人均观看电影次数为 4.19 次。本土电影和相关服务海外出口额为 6308 万美元，同比增长 6.1%。[①]可见韩剧在国内外都受到热烈追捧。

4. 物形象产业

韩国人物形象产业与英、美等国相比虽起步较晚，但在近几年，韩国意识到动漫产业潜在的巨大市场，利用自身优势大力扶持动漫产业，一跃成为世界动漫强国。强大的咨询网络是韩国软件卡通人物业迅速发展的基础，随着越来越多的韩国人透过数码产品获取娱乐信息，卡通人物正开始进入移动电话、电影、流行音乐等新型媒介中，喜欢卡通人物的人也在不断增加。韩国动漫产业年销售额约为 3200 亿韩元，加上卡通等周边产品的销售，年产额约为 7700 亿韩元。韩国卡通市场中一个叫 Mashimaro 的兔子（中国翻译叫流氓兔）独占 21 个百

---

① 数据来源：http://ent.xinmin.cn/2015/02/03/26711376.html。

分点。①目前，韩国人物形象已经成功进军亚洲、欧洲、美国，并作为未来发展潜力极大的新兴产业而备受关注。韩国动漫及相关产业是我国的 30 倍，占全球动画生产量的 30%，仅次于美国和日本，位居世界第三。②韩国的人物形象产业正作为一个朝阳产业，给韩国经济的发展注入了新鲜的力量。

二、韩国文化产业的特点

韩国文化产业的发展带有明显的政府主导性质，政策制定强烈地受到政治体制的影响。此外，企业也通过各种形式试图控制和影响文化产业的发展。近期，市民的力量对政策制定的影响力度也在逐步加强。

（一）政府主导下的文化产业发展道路

第一，在文化产业的建设进程中，韩国政府积极迅速地构筑文化产业发展的法律基础和环境，发挥法律在促进文化产业发展中的作用，促使韩国文化产业发展取得骄人业绩。从法律名称明确冠以文化产业促进法的角度讲，韩国是世界上最早制定文化产业促进法的国家，颁布了《文化产业振兴基本法》《网络数字内容产业发展法》等一系列文化产业促进法。韩国的文化产业促进法在国际上具有较强的示范价值，充分表明韩国政府对文化产业发展的高度重视。

第二，韩国的文化产业属于政府主导型产业，在政府的积极引导和扶持下得以迅猛发展。韩国政府为了大力发展文化产业，积极设立相关部门和机构。1994 年，设立了文化产业局，负责文化产业的相关管理工作。2000 年，成立了韩国文化产业振兴委员会，主要负责对国家文化产业发展进行规划、制定文化产业政策、文化产业振兴基金营运方案及相关工作。2001 年，韩国文化观光部成立韩国文化振兴院，把重点项目扩大到音乐、动漫、娱乐、网络和广播等文化产业内的各

---

① 数据来源：http://blog.sina.com.cn/s/blog_737ca5640100zdtb.html.
② 数据来源：http://www.chinadmd.com/file/uuoirvowte6x3scoerrs33ce_12.html.

领域。2002 年，成立文化产业支援机构协议会，此机构联合了文化产业振兴院、电影产业振兴委员会、广播振兴院、国际交流财团和游戏产业开发院五个机构，进一步强化了文化产业系统的协调性和功能性。此外，韩国各地方也都建立了文化产业支援中心，增强了文化产业中各个行业的发展。

第三，韩国政府在资金方面为文化企业提供了大力扶持。在韩国，文化企业以中小企业为主，实力相对薄弱，资金的支持成为发展的障碍。近年来，韩国政府更是不断加大文化产业的资金预算，文化产业的预算一直保持着上升的趋势。2005 年，韩国文化产业的政府预算总额达 1343704 亿韩元。到了 2011 年，韩国文化产业部的全年度财政预算达到 3 兆 3.709 亿韩元。除了预算外，还利用税收、信贷等方式，向相关产业提供优惠政策，如减少或免除税务。韩国政府还设置了文化产业振兴基金、信息化促进基金、电影振兴基金等多种专项基金，以便对文化产业的不同行业给予全方位的支持。

第四，韩国政府积极开拓国际市场。由于韩国国内市场相对狭小，开拓国际市场是促进韩国文化产业持续发展的必由之路，也是传播韩国传统文化的重要方式。因此，为了开拓国际市场，韩国政府在重要国家设立文化产业振兴院海外办事处，针对不同的地区，出口不同的文化产品。同时，把东亚作为文化产业走向世界的重要跳板，把中美两国作为扩大市场的关键。打造独特的品牌效应也是韩国政府扩大海外市场的途径，利用明星在国际的关注度和影响力打造自己的品牌，并获得市场效应。尤其近些年来，"韩流"席卷了亚洲的多数国家，在中国、日本等国家掀起了追捧热潮。

（二）企业对韩国文化产业的控制和影响

第一，韩国企业力求做大做强，提高产业化程度。在当前日益激烈的国际竞争中，韩国的文化企业提出了"做大做强"，积极提高产业的链式运作程度，通过跨国、跨媒体的兼并迅速壮大，通过规模效益提升国际竞争力，获取利润。一些大企业对投资文化产业很是热情，如三星公司投资兴建爱宝乐园、LG 公司投资影视业等，它们把工业化、信息化和创意化有机巧妙地结合起来。

第二，韩国的企业倡导积极地"走出去"。韩国文化企业十分注重海外市场，力求利用国际市场这个大平台，带动本国文化产业的进一步发展。风靡亚洲的"韩流"便是这一战略的结果。目前，文化产业已成为韩国第二大出口创汇产业。据韩国文化体育观光部统计，2008—2011年，韩国文化产业出口规模以年均22.5%的速度飞速增长。2012年出口额达到46.12亿美元，同比增长7.2%,创历史新高,贸易顺差达29.38亿美元。其中，电影、音乐和游戏业增长最为显著，分别达到27.5%、19.9%和11%。据文化体育观光部与韩国未来创造科学部联手发布的《韩国文化产业对外输出促进方案》预测，韩国文化产业整体对外出口额将在2017年达到100亿美元。韩国政府大力扶植文化产业出口，文化产业在短短十多年间异军突起，超越传统的制造业成为经济发展核心动力，为韩国带来了巨大的经济和政治效益，也将韩国带入世界舞台，成为当今世界文化贸易市场的后起之秀。[①]

第三，以文化产业为龙头形成产业链条。韩国文化通过影视、音乐等进入人们的生活中，这些影视和音乐不但满足了观众和市场的需求，还向人们展示了韩国的文化特色，通过文化的渗透和输出诱导商品消费。以韩剧为例，韩剧将现代生活气息与韩国民族特色有机结合，在全球深受欢迎。在对外传播的过程中，不止停留在电视剧出口的一次性收益，还会带来接二连三的收益。巨型产业链条的形成，不仅使文化产业得到蓬勃发展，还带动了餐饮业、服装业、美容业等行业的迅速发展，带动了整条产业链的经济效应。例如人们所熟知的韩剧《大长今》，其拍摄地点成为游客向往的地方，剧中的韩国料理也成为人们跃跃欲试的美食。正是由于文化产业的发展才衍生出更大的消费市场，为企业带来利润。

（三）韩国人民对韩国文化产业的支持和努力

第一，韩国民众的危机意识和奋斗精神。韩国文化产业的发展曾在美国和日本等文化大国的入侵下面临着比较严重的危机，韩国提出"文化立国"的最初目的是为了抵御外来文化的侵蚀，在衰退的经济中

---

① 数据来源：http://www.ccitimes.com/chanye/chanye/2014-10-28/114935114935.html.

找到新的经济增长点。韩国国民的危机意识激发了韩国民众的奋斗精神和维护本国文化产业发展的民族精神，使得韩国的文化产业在激烈的竞争中突出重围，取得了丰硕的成果。

第二，韩国国民的教育水平和人才的储备也是韩国文化发展的重要支撑之一。韩国一向十分重视提高国民的教育水平，韩国教育经费的支出比例和大学的入学率均在世界各国中居于前列。同时，韩国也很重视文化产业人才的培养，除了大力培养高、精、尖人才以外，还积极发展职业技术教育和在职训练。为了弥补文化产业人才的缺口，近年来兴建了不少传统文化学校和与文化产业行业相关的大学及学院。这样的人才储备为韩国文化产业的发展提供了根本保障。

三、韩国文化产业的发展趋势

韩国总统李明博在"大韩民国先进化元年"发表的就职演讲中，以"携手开创先进化之路"为题，提出了实现目标的"五大国政方向"，其中第三大方向就是"繁荣文化与发展科技"。结合新国策的要求，韩国文化的战略重点是：努力培育和壮大韩国内容产业、文化艺术、体育、观光产业四大软实力，因为它们正在成为韩国提高国民生活质量与国家经济的核心成长动力。

（一）把内容产业培育成为下一代增长动力

内容产业特别是数字内容产业，已在发达国家的产业系统中占有支配性地位，成为 GDP 构成的新增长要素之一。为了适应并引领数字内容产业的潮流，韩国政府提出的四大文化新政之一是政府将致力于应对包括数字融合在内的政策环境的变化，从创作、流通等整个内容产业价值链上，确保韩国拥有世界水准的文化竞争力。此外，新出台的《IT 韩国未来战略》是李明博首次提出的信息产业综合发展蓝图。根据这一蓝图，韩国政府把信息整合、软件、主力信息、广播通信、互联网等五个领域确定为信息核心战略领域，并提出将促进信息产业与汽车、造船、航空等其他产业的融合，建立大企业和中小企业一起成长的产业链。

（二）振兴文化艺术实现"先进化"

文化艺术是文明社会的标志，是体现人类生活本质的文化精华。发展文化艺术，不仅可为内容产业提供必不可少的资源，为内容产业市场的国际拓展打下坚实的基础，更为提高国民素质与创造潜能，构建人才大国拓宽了道路。为此，韩国文化新政内容之二，是将"通过振兴文化艺术实现生活质量的先进化"列入发展目标。此政策重点是：不断扩大包括创造、流通、消费在内的整个文化艺术的基础，向全社会传播文化价值，从而确保与经济发展水平相符的国民生活质量。韩国通过振兴文化艺术实现国民生活质量先进化的新政，正体现了历史潮流的新趋势与新愿景。

（三）提升体育的国际竞争力

韩国文化新政的内容之三，是应对体育的国家经济性价值与重要性的提升，推进"体育生活化、产业化、国家化"战略，使体育成为增进国民健康、实现体育的高附加值化和改善国家形象的重要软实力。为了实现韩国体育的"三化"目标，韩国政府决定，要大力改善国民参与生活体育的条件，构建体育产业性培育基础；扩充全国作为体育运动基础的体育俱乐部和公共体育设施，实现学校体育的正常化。与此同时，韩国政府加大营造体育竞争公平环境的力度，韩国体育观光部于 2011 年 6 月重新修订了《国民体育振兴法》。新法案的实施对韩国的足球、棒球、篮球等体育组织起到了约束作用，为体育发展营造了一个公平、公正的环境。

（四）把旅游产业培育成为新的增长动力

如何开发和提升有限的观光资源以保持对国外游客的持续吸引力，如何将发展观光业作为解决国民面临的"无就业增长"难题并带动相关服务行业的发展，如何全方位地提高韩国观光产业的国际竞争力，将是韩国文化观光决策者需要持久关注并加以切实解决的重要课题。

韩国政府将政策性力量集中于提高韩国观光产业的品格、竞争力和国际地位上。李明博总统把建设耗资 150 亿美元、总长度 3100 公里、连接首尔和釜山的大运河，作为发展韩国经济的新动力。据称大运河运输可比公路运输节省 1/3 费用,创造 70 万个就业岗位,刺激旅游业发展。

　　2010 年 12 月 27 日,韩国文化体育观光部发表《2011 年十大工作课题》,文化部计划,对于快速增加的中国游客,将以北京、上海、广州等大城市的富有阶层为对象开发游轮、婚庆、滑雪等高档商品,增加中国境内的旅游翻译公司,开展对于大型餐厅等的支援政策。另外,在江原道平昌于 2011 年 6 月举行韩中日旅游部长会议,商讨促进三国旅游的问题,10 月于庆州举行世界旅游组织(UNWTO)全体会议,将向全球介绍韩国的旅游资源。同时还将积极推动展示、会议和医疗旅游等附加价值高的旅游商品。除此之外,十大重点课题还包括促进国人境内旅游、旅游补贴、四大江周围旅游开发等。①

---

① 资料来源: http://news.jxgdw.com/gjxw/1479272.html.

第十二章

国内外代表性国家及城市文化产业的发展实践

第一节　国内部分城市文化产业的发展实践

一、上海

上海的文化产业以创新观念为先导，以市场运作为方向，以体制创新和科技创新为动力，注重国际视野与中国特色的统一、传统继承与时代创新的统一、历史文化与现代科技的统一。与此同时，还提出了文化产业发展的三大目标：一是形成国际文化交流大平台；二是打造文化产业的大园区；三是建设 18 个文化创意基地。在做法上把体制创新和机制创新作为突破口，强力推进文化领域内的改革。上海市还组建了市旅游发展委员会，统筹协调有关部门，形成发展旅游和合力；设立文化发展基金会和投资有限公司，分别资助文化事业和文化产业项目等，上海市委宣传部还建立了传媒人才交流中心。

二、广东

根据国家统计局数据，早在 2006 年，广东省文化及相关产业增加值已经超过 1000 亿元，文化产业产值占经济总产值比重居全国第一。文化产业的增加值、进出口值、从业人数和年营业收入均居全国首位，几项指标约占全国的 1/5 至 1/6，广东文化产业已成为广东新的经济增长点和支柱产业。首先，广东省的报纸数量、发行量和总印张数仅次于中央单位的报纸而位居全国各省市的榜首，广告额占全国报业广告总量的 1/4 左右。更重要的是，广东报业竞争的秩序总体上是良性的，共同形成合力推动着广东经济的发展。其次，广东的网游动漫市场占国内网游动漫市场的三成左右。广州市网游动漫产业产值接近 50 亿元人民币，从事网络游戏、动漫业务的企业有上百家，从业人员近 2 万人。其中，动画片制作和发行企业 30 多家，网易、光通、世纪龙三家企业占据国内市场 30%份额。同时广州拥有各类漫画组织、团体、学社 200 多个。自 2002 年，广州市青年文化宫成功创办了一年两季的广州动漫嘉年华以来，广州动漫嘉年华已成为广州乃至华南地区动漫爱好者狂欢的节日，历界动漫嘉年华活动共吸引超过 100 多万青少年及动漫迷参与。广东音像城素有"中国音像市场晴雨表"之称，广东音像制品经营单位已发展到 6500 余家，其中音像批发单位 160 家，音像制品销售额约占全国的 80%。

三、云南

"云南现象"一时全国瞩目，成为文化界最鲜活的文化样本。云南省把推进文化体制改革、加快文化建设作为头等大事。从 2003 年至今，云南文化发展经历了"统一思想年""文艺繁荣年""产业发展年"和"人才推出年"等，基本上实现了"一年一大步"的快速进步。2004年 7 月，云南省提出要大力发展民办文化产业。除了国家明令禁止社会力量进入的文化领域，其他文化领域都要打破所有制限制，向社会资本全面开放。鼓励、支持社会资本以股份制、民营等形式，兴办影视制作、放映、演艺、娱乐、印刷、发行、会展、中介服务等文化企业。党报、党刊、电台、电视台等重要新闻媒体经营部分剥离转制为企业后，在确保国家绝对控股的前提下，允许吸收社会资本。简化文化企业注册审批程序，适当放宽注册资本，允许经有关部门依法认定、评估的专利和技术按一定比例折价作为股本和注册资金；注册资本在一定数额内，允许分期注入；放宽企业名称冠以"云南"字样的条件；对新开办的文化企业，按规定免征企业所得税。云南省一直积极鼓励和支持文化产业集团跨地区、跨行业、跨媒体经营，以良好的政策环境培育和扶持了一批强势企业集团，吸引了大量民间资本涌入文化领域。民营资本的强力注入激活了沉寂的民族文化资源，也彻底打破了旧有体制的捆绑与束缚，云南文化产业的蓬勃发展充分印证了以文化力激活经济力的可能性。如云南映象公司、风驰传媒、新知图书城等一批民营文化企业如雨后春笋般疯长，开始在云南文化舞台上扮演重要角色。

四、中国香港

作为世界金融贸易中心之一的香港，拥有发达的商业和充足的外汇资金，这样的外部环境促进了该地文化产业的发展。香港还是个移民城市，拥有个性鲜明、得天独厚的文化资源，这些都为其文化产业的发展提供了创意源泉。香港就是充分利用了这些优势资源，将独特创意和知识经济合并发展，逐步跃升为亚洲的文化创意中心。参考香港的先进经验，对于内地发展文化创意产业，实现科学发展，具有十分重要的启示作用。

香港提倡并奉行自由贸易的政策，具有开放的投资环境和宽松的市场环境，香港的企业可以自由经营。在管理方面，香港采取事后机制，即市场的文化商品只在违法或受到市民正式投诉之后，政府才依法处理。

香港文化创意产业的发展主要依靠市场主体的自由竞争，政府的监督和服务职能一般是通过中介组织来协助管理的。香港各行业中大部分都有自己的商会或协会，以维护其会员在业界的利益，促进会员企业的经营管理。这些行业组织包括涵盖了广告、唱片、出版、时装设计、讯息科技等产业，还包括电影制作行政人员协会、香港作曲家及作词家协会等。

根据所需的人才不同，香港政府制定了不同的发展战略。在培养人才方面，香港本地大学还讲授文化产业的相关内容，一些大学还开设了数码技术、媒体创作和创意广告等课程，旨在培养学生的创意概念，以适应市场需求。在引进人才方面，香港制定了一系列的优待政策，放宽了限制，吸引海内外的人才来港。因此，制定人才政策是香港文化创意产业发展的重要措施。

作为国际大都市的香港，拥有很多国外大型新闻机构及办事处，此外还有提供免费电视服务的私营公司和政府电台等。同时，香港还是中西文化交融的城市，拥有众多的艺术中心、电影院和图书馆，而且每年举办的艺术节、电影节等文化活动在全球都享有盛誉。这些充满艺术气息的文化创意载体很好地推动了香港文化创意产业的快速发展。

第二节 国外部分国家文化产业的发展实践

国外文化产业先进的国家经过近百年的探索和发展，在资金实力、科技水平、市场运作能力、创新能力和市场竞争能力等方面已经形成了一整套成熟高效的文化产业运作模式。其中，特色推动模式成为一种趋势，政府或文化主管当局有计划和有步骤地培育有地区特色的文化产品，打造自己的文化品牌，通过投入专项资金、组织大型文化节庆活动等方式促进文化消费，以及运用法律手段营造良好的文化市场运行环境等，引导大众的消费兴趣，使其面向广阔的文化市场，并通过自身的特色来带动本国或地区的文化产业的发展。

一、"美国大片"——文化与旅游相互融合的影视发展

"美国每年生产的电影产量尽管占全世界的 1/10 以下，但所销售的票房收入却占据世界总票房收入的 70%。"[①]一部精彩的影视作品的风靡，不仅能提高拍摄地的知名度，优美的景色、动人的场景还能刺激人们的旅游欲望，更重要的是对当地的文化产业有促进作用。

提到美国电影，人们首先想到的就是"好莱坞"。好莱坞位于美国西海岸加利福尼亚州洛杉矶郊外，是一个依山傍水、景色宜人的地方。它最早是由摄影师寻找外景地时发现的，大约在 20 世纪初，这里便吸引了许多拍摄者，而后是一些为了逃避专利公司控制的小公司和独立制片商们纷纷涌来，逐渐形成了一个电影中心。在第一次世界大战之前以及之后的一段时间内，格里菲斯和卓别林等一些电影大师们为美国电影赢得了世界名誉，华尔街的大财团插手电影业，好莱坞电影城由此迅速形成并兴起。电影产业恰恰适应了美国在这一时期的经济飞速发展的需要，电影也进一步纳入经济机制，成为谋取利润的一部分，资本的雄厚，影片产量的增多，保证了美国电影市场在全球的倾销。洛杉矶郊外的小村庄最终成为一个庞大的电影城，好莱坞也在无形中成为美国电影的代名词。

（一）在市场主体方面

美国电影市场的经营主体主要是跨国公司，好莱坞的电影产业能在全球电影市场占据大比例的份额，主要归功于各个跨国公司，例如，时代华纳（旗下品牌：华纳兄弟、收购新线影业等）、派拉蒙电影公司、索尼影视娱乐有限公司（收购哥伦比亚、米高梅等）、环球影片公司、联美电影公司、二十世纪福克斯、华特迪士尼公司、梦工厂等等这些电影巨头，依靠公司全面的集团化发展战略，"在全球范围内不仅经营电影、主题公园及度假胜地等传统娱乐产业，而且力图把流行文化产

[①]赵万明. 借鉴美国经验加速天津文化产业大发展[J].区域经济, 2012, (11), 104.

品的生产和销售控制在手中，以获取巨额利润"[①]。

（二）在管理模式方面

美国倡导文化自由贸易原则，因此，没有全国性统一的文化部门来管理文化产业的发展。这种管理模式最大的特点是以市场为导向，在市场经济自由竞争的基础上，按照产业规律经营文化产业，通过对相关行业的内部整合、跨行业整合、跨国产业整合等方式，做大做强文化企业，这种模式对市场发育程度要求很高。例如好莱坞就有自己的管理机构负责整体投资和运营。虽然政府的力量在市场上有所弱化，但是行业协会作为各个企业之间的中介组织，其有效地承担了政府赋予的管理职能，维护了电影产业的秩序。

（三）在运营机制方面

好莱坞在制作、发行和放映各个环节，分工明确，不仅表现在品牌的营销、明星的效应，还表现在拓展电影市场、培养大众的观影意识和电影消费习惯上。此外，制片、发行、放映三方通过票房收入按比例来获利，充分调动了各方的积极性。同时，美国还建立了国际化的分销网络，从而实现了电影在世界各国的同步发行和放映。

（四）在经营战略方面

首先，好莱坞通过细分观众的年龄、消费水平等定位来进行电影的拍摄。针对不同的消费者群体，拍摄不同的电影，例如，有特技效果的大片已经成为好莱坞的品牌，其受众为 12~24 岁的青少年观影人群。高昂的特技成本、稚嫩的特技后期使得非好莱坞制作者望而却步。其次，好莱坞将成功的影视产品形成连续化、丰富化、复杂化的电影系列。例如，J.K.罗琳创作的魔幻小说——哈利波特系列被翻拍成八部电影；美国赛车主题系列电影——速度与激情至今已上映六部，《速度与激情 7》定档于 2015 年 4 月 3 日于美国上映；根据 Capcom 电子游戏改编的电影——生化危机已上映五部，《生化危机 6：终章》也将于 2016 年 9 月份上映；汤姆·克鲁斯主演的系列电影——碟中谍已上映四部，《碟中谍 5》提档到 2015 年 7 月 31 日于北美上映。最后，好

[①]霍步刚. 国外文化产业发展比较研究[D]. 辽宁：东北财经大学博士学位论文，2009，139.

莱坞十分重视对电影的宣传。广告日益成为电影发行中的重头戏，经常是与其他的文化产品交叉推广，例如电影中的主题曲、剧本改成的小说、动画主题公园的兴建等。

（五）好莱坞在电影制作、推广等方面

很好地传播了美国本土文化的理念，带动了美国旅游业和文化产业的共同发展。对于儿童来说，最吸引他们的是迪士尼主题公园。迪士尼可以说是美国旅游观光胜地之一，不论小朋友还是青少年，都同时被其所吸引。

沃特迪士尼公司在动画片公映之后，不仅把剧中人物制作成玩具公开出售，还把剧中人物做成卡通形象来装饰主题公园，将电影中的主题音乐在公园中反复播放，以此吸引来自世界各地的游客，尤其受到小朋友的欢迎。全美国每年就有上亿人来参观主题公园。眼见在本国取得巨大成功，迪士尼便开始如法炮制，把主题公园搬到其他国家，米老鼠和唐老鸭由此走向世界，成为迪士尼具有品牌效益的文化符号。可想而知，全球范围内的六个主题公园的收入更是蔚为可观。而迪士尼就将各地的旅游收入再次投入到新片的拍摄过程中，循环反复。

当今的迪士尼已经远远不止于从事动画电影这一个行业了，迪士尼手表、迪士尼饰品、迪士尼少女装、迪士尼箱包、迪士尼家居用品、迪士尼毛绒玩具、迪士尼电子产品等多个产业都迅速发展起来。由于大多数消费者是从小看着迪士尼的动画片长大的，所以迪士尼所涉及的各大产业都受到了广大消费者的一致好评，取得了丰硕的商业价值。

二、"日本元素"——立足本土全面出击的数字动漫

日本拥有完善的动漫产业链，动漫产业基本包括动画（anime）、漫画（comic）、游戏（game）、小说（novel）及相关的产业，日本动漫产业经过七十多年的发展，已经形成漫画创作—图书出版发行—影视动画片生产—影视播放—音像制品发行—衍生产品开发和营销的较为成熟和完善的动漫产业链流程。而且，产业链上各个环节并不是完全独立的。

日本是个漫画大国、漫画强国。日本漫画享有绝对的全球第一地位。日本漫画业从 12 世纪就开始发展，可以说是世界上最早的。平安时代的《鸟兽人物戏画（鳥獣戯画）》被认为是日本最古老的漫画作品。第二次世界大战时期，由于日本参战，加上情报局的法规和用纸不足等缘故，日本的漫画产业陷于衰退状态。在第二次世界大战后，日本漫画界再次恢复了生机。战后初期影响了现代日本漫画历史的代表作品是手冢治虫的《铁臂阿童木》。20 世纪 50 年代以后，越来越多日本漫画家受到手冢治虫作品的启发。随着电视突飞猛进的发展，颇受欢迎的漫画开始被搬上银幕，日本开了动画时代。20 世纪 90 年代后，漫画的类型进一步扩大，漫画杂志数量迅速增长，网络漫画等文化也应运而生。

第二次世界大战后的半个多世纪以来，漫画在日本的社会地位及人们对它的认识在不断变化。手冢治虫曾把日本现代漫画的发展归分为六个阶段：第一阶段（"二战"后的第一个十年），"玩具时代"，漫画只是供孩子娱乐的道具；第二阶段，"清除时代"，漫画被视为低俗、浅薄的读物；第三阶段，"点心时代"，父母和教师勉强允许孩子在不妨碍学习的前提下看一点漫画；第四阶段，"主食时代"，1963 年 TV 动画《铁臂阿童木》在电视上连续放映，许多家庭中的大人和孩子一起观看，漫画得到社会肯定；第五阶段（20 世纪 70—80 年代中期），"空气时代"，漫画已经成为青少年生活中不可分割的一部分；第六阶段（20 世纪 80 年代中期以后），"记号时代"，漫画成为青少年之间相互沟通的记号。

为什么日本漫画会那么流行呢？这主要是因为日本漫画有着非常强的针对性。日本漫画是按照读者群的年龄和性别进行分类的，可分为儿童漫画，以 6～11 岁的儿童为主要读者对象的漫画，内容简单易懂，如《哆啦 A 梦》《樱桃小丸子》等；少年漫画，以 6～18 岁的少男为主要读者对象的漫画，以努力、友情、胜利、热学为代表，如《火影忍者》《海贼王》等；少女漫画、唯美漫画、女性漫画，以超过 20 岁的女性，尤其是家庭妇女和白领女性为主要读者对象的漫画；青年漫画，以 18～25 岁的青年男子为主要读者对象的漫画，有着更多成人化的元素，内容多表现上班族和大学生生活等。

"据日本三菱研究所的民调显示，87%的日本人喜欢漫画，而日本前首相麻生太郎还曾提出以漫画拼外交的口号。"①日本文化产业的成功经验主要就是制定了相应的国家战略，并从政策、法律和资金等各个方面予以大力支持，该战略强化了日本在国际上的文化竞争力。

在政府发展战略方面，为了扩大动画和漫画产品在国际上的销路，加大传播日本文化的力度，日本政府对日本的动画、漫画产业实施支持和扶植政策。日本政府不但将两者作为一项重要的出口产业，而且还将其作为一种独立的文化来培养，在政策、资金和组织上都给予极大帮助。

2005 年，日本外务省还决定利用"政府开发援助"中的 24 亿日元"文化无偿援助"资金，从制作商和发行商手中购买其产品的播放和出版权，并将这些购来的动画、漫画无偿提供给那些无力花费巨资购买的发展中国家，让他们的观众和读者有机会去欣赏日本动画和漫画。

针对建设文化强国的整体战略，除国家层面外，地方上还根据自身实际制定的各具特色的发展战略，目标明确，措施具体，主要包括保护和振兴具有特色的民间艺术、传统工艺等，某些地方上的战略经过不断发展还可能被提升为国家战略的一部分。"例如东京都以加强文化创造力，加强日本文化的世界传播，完善文化振兴的基础作为地方性战略，积极宣传美丽东京和魅力东京"②，漫画、动画和游戏已成为日本提升国家形象的金字招牌。

政府方面的重视无疑为已经发展起来的日本漫画，进一步拓宽了发展的道路。

在本国文化氛围方面，日本社会对于漫画的包容明显高于其他国家，这也是日本漫画能形成今天漫画产业局面的一个很重要的原因。日本漫画从 20 世纪 40 年代后期不断发展，到了 90 年代的鼎盛时期，

①张安乐. 日本文化产业发展及对当前我国文化大发展大繁荣的启示[D]. 哈尔滨：黑龙江省社会科学院硕士学位论文，2012，15.
②张安乐. 日本文化产业发展及对当前我国文化大发展大繁荣的启示[M]. 哈尔滨：黑龙江省社会科学院硕士学位论文，2012，17.

漫画出版物几乎占图书出版总量的一半，迄今仍保持 1/3 的高比例，这是日本漫画最突出的特征。日本漫画市场的品种包罗万象，有适应各种年龄和性别层次的漫画作品。

日本漫画的多样性是膨胀的新生代在青年文化思潮运动中带来的附属产物。青年漫画出现后的一个积极结果是：日本青年人继续阅读漫画，而没有像其他国家那样开始摒弃漫画。漫画伴随着日本新生代的一生，直至垂暮之年。与此同时，日本漫画市场的整体结构也在 20世纪 70 年代和 80 年代发生了变化。1946－1949 年是日本战后第一次出生高峰期，这一时期降生的一代人因其密度大而被称为"团块世代"。他们都是在电视机前长大的，又属于"视听世代"，他们和上一代的"铅字世代"不同，对图像读物有着自然的偏好。这一代人随着年龄的增长，把漫画带进了大学，带进了社会，形成了庞大的漫画读者群，从而奠定了漫画文化不可动摇的社会地位。日本漫画的发展在社会上是没有断层的，存在着各种年龄、性别、文化的和多层次的需求，各式各样的漫画也就相应地培养了起来，漫画在如此宽松的环境内才得以充分发展。

日本人还非常珍视对本国的历史文化的保护、挖掘与合理利用。例如，最常见的茶道和花道，不仅是日本民众追求高雅、修身养性和陶冶情操的风俗，并且在多部漫画和动画中都有体现，而且还成为推动日本文化与世界交流的窗口。又如，在游戏软件中的背景音乐，经常是用日本传统的三弦和长笛演奏的。日本的神道教文化也在风靡全球的动漫《火影忍者》当中有所体现。

在高新科技应用方面，工业化尤其是高新科技的应用是目前日本文化产业采用的重要手段。"数字化的提升与改造实现了文化产业由传统向现代的转型，互联网的发展又为日本向文化强国的迈进提供了不竭动力，这些措施都使日本文化产业发生了深刻的变革。"[1]20 世纪80 年代以来，日本将计算机、网络等科技资源与动漫发展巧妙地结合起来，凭借数字化和多媒体等高新科技作为基础，使动漫产业成为日

---

①沈强. 日韩文化产业发展比较研究[D]. 长春：吉林大学博士学位论文，2010，126.

本文化产业的代表。"文化内容+高新科技"的模式在日本发挥得淋漓尽致，许多本土的历史文化资源通过文化产业得以最大限度的开发，这点非常值得我们借鉴的。

在文化产业传播方面，日本由于国内市场范围较小，因此，将文化产业与国外贸易结合发展，把文化产业的输出与对外贸易同等看待，确立了文化产业全球化的发展格局。日本的文化产业已由初期的动画和游戏的生产开始向海外出口转变，根据不同国家的文化特点量体裁衣，制作符合出口国的文化产品，其中包括动漫、服饰和饮食等文化产业。日本还通过举办东京动漫展、东京电玩展等各种大型活动，向国外介绍本土的文化资源，提高文化品牌的知名度，逐步向全球输出具有"日本元素"的文化商品和文化服务，由此日本的文化竞争力通过扩大对外贸易获得了大面积的扩张。

日本此举不但有推动经济发展的目的，同时也有力图通过动画和漫画向海外推广日本文化和某些政治上的目的。2006 年 4 月，时任日本外相的麻生太郎提议，日本应当开展"漫画外交"，通过推广日本的漫画书和动画片，赢得包括中国在内的各国民众的心。他在当天的东京数码大学题为《文化外交新设想》的演讲中说："你们所做的事情已经抓住了包括中国在内的许多年轻人的心，这是我们外务省永远也做不到的事情。"

在相关产业发展方面，日本通过漫画、动画和网络游戏三者的商业组合，年营业额超过 90 亿美元。日本的漫画文化非常发达，据日本三菱研究所的调查，日本有 87%的人喜欢漫画，有 84%的人拥有漫画人物模型及其他相关物品。日本动漫产业的年营业额达到 230 万亿日元，已经成为日本第三大产业。日本动漫产业占日本 GDP 比重已经超过 10 个百分点。根据日本贸易振兴会公布的数据，日本 2003 年销往美国的动画片以及相关产品的总收入为 43.59 亿美元，是日本出口到美国的钢铁总收入的四倍。漫画、动画、音像制品和特许经营的周边产品，在日本已经形成了一整套产业链，推动着日本经济的发展。

漫画产业的触角延伸到日本的各个经济领域，其中包括动画、游戏、广告、影视、旅游、服装乃至建筑等多项产业。著名的新制度经济学家青木昌彦认为，日本正处于自明治维新以来又一次伟大历史转折中，其结果是在日本出现了动漫、娱乐等一系列超过汽车工业的赚钱产业，日本正在借助新文化产业的兴起尝试一种渐进式的经济转型。

同时，日本动漫产业的飞速发展也离不开各个行业支持。日本文化产业发展战略就包含了各行业的相互推动和协调发展。例如，口袋怪兽皮卡丘的形象最初来自于游戏，通过不断开发，创造了日本动漫产业的奇迹。它的衍生品横跨一百多个行业，从学校文具、儿童玩具、小说杂志和 DVD，甚至到服饰和小吃，包罗万象，有力地展现了文化产业的辐射作用。纵观中国游戏行业，动漫产业没有任何一件作品能赶得上皮卡丘。

三、"韩流文化"——追求现代生活的时尚营销之路

在国际竞争日趋激烈的今天，文化贸易成为各国角逐的新领域。特别是文化出口兼具经济、文化和政治功能，是"软实力"建设的核心，对一国整体实力的提升意义重大。韩国作为一个资源匮乏的半岛国家，曾经较为封闭，文化消费对进口依赖性很高，对外文化贸易一直处于逆差状态。20 世纪 90 年代后半期，为了应对亚洲金融危机，韩国政府开始大力扶植文化产业。文化产业在短短十多年间异军突起，超越传统的制造业成为经济发展核心动力，极大地促进了文化出口的发展，为韩国带来了巨大的经济和政治效益，也将韩国带入世界舞台，成为当今世界文化贸易市场的后起之秀。

据韩国文化体育观光部统计，2008—2011 年，韩国文化产业出口规模以年均 22.5% 的速度飞速增长。2012 年出口额达到 46.12 亿美元，同比增长 7.2%，创历史新高，贸易顺差达 29.38 亿美元。其中，电影、音乐和游戏业增长最为显著，分别达到 27.5%、19.9% 和 11.0%。出口产业中，游戏业多年来一直是主要行业，占据半壁江山，2012 年占文化产业出口总额的 57.2%。据文化体育观光部与韩国未来创造科学部联手发布的《韩国文化产业对外输出促进方案》预测，韩国文化产业整体对外出口额将在 2017 年达到 100 亿美元。其还表示，力争到 2020

年，将文化内容出口额提高到 224 亿美元，从 2010 年全球排名第 9
位提高到 2020 年第 5 位，使韩国成为世界第五大文化强国。

探究韩国文化贸易的崛起，其发展因素和模式具有以下几个特点：

以"文化立国"的战略规划为统领，亚洲金融风暴后，为了重振
经济，韩国在 1998 年提出"文化立国"战略，将文化产业作为 21 世
纪国家经济发展的战略性支柱产业。之后，政府陆续制定了《国民政
府的新文化政策》《21 世纪文化产业的设想》《文化韩国 21 世纪设想》
《文化产业发展五年计划》《文化产业前景 21》和《文化产业发展推进
计划》等多部文化产业发展规划，以把韩国建设成为 21 世纪文化大国
和知识经济强国为目标，明确了文化产业发展战略和中长期发展计划。
政府还专门设立了文化产业振兴院，统领支持全国文化产业发展，有
力推动了文化产业沿着既定目标快速发展。

韩国自 1998 年确立"文化立国"的国家方略后，文化产业的发展
就呈破竹之势，早在 2004 年韩国文化产业的世界市场份额就达到了
3.5%，此后一直保持着 3%～4% 的水准。韩国经济总量从未进入世界
十强，却成为世界文化产业强国之一，可以说文化产业在韩国国力提
升和国家形象构建方面发挥了不可替代的重要作用。近年来，韩国政
府一直把"文化隆盛"作为四大国政课题之一，奉行"文化就是国力"
的治国理念，鼓励推进创意产业与科学技术以及 ICT（信息通信技术）
相结合的创造经济发展模式。2013 年 7 月，在"文化隆盛"战略的引
导下，成立了"文化隆盛委员会"，专门负责具体的文化产业咨询、文
化价值评估和文化发展力量协调工作。

在"文化隆盛"战略统领下，韩国把进军国际市场作为重要的战
略目标，分阶段、战略性进行开拓。以中国、日本为重点的东亚地区
是其规划登陆世界的基石，进军东南亚和欧美市场，并不断发展潜在
的中东和中南美市场。在产品战略布局方面，韩国政府根据产业发展
的深度以及目标市场的消费发展趋势，不断调整文化出口的主打产品。
例如金融危机后，政府主推影视业，通过影像媒介向以东亚文化圈为
主的海外市场宣传推销韩国文化，并迅速打开销路。

不断完善法律保障，出台配套产业政策，1999 年政府第一次制定

了有关文化产业的综合性法规《文化产业振兴基本法》，对文化产业进行界定，提出了振兴文化产业的基本方针政策，并首次规范文化产业的具体行业门类，奠定了文化产业发展的法制基础。近年来，政府又陆续对《影像振兴基本法》《著作权法》《电影振兴法》《演出法》《广播法》《唱片录像带暨游戏制品法》等进行修订，为文化产业发展提供更加明确的战略方向、较为全面的政策依据与制度环境。法律体系的完善规范了文化产业市场的运行，避免了企业盲目操作。

根据形势的变化，政府不断调整具体的产业支持政策。例如，为解救在金融危机期间饱受美国好莱坞冲击的电影业，1998年，韩国政府将电影产业作为扶植的重点对象，给予取消审查制度、税收优惠等多项扶持政策。在政府有计划的支持下，"韩流"电影在亚洲风靡，电影业成为韩国经济增长最强劲的产业。

培育创意人才，开发文化人才的创造力，为了配合政府提出的"文化隆盛"目标，对创意产业相关创作者和创作活动进行分层次、阶段性的扶持，营造良好的创意创作环境，韩国于2014年初特别设立了"创意韩国实验室"，使其成为复合型创意创作中心，在创业前的创意生成阶段以及创业后的创意共享阶段给予大力支持。"创意韩国实验室"以业余创作人员为对象，通过多种文化创意的体验，开发创作者潜力，达到创意共享、共同创作的目的，被称为"开放的创意工作室"。作为"创意融合"的一环，"创意韩国实验室"的最终目的在于提供在创意创作中可以灵活运用的原始素材，鼓励文化创意资源的流通交易，进行创意人才的多样化交流，培养创作力量。同时，通过"创意融合"，推进"创意发电站"建设，扶植现有公私合营的社会间接资本与设施的孵化培养，使处于创业准备阶段或创业初期的文化企业能够在创业和经营方面取得成功。

突破资源限制，打造国家特色"文化名片"，韩国特别注重运用有限的资源开发具有品牌价值的特色文化产品。当今，"鸟叔""都教授"等已成为韩国的代名词。韩国文化体育观光部在《2013年文化艺术新趋势分析及展望》报告中总结了韩国文化出口的几张"名片"：韩流"1.0时代"是20世纪90年代末至2005年，主要以K-Drama即韩剧的形式走出国门；2005—2010 年，"韩流"进入"2.0 时代"，以偶像组合为主体的 K-Pop 即流行音乐占据国际化主要地位；2010 年以后，因骑马舞红遍全球的"鸟叔"为韩流国际化又开创了一种新的模式——通过社交网站，以独特、有趣的内容吸引观众，以共享形式拓展影响力。K-Culture 即韩国文化在韩流国际化过程中起到主要作用，韩流进入"3.0 时代"。这些文化名片受到了世界特别是亚洲市场的广泛公认。

建立完整商业链条，创造高附加值，韩国企业十分注重对文化产品的综合开发，善于以点带面发展，一旦某种文化产品或服务在市场取得成功，便进行后续或相关产品和服务的开发，产生连锁的高效产业附加值。例如《江南 Style》红遍全球后，演唱者 PSY 不仅活跃于音乐、舞台界，更进军广告、股票市场，与其相关的数十家企业的市价总额在两个月内上升了 16400 亿韩元。韩国电视剧更是获得了二次甚至多次收益，带动了旅游、餐饮、图书、语言培训、美容整形的一系列"商业链条"，创造了难以想象的连锁经济价值。新近播出的《来自星星的你》的拍摄地以及剧中出现的韩国的一些景点、咖啡馆、面馆都成为亚洲多国热议追捧的对象，剧中"都教授"的公寓、吃的乌冬面、喜欢的咖啡厅都成为韩国最新的旅游景点。

韩国进出口银行海外经济研究所发表的《韩流出口影响分析与金融支援方案》通过对 2001—2011 年十年间韩国对 92 个国家的文化商品和消费品出口情况调查指出，若将出口带动效果以美元折算，韩国文化产业出口每增加 100 美元，就能使韩国商品出口增加 412 美元，被称为"四倍效应"。

集约化发展，提高产业化程度，为了扬长避短、优化资源组合、提升研发生产能力，同时形成合理的文化产业布局和文化产业链，韩国政府规划在 2001—2010 年十年间，在全国建设 10 多个文化产业园区，承担研发、技术培训、信息交流和生产制作等任务。目前，富川影视文化园区、坡州出版产业园区、HEYRI 艺术村、韩国民俗村、春川动画基地等园区已形成各自特色。政府还鼓励具有雄厚财力和经营管理经验的大财团，特别是传统大型跨国企业投资文化产业，采取规模化经营，集中力量开发特色产品。例如 CJ 公司是韩国具有代表性的食品生产与加工企业，20 世纪 90 年代后开始进军娱乐产业，目前其产品已销售至 10 多个海外国家。

多渠道为文化产业提供资金支持，在政府层面，韩国政府不断增加对文化产业的预算投入，每年投入文化事业的国家预算超过国家总预算的 1.1%。国家还设立了多种专项振兴基金，如文艺振兴基金、文化产业振兴基金、信息化促进基金、广播发展基金、电影振兴基金、出版基金等。此外，还有以社会资金为主、政府和民间共同融投资运作的"文化产业专门投资组合"。很多地方政府也设立了专门的文化基金。在市场层面，大企业逐渐成为投资人，CJ 文化财团、三星文化财团、LG 文化财团等是主要由大型企业设立的文化基金，主要为某一文化行业发展提供资金支持，或为有志于发挥文化才能的年轻人实现梦想提供平台。

通过对以上三个国家文化产业发展过程的分析研究，我们可以看出：国外文化产业先进的国家在文化产业发展的路径选择上，注重政府这只"看得见的手"和市场这只"看不见的手"的相互结合作用。相比文化产业发达的国家，天津在文化产业的发展在很多时候处在一种被动的状态。在文化产业发展上更多的侧重点并不在经济上，而在政治上为国家的发展营造一种和平、稳定的外部环境。因此，天津市文化产业的发展，要加大政府的主导力度，以民族文化为根基，加大文化和技术的融合，通过多元的经营主体，建立高度集群化的文化产业，树立产业目标，开发出引起共鸣或至少是可以得到认同的文化产品，在意识形态层面上进行潜移默化式的渗透，加快推动具有地方性特色的优质文化产品、文化服务出口，不断实现规模化、市场化和国际化的发展,这些都值得我市在发展文化产业的路径选择上加以借鉴。

第三节　世界文化强国的文化产业发展经验对我国的启示

文化产业的健康发展需要立足各国的历史与现实，同时积极借鉴世界各国的发展经验。

一、重视文化产业，实现文化与经济一体化

马克思早就指出，一定的经济总是在一定的文化背景上建立，一定的文化必然是在一定的经济基础上生成，文化有经济，经济中包含着文化。发达国家文化产业发展再一次证明，经济与文化的一体化是社会发展的必然趋势。文化经济化使文化具有经济力，成为社会生产中的一个重要组成部分，将文化的商品属性解放出来，就增加了文化的造血功能，使文化进入良性循环的发展机制。这在西方国家文化产业发展中尤其明显。一些西方国家以音乐磁带、激光唱盘、MTV、电影、电视、录像、网络传媒，乃至奥林匹克运动会、世界拳王争霸赛、世界杯足球赛为代表的娱乐文化，已堂而皇之地成为当代世界经济中的新兴产业。经济文化化使现代经济发展中文化的、科技的、信息的乃至心理的要素，发挥着越来越重要的作用。在一些发达国家，高科技元素大量融入文化，使当代产业结构发生根本性变化，经济中的知识、科技、文化因素已跃居重要地位。与之相呼应的是，脑力劳动者数量迅速增加。

当今，中国发展文化产业，很大程度上只是把原来的文化事业推向企业化管理，真正产业化的文化集团不多，能够立足于国际竞争中的文化产业集团更是寥寥无几。究其原因，中国的文化没有形成完全经济化，经济、文化一体化的发展趋势在中国还没有真正形成。

二、加大扶持力度，发挥政府作用

在一些发达国家文化产业发展过程中，政府的支持起着关键性作用，这是发达国家文化产业的发展日益繁荣兴盛的重要原因。如英国政府支持文化艺术门类的产业发展，特别是对优秀的、具有创造性的文化艺术门类提供帮助。而中国的文化产业经营单位众多，产业组织集约化程度不高，存在文化产业低水平供求关系与非对称结构性矛盾、文化产业的传统资源配置机制与市场化要求之间的矛盾、文化产业发

展的先进性要求与文化原创力不足之间的矛盾、规制与现行中国文化产业政策支持系统之间的矛盾等，这些问题迫切需要政府给予解决。

从国际文化产业市场格局看，中国尚没有能够在国际市场上立足的特色产业，这同样需要政府帮助文化产业提高国际市场知名度。韩国政府对文化产业中游戏业的扶持，给予我们一个好的启示：政府扶持文化产业的最好方式，是从国际市场的长远发展出发，以一个能够立足国际文化市场的产业为突破口，全力以赴支持这个产业走向国际市场。

三、丰富文化产业内容，扩展产业发展空间

一些发达国家的文化产业发展已日臻成熟，文化产业的增长点由原文化产业的形式转向现在的内容。内容产业正以强有力的发展，支持新经济的复苏。如电脑动画和游戏软件等数字娱乐内容市场保持高速增长，全球电脑游戏行业已成为最重要的娱乐产业之一，与电影、电视、音乐等并驾齐驱，其年销售额超过好莱坞的全年收入。

中国数字化内容产业正以前所未有的速度崛起，然而，中国数字化内容的文化产业发展规模仍然不大。2015年2月3日，中国互联网络信息中心（CNNIC）在京发布第35次《中国互联网络发展状况统计报告》《报告》显示，截至2014年12月底，我国网民规模达到6.49亿人，互联网普及率为47.9%，较2013年底提升2.1%，保持低速增长。可喜的是，手机网络各项指标增长速度全面超越传统网络，手机微博用户及电子商务应用方面也出现较快增长。2014年，手机网民规模达5.57亿人，较2013年底增加5672万人。①尽管如此，市场的潜力仍非常大。目前，中国数字化内容尚无法与发达国家相比。数字化内容产业的新发展，昭示着其巨大的发展空间，以及人们对数字化文化内容的强烈需求，成为文化产业新的更大的增长点，中国文化产业

---

① 数据来源：http://finance.ifeng.com/a/20150204/13480850_0.shtml.

必须尽快占领这块市场。

四、传统文化是我国文化产业的重要战略资源

利用好战略资源是各国发展文化产业的重要一环，而文化内容又是文化产业的重要组成部分。我国是文化资源大国，蕴藏着巨大潜力。众所周知，中国文化不仅有功夫、剪纸、方块字、唐装汉服，还有饮食文化、历史传说等。开发利用好我国文化资源对我国文化产业发展具有多重战略意义。

首先，开发利用我国文化资源可以有效获得长期、巨大、稳定而又低成本的文化内容，为自身文化巩固和产业发展创造条件。其次，文化创意必须依靠自己的战略资源，必须源于中国的文化传统与本国大众的实践，这样，我们的文化产业才有能力维护自己的核心利益。目前，文化"创意"机械模仿海外文化的现象不少，这既缘于西方经济、文化的强势，也缘于我国文化创意的不足。要产生与我国政治、经济地位相称的文化影响力，需要重视基于自身的文化创造力，鼓励创作与产业化。最后，文化产业的影响力最终体现在对国民的凝聚力和号召力上，文化内容只有源于中国、兼收并蓄、服务本民族，才可能有较好的文化效果和可靠的经济收益。

总之，国际文化产业对我国冲击越强烈，就越需要重视中国文化在文化产业中的积极作用。我们要充分发挥中国悠久历史的山文化、海文化、自然景观文化的特色，并融合一些人文因素，实现中国的文化产业与各地旅游资源融合，与历史传统融合，与民族文化融合，全方位打造中国特色文化产业。

五、着力推进文化产业国际化

发达国家文化产业发展的一个重要特点，就是全球范围内经济文化渗透，实现文化产业国际化。美国文化产业之所以主导全球，不仅

得益于它所推行的自由经济和开放战略，更得益于其通过电子媒介向全球输出文化及其价值观念。不仅如此，美国还通过政治手段，要求世界贸易成员国开放本国的文化产业市场，实现自由经济，其目的就是对其他国家进行文化渗透。当今，标志着美国特色的商品，如麦当劳肯德基式快餐、可口可乐饮料、牛仔服装等遍布世界各地，表面上这是美国企业营销的成功，实则是美国文化渗透的结果。日本、韩国等国家，也是通过文化渗透而迅速发展。

我国上下五千年的文明蕴含丰富的物质成就和思想底蕴，若通过科技创新将这些融入文化产业的发展中，利用现在发达的网络信息科技、便捷的交通运输等传播手段将其推向世界，与国际文化进行交流合作，可以提升我国文化产业的国际地位。

六、发展我国文化产业必须防止产业泡沫化

各强国的文化产业发展成就并非一蹴而就，一些必要的过程不可逾越。加快我国文化产业发展，当前最需要警惕的是文化资产泡沫化。地产与资本市场泡沫是我国经济发展中资产泡沫的高发领域，其诱人之处在于资产升值的高速度。过度追求文化产业在国内生产总值中的比重和发展速度，将迫使文化产业脱离自身发展规律。文化产业园区已经出现借文化产业名义经营房地产的现象，盲目追求速度与效益是其原因之一。在企业上市融资上，文化产业企业热情很高。近期，《关于金融支持文化产业振兴和发展繁荣的指导意见》发布，鼓励了文化产业的间接和直接融资。但从上市公司业绩来看，文化产业企业表现一般：实际盈利能力并不强劲，市盈率明显较高。文化产业的长远发展需要依靠核心"软件"，不能期望一蹴而就。文化产业突飞猛进中，要掌握"好与快"的平衡，控制好实业运营与资产泡沫的关系。否则，文化产业容易丧失长期持续发展的基础。

在经济全球化、政治多极化、社会文化发展呈现一体化趋势的21世纪，文化产业已成为拉动一国社会经济的"朝阳产业"。文化产业的

发展迅速改变着既定格局和发展态势。中国要挖掘、传承、丰富特有的文化软实力，既要正视固有不足，创新文化产业发展新思路，又要认真借鉴国际先进经验，寻找差距，解放思想，冲破束缚，破旧立新，大力推动文化的内容、形式、传播手段等，有质的飞跃和突破，推进中国文化的大发展、大繁荣。

第四部分
天津市文化产业成为国民经济支柱型产业的路径选择

第十三章

天津市文化产业成为国民经济支柱型产业的路径选择

第一节　制度设计

　　通过对中国一部分文化产业具有领先优势省市的文化产业发展路径的考察和探寻可以看出，天津市文化产业要想快速发展，要想成为天津国民经济的新支柱性产业，就必须破除文化产业发展中的体制性与机制性障碍，必须培育出属于我们自己的龙头文化企业和产业集群效应。

　　天津市文化产业的发展建设要通过建立与中国特色社会主义市场经济相适应的文化体制与运行机制，解决一切阻碍文化产业发展的体制性与机制性障碍，把推进文化体制改革、加快文化发展建设作为头等大事来抓，才能推动天津文化产业更好更快地发展。与此同时，天津市市委、市政府还要加快改革建立健全政府管理、行业自律、依法经营管理等体制机制，为天津文化产业的发展提供政策上的支持和资金上的保障，大力发展非公有制文化企业，并通过税收减免、政府奖励等形式，辅之以高级管理人员、核心技术人才等人才战略办法，对文化资源进行充分的全新的整合，改善天津文化产业的市场运营环境，从而培育出一批富有创新活力和市场竞争力的优良文化产业，壮大文化市场主体，大力推出文化精品项目，推动天津市文化产业向产业集群化、规模化的道路发展。我们从以下三个方面分别进行分析。

一、天津市市委市政府对文化产业应该进行宏观上的调控

政府职能要实现由"办"向"管"地根本性转变，适当减少行政干预，提高部门工作效率，打破规制者与被规制者之间的直接利益关系。通过"服务、咨询、监督、协调"等手段，增强企业的经营自主权，实现中国特色社会主义市场经济下的文化产业利益人角色。同时建立健全以市委、市政府为主导的，旨在覆盖整个天津比较完备的公共文化服务体系。

二、建立多元化的投资融资体制

天津文化企业要由以往依靠政府财政投入扩大再生产向充分利用金融信贷、投资控股、市场融资等方式转变。同时，还要加快建立和发展文化产业的基金组织、文化投资公司等多元投资主体和市场准入制度。改革文化企业的投资体制，要有破有立，打破政府包揽文化投资、垄断文化市场的旧有经营模式，消除制约文化产业发展的投资体制障碍，为文化产业的发展铺平道路；要让文化企业在政府宏观调控和市场机制作用下独立自主地发展文化产业，让各种所有制企业在公平的市场环境中发展文化产业。

三、积极推进经营性文化事业单位的企业化改造

建立现代企业制度，使之真正成为产权明晰、自主经营、自负盈亏的市场主体，同时，在人才、资金等方面加大改革的力度，健全人才的培养、使用、管理、流动机制。同时，对现有的国有企业进行规范的公司制改革和股份制改革，实现投资主体多元化，争强创造力和竞争力。打造若干个国有或国有控股的大型文化企业和企业集团，使

之成为战略投资者，通过兼并、控股等多种形式，迅速占领市场，扩大天津文化市场的辐射力和影响力。

第二节　政府规制

　　所谓规制，是指政府对经济行为的管理或制约，是在市场经济体制下，以矫正和改善市场机制内在的问题为目的，政府干预经济主体（特别是企业）活动的行为，包容市场经济条件下政府几乎所有的旨在克服广义市场失败现象的法律制度以及以法律为基础的对微观经济活动进行某种干预、限制或约束的行为。政府规制的产生是市场经济演进的结果，直接起因应该就是"市场失灵"。政府规制的执行主体是政府，其被规制的客体是企业及消费者等微观经济活动主体，而不是政府通过财政、货币政策进行的宏观调控行为。史普博认为，政府规制是行政机构制定并执行的直接干预市场机制或间接改变企业和消费者供需决策的一般规则或特殊行为。植草益认为，政府规制是社会公共机构（一般指政府）依照一定的规则对企业的活动进行限制的行为。日本学者金泽良雄认为，政府规制是在以市场机制为基础的经济体制下，以矫正、改善市场机制内的问题为目的，政府干预或干涉经济主体活动的行为。可以说，政府规制是政府与企业围绕市场而发生的关系，是政府对企业经营活动的监管和规范，用以维护正常的市场秩序。

　　在中国特色社会主义市场经济体制日益完善的条件下，面对愈来愈多的技术上和经营上的变化，单纯的市场调节已经无法保证文化产业的经济功能和服务功能发挥平衡作用，而政府规制则可以通过它的行政特权来调节竞争者之间对市场利益的分割关系，从而保证文化市场的公平竞争关系。政府规制一般要遵循以下几个原则：第一，建立独立的监督机构。由于很难监督垄断行为本身，所以应该建立一个独立的监督机构，形成公共监督制度。第二，保证规制政策的稳定性。如果政府不能在法律或其他法规政策方面保持稳定性和一致性，就会阻碍市场竞争主体对媒介的投资，从而影响媒介市场的发展。第三，公平有效的执行规制政策。如果政府规制的立法机构代表的是某些特殊利益集团的私人利益而非人民群众的公共利益，或者在执行规制政策时备受制肘，甚至完全为文化产业的集团利益服务，那么政府规制就失去了作用。

在世界各国的文化产业发展中，政府都起着至关重要的作用。英国在发展文化产业上积极引导金融组织对文化产业的投资，通过金融资本的注入，促进文化产业的发展。韩国通过《文化产业振兴法》为文化产业的发展提供法律保障和法律支持；加大文化产业预算投资，通过政策支持，扶持文化产业进军国际市场，并设立文化出口创汇奖励制度，建立海外营销网络；同时由政府出面，举办大规模的全球文化推广活动，为本国的文化产品打开国际市场大门。美国曾通过法律法规和政策杠杆来鼓励各州、各企业集团以及全社会对文化艺术进行支持。同时，美国政府还依据文娱版权法、合同法和劳工法推动文化产业的发展，并充分利用其国际政治、经济优势来支持美国的文化产品占领国际市场。

根据对天津市文化产业问题的分析，可以看到在天津市文化产业领域中，由于企业主体市场化程度较低、文化市场发育不完全，缺乏推动产业扩张的动力和能力。政府要采取适当的行政和经济手段，对文化产业加以引导和扶持，着重解决文化产业发展中在观念、体制以及政策上的层层阻碍，着眼于文化产业本身的质量、创造的效益、集约化程度以及内部结构的合理性，打破弱化文化产业在体制机制上的障碍，来达到加速天津市文化产业现代企业制度的建立以及文化产业市场繁荣发展的最终目标。

一、天津市政府可以制定一些可操作的文化产业发展政策

文化产业的发展依赖于政府制定的有关促进文化产业发展的相关政策。

在进行经济布局和调整产业结构时，首先，要在文化产业资源丰富的地方，文化产业发展优势大的地方，把文化产业列为优先发展的

产业，并在规划、立项、投资等方面给予重点支持，建立文化发展特区、文化产业试验区、文化产业开发区等经济特区，利用政策和特区区位优势，加速天津文化产业发展的数量和质量、速度和力度。

其次，要积极熟练地运用金融、税收、法律等政策手段为文化产业发展提供政策支持和法律保障，减轻文化产业发展的包袱，增强文化产业发展的后劲，使文化产业健康发展，不断壮大天津文化企业的综合能力和竞争力。同时，还要为文化产业的发展提供人才保障，建立与文化领域的现代企业制度相适应的人事管理制度、与市场经济规律相适应的分配制度、与改革开放要求相适应的人才培养和引进机制，形成良好的创业和就业环境，为天津文化产业的发展提供人才保障。特别是对高科技的文化项目如动漫、网络等产业，要从投资、财税、知识产权、人才培养和引进等方面给予政策上的支持，允许和鼓励一些拥有特殊才能和自主知识产权的人才，以知识产权、无形资产、技术要素等占有企业股份，参与利润分配，最终实现天津文化产业高端核心人才使用的社会化。

最后，天津市政府还要建立健全地方性法规和制度政策，对制黄、贩黄、盗版等违法行为制定可操作性强的管理办法，对新兴的、高技术的文化产业进行法律保护和政策支持。

二、加强文化市场的培育与管理

文化市场的培育和管理是文化产业发展的土壤。文化市场的培育需要政府的政策引导，而文化市场的管理又是政府管理文化产业，使其沿着正确方向发展的重要手段。政府在文化产业布局和文化项目上要充分考虑市场需求和培育消费者这两个大的方面，大力扶植大众性的文化产品和服务。政府文化行政管理部门，包括宣传、财政、工商、税务、公安等部门还要发挥宏观调控、组织协调、综合调研、监督指导等作用，为天津市文化产业的快速发展营造一个良好的运营环境。

从长远看，天津市文化市场的将会更加开放，文化产业将会增速发展，在文化市场调整的过程中，一批具有较强竞争力的国有混合经济的文化企业或者民营的通过股份制改造的文化企业，将登陆国内乃至国际资本市场。

第三节　人才培养

作为战略性新兴产业，文化产业主要通过创造性的文化产品和服务为消费者提供特殊的精神食粮。影响文化产业发展的其中一个重要因素是人才，人才在文化产业发展过程中起着非常重要的作用。文化产业领域的竞争力核心是文化创意，文化创意源自于人才。因此，文化产业的竞争核心是文化产业人才队伍的建设。所以，要把天津建设成为文化强市，就必须在加快发展天津文化事业的同时，把天津的文化产业做大做强，而要做大做强文化事业，前提是要把天津的文化产业人才队伍做大做强。

在国外，文化产业发展领先的发达国家，如美国、英国、日本等国家，都拥有一套完备的人才培养体系。美国对于文化艺术人才和文化产业人才实行"引入和培育"两手抓。美国凭借其雄厚的经济实力和文化环境，从世界各国吸引了大量优秀文化艺术人才。同时，美国大力发展高等教育，对文化艺术管理和艺术人才的培训一直处于世界领先地位。英国在 1997 年提出了"全国学习网"计划，并在第二年建成了全国性的教育门户网站——全国学习网络（NGFL），连通了所有的学校与教育机构以及博物馆等教育资源。日本人才培养，一方面通过学校教育来实现，另一方面积极与企业结合，培养实用性人才。这些国家对文化艺术与文化产业人才的重视得到了巨大的回报，数量多、素质高的文化产业人才队伍使这些国家在文化产业领域保持了竞争优势，极大地促进了本国文化产业的发展。

而中国和国内各省区市的文化部门也都十分重视文化创意人才队伍的建设。早在 2003 年 12 月文化部召开的全国文化厅局长会议就提出要实施"人才兴文"战略。2004 年 9 月，文化部发出《关于实施"人才兴文"战略，进一步加强文化人才队伍建设的意见》。2009 年，国务院发布《文化产业振兴规则》，专门阐述了文化产业人才培养的重要性并提出了人才建设意见。

为了认真贯彻落实党中央关于加强人才工作的精神，努力建设一支高素质的文化人才队伍，2010 年 9 月，天津市发布了《天津市中长期人才发展规划（2010—2020 年）》，根据《规划》，本市将通过实施滨海新区人才高地建设、高层次人才聚集、"131" 创新型人才培养和宣传文化人才开发等十项人才工程，使天津成为高度专业化、现代化、国际化的人才聚集交流、教育培训和创新创业高地。到 2020 年，天津将引进、培养 100 名左右在全国同行业领域具有引领作用、学术艺术造诣高深、成就突出的理论家、艺术家、文学家、新闻出版家、广播电视名主播、文物保护名家以及技术专家；200 名左右既熟悉意识形态工作又精通文化事业文化产业经营管理、经纪代理、会展策划、文化旅游和文化产品策划营销等复合型经营管理人才；500 名左右文化创意、立体影视、新兴媒体、数字出版、动漫游戏、文化主题公园、高新技术印刷复制、下一代广播电视网等战略性新兴文化产业高端专门人才；1000 名左右从事经济社会发展战略研究、理论宣传、新闻采编与评论、广播电视主播、新媒体开发和应用、文学创作、影视舞台剧编导、戏曲表演、动漫创意、出版物策划编辑和营销发行、网络等新技术的开发与应用等专业门类的高层次创新型人才；60000 名左右适应文化事业文化产业蓬勃发展的宣传文化人才。2011 年 5 月，天津市在《天津市文化广播影视系统 "十二五" 人才建设发展规划》中提出，以推动文化大发展大繁荣、建设文化强市为目标，将引进和培养一批文化名家、青年创新人才和在全国有影响的领军人才，造就一支艺德高尚、业务精湛、结构合理、充满活力的高素质文化人才队伍。2013 年发布《关于深化天津市宣传文化 "五个一批" 人才培养工程的实施意见》和《宣传文化百家工程实施办法》等一系列文件。天津市出台发布的关于文化产业人才建设的这一系列文件，提出了全市文化人才发展的战略目标、总体部署、重大政策和重大工程，为文化产业人才队伍建设指明了方向，规划了蓝图。

纵观天津市文化产业人才队伍的现状，仍然存在着总量不足的问题，尤其是缺少复合型管理人才、创业领军人才、内容创意人才以及新兴业态专业人才等文化产业人才。为推动文化产业成为天津市国民经济发展的支柱产业、实现"十二五"文化产业发展的战略目标，我市必须要加快实施文化产业人才兴业战略。

一、建设文化产业人才培养工程

建立科学的人才机制，把文化产业人才的启用和培养纳入人才战略。着重培养文化产业创新人才和经营管理人才，为文化产业的发展储备人才。加强高等院校文化产业人才培养，设置相关专业，形成优势学科。整合专业教育、职业教育和社会教育资源，建立天津文化创意实训基地等文化人才培养基地，形成不同层次的培养体系。继续实施天津市宣传文化"五个一批"人才工程、"131"创新型人才工程、青年文艺人才工程，人力资源部门还要进一步完善文化人才评估和奖励制度。加大培训力度，培养一批熟悉市场经济规律，懂经营、善管理的人才。建立健全人才引进和激励机制，完善竞争和分配机制，吸引优秀人才进入文化产业领域。还要注重选拔文化产业人才赴国外学习、进修，拓宽人才视野，提高人才综合素质和水平。同时，对现有的文化产业经营骨干和有突出贡献的专家，可试行奖励工资制度，调动他们的积极性。要改进人才管理和人才使用制度，坚持单位自主用人、人员自主择业，促进人才的流动机制的建立。吸引和聘用海外高级人才参加天津的文化产业的建设，提高文化产业的经营、管理人员素质。

二、培育大型文化骨干企业集团

大力推进文化产业的战略整合步伐，培育大型文化骨干企业集团，尽快把文化产业做大做强，形成文化产业的龙头。大型文化企业集团是文化产业人才的聚集地，培育大型文化集团，也是形成人才优势的重要手段，只有够大够规模，才能吸引更优秀的人才。同时，加强经营、管理和项目策划等高级人才的发现与培养，可根据我国实际需要举办各种有针对性的讲座、培训和学习考察，敢于放手让他们在实践中经受锻炼和考验，不断提高自身素质。大型国有企业、特殊集团等通过实施人才战略，规模经营，多元发展，逐步向文化集团跨越，已成为应对新一轮文化产业竞争的重要措施。

三、建设灵活高效的人才市场

文化产业人才主要依靠市场来调控，发挥市场调配资源功能，促进文化产业人才在更大范围内合理有序流动，使天津市文化产业发展集聚优秀人才。建立符合市场规律的价值评价机制、劳动分配机制和选人用人机制，创造有利于人才脱颖而出的良好环境。一方面，要积极推进文化产业人才职业化进程，逐步规范文化产业各行各职业特性，推进文化产业从业人员资格准入制度和职业信用资格制度，利用文化产业与相关产业的联动发展和资金扩张，广泛吸引其他领域人才和海外高层次人才进入文化产业领域创业发展。另一方面，坚持以市场为导向建设文化产业人才开发中介机构，建立重点文化产业人才资源信息交流和服务体系，完善各类文化产业人才职业能力评价体系。

四、创新人才引进和选拔的体制机制

高效的人才引进和选拔体制是保障人才战略得以顺利实施的根本。目前，由于受到客观条件的制约，天津市文化产业人才引进和选拔机制还没有从制度上得以完善，相关制度有待健全。为此，应当从以下几个方面进一步创新和完善天津市的文化产业人才引进和选用体制机制：

第一，遵循文化产业人才资源开发和人才成长规律，坚持市场配置人才资源的改革方向和价值取向，探索建立更加关注的用人机制，破除制约人才发挥作用的各种壁垒，充分保护和激发各类文化产业人才的潜能和活力。制定人才引进的优惠政策，引进高层次、高素质的文化产业项目策划、市场营销、资本运营、企业管理等人才。适应市场需求，完善人才激励机制，探索艺术、技术、管理与各类要素参与收入分配的办法，奖励有突出贡献的文化产业创业人才，营造有利于优秀人才脱颖而出的社会环境。

第二，加大力度对创意人才的培养和引进，凝聚吸收一批文化创意产业领域的专家学者、领军人物，对从事相关文化产业的各种人员，按不同需求进行系统性的专业训练，孵化一批具有发展潜质的文化创意公司，加大文化创意人才的培养。从事文化创意产业的海外高层次留学人员以及华侨、华人等中高级人才在国外或来天津工作期间，其合法提供的国外新产品、新工艺或科研成果被采纳投产，由使用单位给予一次性成果转让费或连续三年按其产生效益的税后利润 6%奖励本人，并且可将其成果作价入股，参与企业收益分配。

第三，积极引进各类专业急需专精尖人才，鼓励南开大学、天津大学等重点高校开设与文化创意产业对接的相关新型专业，实行对口培养。支持高等院校设立一批文化创意产业相关专业，建立一批产学研一体化的文化创意培养和实训基地。不定期地采取定向招生、联合培养等方式，加快文化产业紧缺人才的培养。鼓励优秀文化产业人才向基层流动，在全市范围内实现人才资源整合，鼓励和支持高校毕业生到乡镇从事文化工作。

第四，实施海外卓越人才计划，加强与国外高校施行学生交流互换、学分互认制度。对海外文化产业人才、专家和留学生来津合作研究或创业给予优惠政策支持，吸纳编外人才向省高端文化产业、技术密集型产业集聚。

五、加强文化产业集聚区的基础建设

城市是文化产业最集中的区域，文化创新人才一般喜欢紧张有序的工作环境、舒适宜人的生活环境和自由宽松的人文环境三者和谐统一的地域氛围。因此，要不断加强城市的软环境和硬环境建设，改善城市的基础设施，营造优美的市容环境和顺畅的城市交通。大力建设博物馆、电影院和剧院，以提高城市文化品位。还要改善娱乐、休闲、教育和住房等一系列基本社会服务以提升生活质量。更重要的是，营造自由宽松的社会氛围，创造多元的文化生活，鼓励创新，尊重个性，容忍创意偏差，包容多向思维。一个城市越开放越包容，越容易形成人才洼地，对文化创新人才就越有吸引力。只有栽好"梧桐树"，才能引来"金凤凰"，产生人才聚集效应。

作为一个有着深厚历史文化底蕴、东北亚的文化与经济重镇，天津在文化创意产业发展的过程中逐步形成了自身的特点，同时也遇到了一些在发展过程中不可避免的瓶颈。遇到这些问题时，应当以国家政策为统领，从最前沿的文化产业理论出发，按照国家对文化发展的整体思路，通过归纳整理国外先进文化的发展状况和特点，以民族的科学的大众的社会主义文化为指针，培养广大群众高度的文化自信和文化自觉，探索一条人才强市的发展路径。

第四节　科技优势

加速发展天津市文化产业必须不断推进文化科技创新，提高文化产业的核心竞争力。在当代，高科技融入文化资源的创新和发展，是发展文化产业的重要引擎，是铸就文化艺术强劲机体的重要元素。文化和科技融合，可以丰富文化的表现力，提高文化的感染力，提升文化的传播力。它可以催生新的文化业态，创造出新的文化消费终端，推动文化产业转型升级。在数字化和网络化时代，信息科技的发展推动了文化生产方式的变革，对文化消费产生较大的刺激和促进作用。文化资源一旦与高新科技等产业融合嫁接，就会显露出巨大的经济意义，成为一种新的经济资源。通过文化要素在其他产业的渗入融合，会对这些行业关联度有极大的拉动效应，并且开辟出新的产业形态和产业分支，使整个产业结构发生重大调整和提升。

欧阳坚分析了高新技术在文化领域推广应用的作用，"一是有利于形成新的业态、开辟新的领域；二是有利于增强文化产品的感染力和传播力；三是有利于大幅度降低生产成本，增加产品附加值"，提出依靠高新技术积极培育新兴产业和业态，不断拉长产业链，拓展产业发展空间，尤其要加强网络技术、数字技术的研发，促进网络文化等新兴领域的发展。

刘玉珠也强调科技创新对文化产业发展的引擎作用，认为"必须把推动文化产业共性技术、关键技术和核心的研发、推广和应用作为重要内容，通过不断创新科技、研发新产品、开拓新市场，增强产业的可持续创新能力"，"积极发展以数字化生产、网络化传播为主要特征的动漫、游戏、网络文化、数字文化服务等新兴文化产业，推动优秀文化内容与数字等高新技术紧密结合，提高新兴文化产品和服务的数量和质量"。

黄锡富提出，要以信息化发展为契机，提升文化科技创新能力，促进文化与科技的融合，加强文化生产和文化传播的数字化建设，增强文化产业发展的科技含量。

朱之鑫对如何推进文化科技创新提出了较为系统的见解：①加强科技创新攻关，提高文化产业装备水平和文化产品的科技含量；②推动科技创新成果转化，积极利用高新技术改造传统文化产业，培育文化产业新业态，加快构建覆盖广泛、技术先进的文化传播体系和创新体系；③健全以企业为主体、市场为导向、产学研相结合的文化技术创新体系。

一、推进文化业态创新，运用高新技术改造传统文化产业

第一，运用电子出版、数字影视、网络传输等现代高新技术创新文化生产方式，培育新的文化业态，大力发展文化创意、文化博览、动漫游戏、数字传输等新兴产业，以满足人们日益增长的需求水平和消费结构升级的要求。大幅度提高天津市文化产业的科技水平，力争在形成具有自主知识产权的核心技术方面，取得新进展和新突破。

第二，鼓励网络文化产品的创作和研发，开发文化数据处理、移动文化信息服务、数字远程教育及数字娱乐产品等增值业务，推动天

津市文化产业不断升级。通过市场机制和现代化手段，推动文化创意元素、文化创造成果转化为文化产品，进入市场消费，使潜在的文化生产力转变为现实的文化生产力，使人们的文化创造力产生良好的综合效益。

第三，注重科技创新和应用的前沿性，尤其要重视数字网络技术的开发和应用。积极研发和应用材料科学、计算机科学、科技考古、艺术设计等学科的最新研究成果，推动传统工艺美术、文化旅游、博物馆、图书馆等产业和事业的改造与提升，增加传统文化产业产品服务的附加值。

二、加速文化和技术融合，利用数字化高新技术培育新兴文化产业

文化产业是知识密集、信息密集、技术密集的领域，数字化已成为必然发展趋势。利用数字化高新技术，以创意创新为核心，培育新兴文化产业，实现文化产业升级换代。聚合高文化人才，参与创造和开发新的综合型数字化技术。特别是通过多层面的人文设计与概念建构活动，突破信息技术发展的瓶颈，扭转当前片面的信息技术发展方向，为天津信息产业的进一步发展，开拓出新的领域。

通过数字技术与文化产品创作的结合，发展以数字化生产、网络化传播为主要特征的动漫、游戏、网络文化、数字文化服务等新兴文化产业，推动优秀文化内容与数字等高新技术紧密结合，提高新兴文化产品和服务的数量和质量，提升文化产品的附加值，生产出更具竞争力的文化产品和服务，不断提高新兴文化产业对经济发展的贡献度。

三、强化科技支撑，打造区域性特色文化产业集群

积极运用现代科技手段丰富文化产品的生产方式和传播方式，促进文化产业与工业、高新技术产业的联动发展。利用现代科技，丰富文化产品和服务的生产方式和传播方式，发挥科技创新对创意产品内

容的启发效应和对产品形式创新的带动作用，把天津市的传统文化资源和当代文化成果转换成数字文化产品，在丰富网络文化内容的同时缓解科技进步与文化内容的落差，实现文化资源的可持续发展。

根据不同区县的特点，科学规划文化产业园区和基地，把它作为促进和推动天津市文化产业发展的突破口，形成一个具有特色鲜明的文化创新集聚区，提高文化产业规模化、集约化水平。利用产业集聚能够带来创新、外部性、社会资本和规模经济报酬递增等效应，在产业园区内引导传统文化产业与广播电视、网络、出版物等传播载体以及创意设计产业有机结合，推动和提升社会的认知和国内外市场的影响力。

四、实施科技兴贸战略，提高文化产品中高科技含量

文化产业和高新科技日益融合的今天，运用高新技术创造文化产品已成为当前国际文化市场一轮新的竞争浪潮，世界各国纷纷通过不断提高其文化产品、文化服务科技含量来开发、转变和引导市场消费热点，增强自身的市场竞争力。

天津市的文化产业的科技竞争力与世界发达国家之间还存在着较大差距，要提高文化产业的科技竞争力，只有不断地开发产品的附加值，开发高科技含量产品，摆脱依赖资源密集型产品的状况，引导软件开发商、网络运营商、内容供应商等各类企业开发具有世界先进技术水平、自主知识产权和区域特色的高科技文化产品。

通过建立国际合作，进行全方位多层次的科技文化交流，同时充分重视保护和开发文化产品内容的独创性和传统的民族特性，培养文化产业从业人员的文化创造力，强化其创新意识；在对外来文化采取兼容并蓄、广收博取的同时，对天津市的传统文化资源进行充分挖掘，顺应当今社会信息化、网络化的发展潮流对文化生产、传播及消费方式带来的新情况、新变化，加快文化信息数字化进程，开发出更富新意、更具文化底蕴、更符合当代市场需求的新型文化产品。

五、加强政策扶持，推动文化产业和高新技术产业创新融合

将数字文化产业的发展作为战略性内容产业，积极支持与数字文化产业相关的高新技术的创新、引进、吸收和消化。以电影业为例，在文化产业发达的国家，对影视产业的创制与传播产生影响的每一项科技成果，几乎都会同步运用于电影、电视之中。国外的文化产业在和科学技术的广泛融合中，不断创造出更大的市场竞争力。

促进文化产业"产、学、研"结合。技术科研机构，文化产业企业和政府之间要合理分工，确定文化企业的技术创新主体地位，促进科技、教育、文化产业企业之间的联系与合作，加强"产、学、研"结合，尤其要鼓励教育的产、学、研相结合。特别是高等教育要利用自己的科研优势，兴办高科技文化产业，并以高效的经济效益来支持与发展文化和科技。

实施优先扶持政策，在文化产业专项资金中，优先扶持科技创新和版权交易产品。积极鼓励知识创新、技术创新，推动文化产业与信息产业的结合，鼓励开发技术含量高、市场前景好、竞争能力强、能形成产业规模的文化产品，提升企业的市场竞争力，实现天津市文化产业跨越式发展。推动科技创新与制度创新的融合，建立起产、学、研相结合的文化科技创新体系和知识产权保护制度，促进科技成果向创意产业转化。加快文化产业相关地方法规和政策的研究与出台，以确保数字化过程的规范性和合法性，合理制定网上传播版税的分配比例，使著作权人、制作者、网络经营者、消费者之间的利益得到公平分配。

第五节　投资主体多样性

投资主体多元化是文化产业集群生存和发展的重要条件。制约天津市文化产业集群区域发展的一个重要因素就是文化产业的投资渠道

过于单一，资本结构不合理，所以，我们要彻底打破文化产业领域中国有资本垄断和政府行政垄断的局面。文化产业的发展离不开市场机制在资源配置中的基础性作用，应当发展哪些文化行业、应当采取什么样的组织方式来进行生产经营都应当尊重市场的需求，让微观经济主体自主决定自主选择，尽量避免采取行政决定的方式。

天津市现阶段的文化产业集群要想健康稳定的发展，就必须实施多元化的投资战略，充分发挥政府和市场这两种机制，形成国资、民资、合资共进并举的发展格局，要鼓励和引导社会资本进入文化产业，适度放开外资准入门槛，推动资本渠道向多元化方向发展。

一、确立国有经济投资的主体地位

长期以来，在我国的文化领域，由于文化产业具有经济和社会意志的双重属性，这就决定了国有企业在整个文化产业发展过程中的主导地位，国有资本成为文化产业发展的主要资金来源，国有企业或者事业单位成为文化行业的经营主体。在党和国家发布的文件中曾多次强调，要努力形成一批坚持社会主义先进文化前进方向、有较强自主创新能力和市场竞争能力的文化创意企业与企业集团。

天津市委、市政府也要相应加快政府财政预算支出改革，调整财政预算支出投向。在国有资本投资方面，用于文化领域的财政资金较之于文化领域在国民经济中所发挥的作用来说，国有资本投入比例明显偏低。今后天津市政府应当调整国有资本投向，增加国有资本向文化领域投资的比例，以加强文化基础设施建设，构建文化产品和服务的公共服务体系和文化公共产品的供给。还应当加强政府财政预算对文化创新、文化战略性新兴产业的支持力度；加强对文化资源的保护，特别是历史文化古迹、民族文化和非物质文化遗产的财政资金支持力度；加强对文化资源挖掘研究方面的财政资金的投入；加强财政资金对博物馆、图书馆、歌舞剧院等文化场馆的投入；加强对广电网络、通信网络的财政资金投入；加强对民间资本进入文化产业的奖励与配套支持。优化国有文化资源配置，培育和发展一批实力雄厚的国有或国有控股大型企业和企业集团，鼓励国有企业开发原创性产品，打造具有核心竞争力的文化产业品牌，使之成为文化产业的战略投资者和文化市场的主导力量。

二、发挥多层次投融资渠道的重要作用

随着我国文化产业进入快速发展阶段，文化产业所需要的资金将会大幅度增加，仅仅依靠财政资金和国有资本限制了文化产业发展的资金来源，使得文化产业的发展长期存在资金匮乏的问题，不仅增加了财政负担，而且也越来越难以满足文化产业的发展对资金的巨大需求。天津市也应该顺应时代的潮流，放宽文化产业投融资的门槛，推动文化产业更快更好地发展。

首先，天津市委、市政府应当制定和完善文化产业投融资政策和制度体系，鼓励和支持社会资本投资文化产业项目，积极利用外资发展文化产业，实现文化产业融资渠道的社会化和投资主体多元化。

其次，放宽资金进入门槛，允许民间资金进入文化领域，允许民营企业经营文化产业。同时，市政府应当进一步放宽民营企业和民间资本进入那些公共产品属性不明显、外部性不明显的文化领域的法规制度，让这些企业按照市场原则进行合理经营。市政府还应当通过发展多层次的资本市场，包括股票市场和债券市场，让各种性质的资金可以通过多样化的渠道以各种各样的形式进入到文化产业领域。更要加快对国有文化企事业单位的股份制改造和民营化改革，为民营企业和民间资金进入文化领域提供更广阔的机会。加强对银行等金融机构的市场准入改革，增加非国有银行等金融机构的比例，也可以扩大民间资本进入文化领域的机会。完善我国金融市场体系，允许文化品牌、版权等知识产权进行抵押贷款。

最后，政府还要尊重市场规律，发挥民营资本在资源配置方面的重要作用。允许境外资本进入到政府允许和支持的文化产业领域，如投资兴建文化公共设施，开发文化旅游资源，与境外合作摄制影视片、举办文博会等。要通过文化交流、招商引资等方式，进一步加强国际

上的合作与交流，进一步拓展对外经营领域和国际文化市场，全面提升天津市文化产业的综合竞争力。

三、充分发挥政府和市场两种机制，共同推动投资主体多元化

随着文化产业发展对资金需求的不断增加，文化产业投资的多元化发展趋势不可避免。但是，文化投资的多元化并不意味着政府财政投资的减少，相反，加大政府财政投资，对满足文化公共基础设施需求和文化公共产品供给也十分必要。目前，天津市正处于文化产业快速发展的时期，政府财政资金应当向文化产业倾斜，增加对文化产业的投入。市政府还应当加强对文化基础设施领域的财政投入，推动文化产业与高新技术的融合。在这里，我们应当借鉴美国政府对信息和互联网技术投入大量财政资金的做法，从而推动天津市信息技术和互联网基础设施的普及。所以，天津市政府应当充分认识到这二者之间的关系，并且为之付出努力，从而更快地推进其文化产业的发展节奏。

此外，天津市政府要积极发挥资金的引导和示范作用，创新文化产业投融资形式，盘活文化产业资本存量，带动更多的社会资金和企业投资参与文化基础设施建设中来。市政府可以组建文化产业投资公司，由财政投入引导资金同时吸收一定比例的社会资本，对重点文化项目建设进行市场化的资本运作，带动社会资金投资文化产业。此外，市政府还可以设立由政府主导的文化产业投资基金，以推动资源重组、结构调整和发展文化产业为目标，充分发挥财政资金的杠杆作用，搭建文化产业的投融资平台，来带动更多的机构对文化产业进行股权投资。

文化企业作为文化产业的市场主体，可以从企业内部整合资本存量和加快资本增量扩张，壮大企业资本实力。同时，文化企业间也要建立以资本为纽带、以市场为导向的投资机制，通过加强合作，实现资本共享和优势互补。具备条件的大型文化企业集团和发展前景好、科技含量高的中小型文化企业可以积极通过资本市场进行融资把企业做大做强，同时引进更多的有实力的战略投资者，为文化企业发展提

供有力的资金保障。此外，金融机构如银行业，除了流动资金贷款、项目融资等传统业务外，还可以推出适应文化产业"轻资产重创意"特点的金融创新产品，如收费权质押和版权质押等无形资产的质押方式。银行业可多业并举，为文化企业提供综合金融服务，以国家开发银行为例，积极运用"投、贷、债、租、证"综合金融服务，为文化产业集团设计融资方案，推动其快速发展。在条件成熟时期鼓励风险投资机构、私募股权投资机构等对文化产业进行投融资。

第六节　产业集群化

文化产业在天津市尚属新兴业态，文化产业集群还处于初期发展阶段。所以，在目前和今后的一段时期内，天津市文化产业集群将面临许多问题和前所未有的挑战，同时也将迎来难得的发展机遇。总体来看，随着经济全球化的发展，国家和天津市政府发展文化产业的政策支持，文化产业集群发展的环境日益趋好。我们要趋利避害，抓住难得的战略机遇期，制定和实施正确的文化产业集群发展战略，就能够发挥后发优势，抢占文化产业制高点，实现文化产业的超常规、跨越式发展。

根据当前国际发展趋势以及天津市文化产业集群的发展条件与区域布局，天津市文化产业集群发展应实施集团化战略、品牌化战略、国际化战略、法制化战略和可持续发展战略等八大战略，以提高文化产业集群的核心竞争力，推动区域经济快速发展。

一、实施集团化战略，实现文化产业规模化经营

所谓文化产业集团化和规模化，就是指以资产联合或资金联合为基础，使文化产业及其相关产业在空间上集聚，通过协同作用，降低生产和交易成本，提高企业生产率。营造一种良好的创新氛围，激烈的竞争环境以及完善的地方配套体系，从而形成强劲、持续的竞争优

势现象。集团化发展和规模化经营，是发达国家发展文化产业的基本经验，值得天津市认真学习和借鉴。

（一）建立现代产业集团，推动文化产业集群化发展

全面推进天津市文化体制改革，加快国有大企业的改组、改制和改造，大力推进文化产业的结构调整，以培育具有国际竞争力的文化企业集团为重点，通过兼并、联合、重组等方式，提高文化产业集中度，实现规模化经营，以最大限度地实现文化产业的外部效应。建立自主经营、自负盈亏的现代文化产业集团，就是要增强龙头企业的辐射能力和带动作用，通过市场运作机制，合理配置文化资源，形成创作与产销一体文化产业集群。

（二）强化市场运作力度，完善文化产业利益链

文化产业集群并不是相关企业简单扎堆，而是以政府调控、宏观引导、市场化运作为主要手段，推动文化产业集聚区的形成和发展。一方面，政府要选择一批成长性好、竞争力强的文化企业予以政策扶持，打破部门、行业和所有制限制，整合资源，做大做强文化产业的龙头企业，并带动相关产业的发展，尽快壮大文化产业集群规模；另一方面，强化市场运作力度，要以需求为导向，以资本为纽带，鼓励企业进行资本扩张，大力支持文化企业持股上市。建立小企业与核心大企业的共生关系，积极促进内需与外资的有效结合，提升文化产业集群的集聚效应和市场竞争力，使文化产业集群真正成为文化产业发展的重要平台和区域经济发展的重要力量。

二、实施品牌化战略，形成区域经济差异化发展

品牌化战略是当前区域经济发展战略的重要组成部分，区域品牌对于文化产业集群发展同样会产生重要的影响。世界上一些著名的文化产业集聚区都拥有这样的品牌效应，如伦敦西区的歌剧、巴黎塞纳河岸区的时装、罗马帝国大道的雕塑、洛杉矶好莱坞的电影。品牌效应不仅扩大了文化产业集聚区的国际影响，而且对于扩大市场、吸引人才和资金起到了至关重要的作用。

（一）明确文化产业集群品牌的目标定位

天津市政府应根据区县经济发展的基本格局，依托本地区文化资源特色和现有的优势产业集群，对文化产业集群进行品牌定位。天津市政府要将文化产业品牌建设归入地方经济发展的总体规划，通过研究制定品牌化发展的总体思路、培育方向以及实施措施，通过以品牌规划资源配置、引导产业集聚，利用集聚效应形成产业区域品牌，最终发展成为区域品牌经济。当然，文化产业集群品牌定位后，还需要加强品牌推介，实现品牌营销创新。要通过各种形式的宣传让广大消费者了解它，接受它，进一步放大特色文化产业集聚所形成的品牌效应，提高集聚区的知名度。

（二）推动文化产业集群的差异化发展

目前在天津市很多文化产业园区建设中，文化产业结构相似，发展模式雷同等现象不断出现，难以形成区域品牌。因此，我们必须要做好集聚区形象设计，特别要凸显地方文化特色，进一步强化品牌个性；要围绕优势产业和龙头企业，集聚相关企业，延伸产业链，提升品牌核心竞争力和持续发展力。随着品牌建设的发展，区域文化产业集群的差异化发展趋势便以最直接的方式得以呈现。

三、实施国际化战略，提升文化产业的国际化水平

经济全球化是当今世界经济发展的大趋势，天津市文化产业融入国际市场的进程正在加快，这就要求天津市发展文化产业集群必须实施国际化战略，以应对全球经济一体化带来的严峻挑战。

（一）加大市场开放度，引进和借鉴国外文化产业发展经验

在加强知识产权保护的基础上，通过加大天津市文化市场的开放程度，鼓励外资进入天津市的文化市场；积极吸引国外文化企业来津办厂，建基地；要采取更加灵活的对外贸易政策，要加强文化产品和服务的对外出口，并积极引进国外的文化资源和先进理念；鼓励企业集团实施跨国战略联盟，积极参与全球文化产业的市场分工，不断拓展国际市场空间，逐步提升天津市文化产业的国际竞争力。

（二）加大对外交流，跟踪国际文化产业发展的最新趋势

天津市政府要制定对外文化交流发展战略，制定和推行战略性文化贸易政策，积极推动与文化产业发达国家的沟通，加强文化产业方面的交流与合作，加快与国际运行机制和经营模式接轨，使天津市文化产业尽快适应国际市场的竞争环境。要加强对国外市场的文化需求和消费心理的研究，跟踪国际文化产业发展的最新趋势，把握世界各国推动文化产业集群发展的相关政策措施，充分利用国际贸易市场规则，加大天津市文化产品的出口力度，并宣传和推广天津市的特色民族文化，不断扩大中华传统文化在国际社会的影响，以此拓展天津市乃至中国文化产业在国际市场的发展空间。

四、实施法制化战略，健全知识产权保护体系

文化产业被称为"头脑产业"，它更多地要依靠商标权、著作权、专利权等知识产权要素来支撑其发展。在一定程度上，知识产权就是文化产业的核心资产。但目前国家和地方的文化产业集群还处在发展的初级阶段，法律制度尚不完善，知识产权保护能力还很弱。因此，天津市要实施法制化战略，健全知识产权保护体系，对文化产业集群的形成与发展具有至关重要的意义。

（一）完善中央和地方知识产权保护体系，加强文化产业的立法和执法建设

众所周知，我国对知识产权的重视程度偏低，软件、音乐、出版等行业盗版现象严重，阻碍了文化产业的健康发展。在日益完善的市场经济体制下，我国应该不断修改和完善相关法律法规，强化版权意识，保护文化主体的合法权益，加强执法力度，严厉打击各种盗版、伪造、假冒等侵犯知识产权行为。要把文化产业集群发展与文化产品贸易纳入法制化轨道，并充分运用这些政策手段、法律规则来规范我们的市场行为，避免国内企业之间的非法竞争，维护国内市场稳定，为文化产业集群成长创造有利空间。特别是要从世贸组织的原则精神和中国文化发展的实际要求出发，重构我国的法律、法规和政策，加

快文化产业的战略性调整和重组，重塑文化市场秩序，充分运用世贸组织的保护性规则来保护正在成长中的中国文化产业。

（二）加大相关法律知识宣传和教育，提高市民知识产权保护意识

文化产业具有研发设计投入高而复制成本低的特点，特别是以知识产权为核心资产的新兴产业，对知识产权保护的要求比其他产业要高。因此，除制定和完善的知识产权保护法律制度外，还要培养社会公众，特别是文化企业的知识产权保护意识，让全社会都行动起来参与知识产权保护。一是由天津市政府、行业协会、园区管理者对文化产业从业人员、企业管理者进行培训教育，提高知识产权的保护意识和维权能力。二是通过志愿者宣传、各类媒体的广泛报道进行相关法律知识普及教育，为文化产业发展营造良好的市场环境。三是鼓励和支持著作权、创作权、肖像权及影视版权等各类版权的市场交易，促进知识产权保护技术的开发和应用。同时，要加强注册商标和专利的申请和保护，通过设立地方专项资助资金方式，对申请专利的企业和个人给予一定的资助。

五、实施可持续发展战略，提高文化产业集群的贡献度

与以物质上的生产和消耗为主的传统产业不同，文化产业是以文化资源和精神生产为基础的产业，故被称为"绿色产业""无烟产业"。文化产业的兴起，克服了传统产业高消耗、低产值的弊端，改变了过于依赖已经短缺的自然资源的产业发展模式，并带来了更高的经济效益和环保成果。文化是取之不尽，用之不竭的资源，应在更广泛、更深层的领域加以开发和利用，以促进产业升级，拓展产业链，提高文化产业集群的贡献度。

（一）巩固和提升文化产业经济地位，强化文化产业集群的可持续发展战略诉求

可持续发展理论的产生是 20 世纪人类发展思想史上的一次革命，它使人们在对待人与自然的关系、人与社会的关系的认识方面发生了深刻变化，保护环境、珍惜资源，实现可持续发展战略，已成为世界

各国经济社会协调发展的共识，也是我国现代化建设的必由之路。可持续发展理论从客观上需要文化产业这类污染少、能耗低的新型产业形态，也可以说，发展文化产业符合当今时代可持续发展的要求。

依据可持续发展观的要求，世界各国越来越注重发展一些投入少、产品附加值高、少污染的环保型产业，相对传统产业的发展，文化产业的发展不仅可以减轻对环境的污染，而且有利于通过对自然资源和文化资源的开发利用达到对环境的保护和净化目的，更有利于提高人们的生活质量，符合可持续发展战略的基本要求。从这个意义上讲，文化产业在各国经济发展中具有越来越重要的地位，成为世界各国重点发展的产业。

（二）发挥政府的宏观调控作用，推动文化产业集群的可持续发展

可持续发展战略早已被确定为我国经济社会发展的基本战略之一，这无疑也应当成为文化产业集群发展的重要指导思想。天津市文化产业的发展尚处于起步阶段，要促进文化产业集群的快速发展，必须充分发挥天津市政府的调控作用，这是推动文化产业集群可持续发展和竞争优势的重要因素。在天津市现已建立的文化产业集群中，由政府牵头主导建立的占据绝大多数，特别是在高新科技园区和新兴产业集聚区，由于政府一系列优惠措施的吸引，不断有新的企业入驻。政府行为和政策在文化产业集群网络形成的初始阶段以及成长阶段起到主导性的作用，政府政策对创新活动的鼓励和支持往往是其重要表现形式。

（三）重点培育以数字内容为主的新兴产业，增强文化产业集群能级

文化产业是知识密集型产业，主要依赖人的创造性和文化知识。文化产业的兴起是对传统自然资源依赖型经济的一种扬弃。在天津市现阶段的文化产业当中，自然资源依赖型的低端产业仍然存在，手工作坊式的中小企业仍集聚在很多经济区域内，不仅影响着文化产业集群的整体效益，而且制约社会经济的可持续发展。因此，在高新科技飞速发展的背景下，应广泛应用信息化、数字化技术，丰富文化产业内容，改造传统产业结构，重点发展以数字内容产业、创新设计产业等新兴业态，提高文化产品的科技含量。要依托高新科技，不断促进传统文化产业的升级，增加科技型企业在文化产业链中的比重，提高文化产业集群对社会经济可持续发展做出的重要贡献。

（四）注重文化产品的原创性，提升文化产业集群的核心竞争力

文化产业的本质是以人的创造性思维为劳动方式的产业，出发点是满足人们对文化差异性的需求。文化就是一种想象和创造，具有独特性、唯一性和超前性。文化的本身就赋予文化产品的原创性，而没有原创产品和创新能力的企业是难以持续发展的。原创性是文化产业集群发展的动力源泉，也是其核心竞争力所在。

因此，天津市要加大对创新型人才的培养和引进力度，鼓励和扶持企业以及个人对原创性作品的创作与开发，加大对原创性产品的保护力度。一是通过设立基金和奖励机制对原创性行为或成果进行表彰和奖励，通过完善出版权、专利权等制度来保护原创性产品。二要充分挖掘创造产品价值的核心元素，凝聚文化内涵，提炼文化品牌。三要在全社会树立创新意识，倡导原创精神，形成良好创新型社会环境，促使以原创性作为核心的文化产业集群在市场竞争中获得生机和活力，为天津市经济的可持续发展提供源源不断的推动力。

第七节 扩大文化消费

对于影响文化产业发展的各种各样的因素，文化消费对天津市文化产业发展的贡献度也是非常大的，文化产业发展的动力主要来自文化消费，这说明文化消费是当前影响天津市文化产业发展的主要因素之一。近年来，天津市文化消费一直保持着强劲的发展势头，文化消费总量不断上升，但是目前我市文化消费仍处于较低水平，文化消费仍然存在结构不合理、区域文化消费发展不均衡等突出性问题。因此，要大力发展文化产业，必须扩大城乡居民文化消费需求，增加文化消费总量，提高文化消费水平，促进城乡和全市文化消费协调增长。文化消费具有高层次需求的特点，可以根据城乡居民和天津市的文化消费习惯，调整文化消费结构，合理布局文化物质消费与文化精神消费的生产供给，分层次扩大文化消费。同时，要通过宣传引导文化消费逐步由低层次物质需求向高层次精神需求转变，由以城市为中心向城乡同步发展转变，由以发达区域消费为核心向全市消费协调共进转变，促进城乡和天津市文化消费的协调增长，从而促进文化产业的大发展。

一、增加文化消费总量、提高文化消费水平是文化产业发展的内生动力

文化消费是文化产品创作和生产的目的，是创作与再创作、生产与再生产不可缺少的依据。相对于文化生产，文化消费的作用更具有决定性。文化产品、文化服务只有通过文化消费，才能实现其价值。随着天津市经济水平的快速发展，文化消费对提高人们的精神水平、生活质量以及改善消费结构、建立合理生活方式的作用越来越大。优秀的文化产品可以提升消费者的思想层次，推动精神文明建设的健康发展，实现社会的全面进步。文化消费还表现为赋予物质消费以文化内涵，这与可持续发展理论也是相吻合的。文化消费是经济发展和社会全面进步的动力。全方位的文化消费对经济发展有重要的促进作用。因此，天津市应充分利用高新技术，加快构建覆盖广泛、技术先进的文化传播体系，不断为文化产品和文化服务注入新的内容，搭建新的平台，创造新的形式，增强文化产品和文化服务的表现力、吸引力和感染力，从而引导文化消费，扩大文化消费。

二、增加城镇居民人均可支配收入，扩大文化产品的消费需求

城镇居民人均可支配收入对文化消费具有显著的正向促进作用，是影响文化消费的主要因素。消费依赖于收入，收入不仅影响消费总量，更影响消费结构。文化消费对收入的弹性较大，要扩大文化消费需求，必须进一步提高居民收入水平。天津市各区政府可根据各自的

经济结构特征，发展优势特色产业，挖掘新的增长极，以经济增长带动居民收入水平不断提高。同时，继续大力实行收入分配制度，缩小城乡居民的收入差距，为居民文化消费创造条件。城乡居民人均收入水平的不断提高，有利于扩大文化消费需求，为天津市的文化产业发展提供了强大的发展动力。

三、降低文化产品的价格，提升文化消费整体水平

文化产品是富有弹性的商品，因此，在引导居民增加文化消费支出的同时应增加文化产品和服务的供给，降低文化产品和服务的价格。天津市政府和文化企业可以投资兴建更多的适合居民需求的文化消费场所，降低文化消费的机会成本。文化企业还应降低或取消对一些文化产品、文化基础设施的收费，降低文化产品和文化服务的价格，促进居民对文化产品的消费。同时，天津市政府应对能提升城镇居民精神文化水平的文化产品的消费提供补贴，降低居民文化消费的成本。市政府还要针对不同的消费群体制定不同的补贴措施，尤其是为困难群众和农民工的文化消费提供适当的补贴，补贴的形式可以包括直接价格补贴、消费券等，以提升天津市整体的文化消费层次和水平。

四、提高基层人民群众文化消费水平，培育新的文化消费增长点

当前，天津市文化产业的发展还不能满足人民群众日益增长的精神文化的消费需求，尤其是普通老百姓的文化消费需要。在文化产业和文化产品的结构布局上，存在重城市、轻农村，重高档、轻普及的现象。要发展天津市的文化产业，不断扩大对文化产品的消费，我们要把重点放在提高基层人民群众文化消费水平上。提高基层人民群众文化消费水平，不仅要使文化生产结构、文化产品结构同广大基层人民群众的消费需求相适应，还要开发特色的文化消费市场，提供个性化、分众化、专精化的文化产品以及文化服务，并且制定合理的文化

产品消费的价格体系，进而满足基层人民群众的精神文化需求。

虽然，天津市居民文化消费水平不断提高，但是，近年来文化消费有向庸俗化、享乐化方向发展的倾向。同时，天津市的个别区县仍存在文化消费观念落后、文化消费意识不强和文化消费层次较低的现象。因此，要不断加强文化消费宣传力度，鼓励新型文化消费方式，提高文化消费知识水平和文化消费技能，建立科学文化消费习惯和新式文化消费观念，引导广大居民的文化消费向更加积极健康的方向发展。

随着文化消费渐渐成为人们关注的消费新热点，文化消费结构不断优化升级，但仍存在文化消费结构不合理的状况。从文化消费的种类来看，传统文化产品消费比重较大，高科技文化产品消费比重较小。因此，天津市应加快推进文化与信息技术、数字技术的融合，积极发展新型文化产业，不断丰富文化生产和出版方式，为城乡居民提供更多高质量、多层次的文化产品和文化服务，积极引导文化消费结构合理升级。

天津市还应完善对部分区县的文化基础设施的建设和文化消费市场的建设，缓解其对城乡居民文化消费的制约作用。通过加强文化基础设施建设，实行政企分开的措施，对具有公益性质的文化设施，例如文化馆、艺术馆、图书馆和博物馆等，由政府出资建设。而对于具有商业性质的文化设施，鼓励并引导文化企业自主出资、投资建设，政府给予一定的监管和指导。同时，建立完善的文化消费市场，扭转部分文化市场不规范、不合理的局面，为文化经营和文化消费营造一个良好的发展环境，激发城乡居民潜在的文化消费需求转变为现实的文化消费需求，实现文化消费需求向多层次、多样化的方向发展，不断刺激文化消费需求的增长。

第八节　加快我国文化产业投资基金发展

文化产业投资基金在中国作为一种新兴的融资方式，是高度市场化的金融工具，政府需要明确定位，秉承市场化监管思路，充分发挥引导和培育作用，改善外部环境，同时明确监管重点，结合私人投资力量才能促进我国文化产业投资基金健康发展。

一、发挥政府引导和推动作用，保障基金市场化运作

政府在文化产业投资基金的发展中担任资金供给者、政策支持者和监管者三个角色，有着重要的引导作用。一方面，政府应该通过资金注入和政策支持，扶持文化基金的发展，并建立"协调、统一、高效"的审批与运作监管体系，以确保基金投资者权益；另一方面，文化产业投资基金作为按市场原则运作的商业性投融资主体，政府不宜干预其具体运作，而只能通过相应的财政金融政策对其加以必要的扶植和引导。为了发挥国有资本的引导作用，提高文化产业投融资效率，对于文化产业中的公益性部分以及公共性文化产业项目，国有资本应保证投入的力度。而对文化产业中公益性不强的部分和竞争性文化产业项目，国有资本应逐步停止投入，使之逐步转变为自主经营、自负盈亏的企业，建立起现代企业制度，从而起到引领不同层次文化产业健康发展的目标。例如，美国联邦政府主要通过国家艺术基金会、国家人文基金会和博物馆学会对其文化产业给予资助。英国对企业投资文化产业实行"政府陪同资助"，即当企业第一次投资时，政府"陪同"企业资助，其比例是 1:1。日本的文化产业发展运用了"产官学"模式，即由政府提供法律保障和政策支持，学术和研究机构负责提供市场预测、发展前景等信息支持，企业通过与政府和研究机构合作谋求文化产业发展。

二、加快文化体制改革，保障文化产业投资基金健康发展

构建文化产业投资基金的目的是为了解决我国文化产业融资难问题，然而，文化产业的发展情况也是影响文化产业投资基金发展的重要因素之一。因此，要加快文化体制改革，保障文化产业投资基金健

康发展。文化体制改革就是推动文化产业市场化，完善文化管理体制和文化生产经营机制，转变政府管理文化的职能，由办文化的主体转变为管理文化的部门，推动适合市场化的文化单位转制成企业，参与市场竞争，开放文化产业市场。政府支持把更多文化企事业单位推向市场，行业并购整合将加速，为文化产业基金的进入提供市场机会。加快推进经营性文化单位改革，拓展出版、发行、影视企业改革成果，加快公司制股份制改造，支持国有文化企业面向资本市场融资，支持其吸引社会资本进行股份制改造，放宽资本对文化产业的投资限制，拓展文化产业的融资渠道。从产业内部环境看，文化企业自身体制的改革、内部机制的理顺、市场化的运营，为文化产业投资基金的资金投入奠定了制度性的基础。从产业外部环境看，发展文化产业涉及多个外部行业，这就需要多部门的联合协调和支持。

三、规范文化产业投资基金法律法规制度

基于我国文化产业投资基金的法律法规制度的匮乏，我国应该加快完善法律法规制度，将文化产业基金纳入法制化管理的轨道中，理顺文化产业基金资金募集、管理机制、投资机制以及退出渠道等问题，建立和完善文化产业基金的监管机制，实现市场化的发展方向，创造良好的文化产业投资环境。因此，目前应以现有的法律框架为基础，针对产业投资基金可能选择的各种法律形式，完善产业投资基金设立的法律环境。法律环境的规范包括应对国资、外资、民资以及混合所有制资本的产业投资基金，建立统一市场、统一设立标准、统一监管方式、统一退出机制等。在这个方面，特别需要转变政府支持的观念和方式，政府应从直接支持转变为间接支持，发挥政府资源四两拨千斤的引导和放大效应。在方式上，可以设立政策性的引导基金，参与民间产业投资基金的发起设立，投资但不控股，引导但不干预。

四、完善文化产业投资基金运作体系，实现多元化募集资金

从我国目前文化产业基金的发展看，资金来源相对狭窄，投资项目相对匮乏，缺少大型机构投资者的支持。因此，国家应适度放开融资渠道，拓展文化产业投资目录，吸引具有资金实力的机构投资者进入文化产业基金中，实现多元化的融资。比如提高保险公司投资文化产业基金的资金比例，允许地方养老资金和外国机构资金进行文化产业基金的投资，鼓励证券公司设立文化产业基金等。设立市场化的文化产业引导基金（包括政府引导基金），通过投资文化产业基金引导社会资金对文化产业的投资。在这一方面，可以借鉴证券市场 QFII 制度，建立文化产业基金的合格境外投资者制度，引导境外机构投资者投资国内文化产业。国家从监管政策、市场机制、融资体系等各方面推进市场化进程，实现文化产业基金市场化、国际化、多渠道的融资，推动我国文化产业的快速发展。

五、丰富我国文化产业投资基金退出机制

目前我国主板市场、中小企业板市场以及创业板市场均已建立，代办股份转让系统试点也在进行，这都为产业投资基金的退出提供了渠道。首次公开上市（IOP）已被公认为最好的退出方式，公开上市不仅表明文化企业取得了较好的业绩，得到了监管机构、投资银行对公司的业绩和未来发展前景的确认，最关键的是基金持有人可以获得丰厚的资本收益，从而形成文化产业投融资的良性循环。借壳上市也是有效的退出方式，被投资的文化企业先收购上市公司一定数量的股份，取得对上市公司实质性的控制权后，再将自己的资产通过反向收购的方式注回上市公司内，实现间接上市，然后新型文化产业投资基金再通过证券市场逐步退出。然而，文化产业投资基金投资的企业绝大多数为非上市企业，多层次资本市场的建立和完善对于文化产业投

资基金的退出具有更重要的意义。所以要探索和完善具有中国特色的场外产权交易市场，不断完善 IPO、并购、借壳上市等退出制度，拓宽文化产业投资基金进入和退出通道；此外要充分发挥产权市场聚集和扩散信息功能，搭建股权、投融资信息平台，为文化产业投资基金投资非上市公司提供有效信息。

第十四章

新常态下天津市文化产业发展

第一节　天津市文化产业新动态

一、"文化+"激活市场潜能

2015 年 3 月，全国两会上，全国人大代表马化腾提交了《关于以"互联网+"为驱动，推进我国经济社会创新发展的建议》的议案，表达了对经济社会的创新提出了建议和看法。他呼吁，我们需要持续以"互联网+"为驱动，鼓励产业创新、促进跨界融合、惠及社会民生，推动我国经济和社会的创新发展。"互联网+"就是"互联网+各个传统行业"，但这并不是简单的两者相加，而是利用信息通信技术以及互联网平台，让互联网与传统行业进行深度融合，创造新的发展生态。在"互联网+"迅速发展的同时，文化也是可以和其他产业相融合的一种行业。

"文化+创意"是以文化为基因，以创意为翅膀，文化可以加上各种创新发展的元素。融合互联网、新媒体、高科技等手段，实现从传统的单一文化产品到多元、现代、高科技的文化产业转型升级，既拓宽了文化产业的覆盖面与内涵深度，又增加了文化产业附加值与竞争力。①文化产业与其他产业的融合是推动产业升级的有效因子。实现"文化+",是推动文化产业成为国民经济支柱性产业的必然要求,也是转变经济发展方式、实现相关产业升级的迫切需要。"文化+"不仅解决中国制造业新的竞争优势的问题,同时也可以实现以创新引导消费升级、推进扩大内需。在这种融合中,相关产业可以为文化的交流和传播提供平台,为文化资源的开发提供载体,实现文化产业的市场化和规模化。

在天津,文化产业首先围绕"文化+旅游"做足了文章。《天津市关于推进文化和旅游融合发展的实施意见》中提出,到 2015 年,文化与旅游快速融合发展,产业不断优化,新增 20 个文化旅游大项目,培育一批特色文化旅游演艺活动,举办 100 项特色文化旅游活动,文化、旅游产业增加值占全市 GDP 的比重分别达到 5%和 7.5%,成为国民经济支柱产业。到 2020 年,文化与旅游实现深度融合,文化与旅游等生产要素高效聚集,推出一批精品文化旅游线路,扶持一批骨干文化旅游企业,建设一批文化旅游聚集区,形成一批国内外知名的文化旅游品牌,文化旅游产业发展的主要指标位居全国前列,天津成为国际旅游城市和中国北方旅游中心。②作为打造文化强市、旅游强市的一项具体举措,该意见在天津文化旅游融合发展目标,以及项目建设、特色活动、内涵挖掘、资源整合等方面提出了明确要求,对于推进文化和旅游融合,加快构建文化旅游产业创新发展体系,打造文化旅游品牌,加快推进文化产业、旅游产业转型升级,做实"津津有味",有着重要的意义。

在"文化+金融"上,一方面,天津市加快构建适合文化产业发展的多层次金融产品体系。鼓励商业银行探索联保联贷等方式,为文化产业园区或处于文化产业链中的中小文化企业提供金融支持。鼓励金融机构对大型文化产业项目提供银团贷款、产业集合信托等支持;鼓励保险机构开发推广适合文化企业的保险产品,综合运用各类保险

---

① 资料来源:http://news.163.com/15/0523/07/AQ9JV4TM00014AED.html.

② 资料来源:http://finance.eastmoney.com/news/1350,20141105441987930.html.

产品，为文化企业融资增信并提升抗风险能力；支持符合条件的文化企业发行企业债、中期票据、短期融资券等融资产品，积极推动中小型文化企业发行中小企业私募债，研究推动有条件企业通过资产证券化等方式盘活企业资产。另一方面，天津市加快构建面向文化产业发展的多元化金融机构体系。鼓励银行建立文化产业支行，在机构设置、人员配备、专属产品开发和流程优化等方面为文化企业提供专业化服务；支持符合条件的出资人设立文化产业专营小额贷款公司、文化产业创业投资基金、文化产业股权投资基金，为中小文化企业提供融资服务；丰富租赁市场机构主体，引导演艺、展览、动漫、游戏、印刷、影视制作等文化企业以融资租赁方式解决购置重要设备的资金问题。鼓励各区县和各文化产业园区运用融资租赁模式进行文化产业基地开发建设，引导文化企业以融资租赁模式进驻孵化器、生产力促进中心等进行创业发展；加快各区县及有关功能区金融超市建设，规范金融服务对接平台运行机制，完善间接融资、直接融资、融资担保、增值增信、专业培训和中介服务等基本功能，为区域内文化企业提供全方位和一站式服务。①

在"文化+科技"上，天津市制定了《促进文化和科技融合发展的实施意见》，其中以形成企业群、延伸产业链、推进基地化为产业横向发展思路，以推进数字技术和信息技术在文化产业中开发应用为产业纵向发展重点，以产品设计与技术支撑、公共技术和服务平台、社会配套和管理为产业发展三个系统为目标，围绕数字动漫、数字游戏、数字出版、新媒体、广播影视、演艺装备等重点方向，突破一批关键技术，提高文化产品和装备技术水平，搭建文化科技创新载体，加快滨海新区文化和科技融合示范基地建设，辐射带动全市文化科技创新发展。

天津在文化与科技融合发展方面所做的工作，可以归纳为四方面：一是实施了一批文化领域科技项目。比如天津市通广集团公司与天津广电网络公司合作开发标清、高清多功能机顶盒，通广微电子有限公

---

① 资料来源：http://www.tjwhcy.gov.cn/system/2013/10/29/011148284.shtml.

司开发高清晰数字电视解码芯片，使有线广播电视网络从单一的电视节目播放平台，提升成为文化信息的交互式多媒体信息平台。二是培育和壮大了一批文化科技企业，促进了一批龙头企业和自主品牌的形成。如猛犸科技已经成为国内最大的手机游戏发行商之一，获批国家文化产业示范基地；世纪恒通推出了多款国内首创的手机动画作品，建立起覆盖全国的营销平台。三是推动建设了一批文化科技产业基地。如天津高新区软件园，目前已成为我国很有影响的文化创意软件企业聚集地。此外，天津市还积极争取到国家支持，建设以国家超级计算天津中心、国家动漫产业综合示范园、国家 3D 影视产业园等为代表的文化科技产业聚集和示范基地。四是积极开展了一批科学文化传播活动。进一步完善了科普联席会议制度，加大经费投入，优化发展环境。"十一五"以来，天津市共组织各类科学文化普及讲座 6.7 万场、展览超过 2 万场、竞赛活动 8300 余次，每年公众参与人数达到 1000 万人次以上。市级科普教育基地达到 93 家，年接待公众超过 320 万人次，出版了近千种科普图书。面向重点人群，开展了以科技示范校、青少年科技创新大赛，以及各类报告会、讲座等形式多样、内容精彩的科学文化普及活动，有力促进了公众科学文化素养和文明素质的提高。①

此外，2015 年出台的《国务院关于推进文化创意和设计服务与相关产业融合发展的若干意见》也推动了天津文化创意和设计服务与相关产业深度融合。"文化+创意""文化+旅游""文化+金融""文化+科技"等充满了想象力的构想，使静态的文化成为"流动的文化"，激活了文化中内含的产业生命力，在促进文化繁荣的同时，也促进了经济发展。

二、加大对小微文化企业的扶持

在金融支持上，经济增长步入新常态，经济下行业压力和就业压

---

① 资料来源：http://www.qstheory.cn/kj/kj/201112/t20111206_128020.htm.

力并存，在这种情况下，我们应积极践行"大众创业，万众创新"的理念，促进创意变成就业的机会和创业的资本，化压力为动力，让包袱变财富。天津市有文化企业 23000 多家，其中绝大部分为中小微企业，天津市目前初步构建了较为完善的中小微企业金融服务政策体系，贷款风险补偿机制的出台将进一步解决小微文化企业融资问题。①根据天津市新出台的《关于促进我市文化与金融融合发展的实施意见》，天津市将充分发挥多层次资本市场作用，支持文化企业在主板、中小板、创业板、中小企业股份转让系统、天津股权交易所、天津滨海柜台交易市场股份公司挂牌融资。

在政策支持上，2014 年文化部、工业与信息化部和财政部联合发布了《关于大力支持小微文化企业发展的实施意见》，这是国家部委首次发文支持小微文化企业发展。《实施意见》分别从增强创新发展能力、健全金融服务体系、完善财税支持政策等方面提出支持小微文化企业发展的措施。其中，专门提出要加快培养文化创业创意人才的步伐。天津市积极面向文化企业开展政策解读和宣讲，鼓励符合条件的中小微文化企业积极申报，用足用好政策，促进本市文化产业发展。②

三、弘扬传统文化下创建有天津特色的文化产品

（一）挖掘旅游文化产品内涵，加强文化旅游资源整合

我国是具有五千年悠久历史的文明古国，发展文化产业的文化资源丰厚。文化是一种包容制度、风习、精神情感的特有氛围，无论国家强盛还是落后，都存在这样一种人类精神集成的景观。中国传统文化源远流长、博大精深，民族民间文化丰富多彩、绚丽多姿。做大做强中国品牌，就要把优秀传统文化与现代商业文明有机融合起来，让中国产品植入中国文化元素和文化基因，让中国品牌更具中国气质、中国韵味。根据《天津市推进文化和旅游融合发展的实施意见》，天津

---

① 资料来源：http://www.mcprc.gov.cn/whzx/qgwhxxlb/tianjin/201503/t20150324_439598.html.

② 资料来源：file:///C:/Users/toshiba/Downloads/whxx-13.mht.

市将加强整合历史文化旅游资源，推进具有一定历史价值和文化内涵的风貌建筑、名人旧居、历史名校、工商业遗址等定时向游客开放。天津还将整合老城传统文化资源，深度开发三岔河口、大悲院、吕祖堂、文庙、桃花堤、估衣街、天后宫、天妃宫等资源，培育发展具有历史文化特色的旅游项目。①

（二）天津市培育特色文化产品，开发特色旅游纪念品

积极培育符合旅游市场需求的特色演艺产品，不断提高景区的文化内涵。大力发展茶馆相声，研究恢复"八大天"（指曾在劝业场开设的八个名称中有"天"字的大型娱乐场所，即天华景戏院、天乐戏院、天宫影院、天会轩戏院、天露茶社、天纬台球社、天纬地球社、天外天屋顶夜花园）品牌，利用广东会馆、石家大院戏楼、鼓楼等载体，推出津味相声演出。在重点景区推出有特色的演艺精品，推进盘山、精武园、民园、北塘古镇等实景演出，利用津湾大剧院等场所打造体现天津特色的大型演出，支持利用文化广场、文化中心等场所举办特色文化活动，营造良好文化氛围，形成演艺品牌。此外，还将进一步开发具有天津地方特色、城市形象、文化元素和景区个性化的旅游商品。大力发展杨柳青年画、风筝魏、泥人张等特色工艺品生产，鼓励木版画、风筝、剪纸、泥塑、面塑、砖雕、手工编织等民间工艺品创作生产。开发旅游创意影视、动漫、游戏等新型文化旅游产品。②

（三）推进重点旅游文化项目建设，挖掘旅游的历史文化内涵

天津市将加快推进重点文化旅游项目建设，打造文化旅游精品景区和线路。方特欢乐世界、欢乐谷、凯旋王国等市民熟知的景点将提升改造，成为文化旅游品牌景区；加快推进七里海湿地公园、中国艺术家聚集区、盘龙谷文化城、杨柳青大院文化区等休闲度假旅游区建设；进一步开发建设和平区五大道近现代文化旅游街等特色文化旅游聚集区，形成新的文化旅游热点。

此外，要深入挖掘旅游主题板块的历史文化内涵，在历史街区建

---

① 资料来源：http://news.enorth.com.cn/system/2014/11/13/012262877.shtml.
② 资料来源：http://news.enorth.com.cn/system/2014/11/13/012262877.shtml.

设小型博物馆、陈列馆、体验馆和室外雕塑等。丰富消费业态和都市旅游夜生活，增设广场演出、酒吧演出、街头演出和游客参与类项目，培育晚间旅游消费市场。

四、新的文化消费观念的形成

中国消费结构的第一次升级是基本生活用品消费，第二次升级是彩电和冰箱消费，第三次升级是汽车和住房。第四次消费升级应该向旅游、教育、娱乐等文化类消费品转变，文化消费将成为新的经济增长点。中国人民大学、文化部文化产业司联合发布的2014年"中国文化消费指数"，天津市位居北京之后，跻身文化消费综合指数第二名，并在文化消费环境、文化消费能力、文化消费满意度等分指数中均位列前五。[①]天津市消费的升级促进了文化产业的升级。不同层次消费需求的释放，使市场竞争逐渐转向质量型、差异化为主的竞争，也必然要求文化生产企业进一步提高资源配置效率，由内生性要求引导文化产业升级。[②]2014年，天津市人均食品烟酒消费支出8069元，增长11.1%；人均衣着消费2051元，增长12.7%；人均生活用品及服务消费1387元，增长13.4%；人均教育文化娱乐消费2013元，增长13.2%；人均医疗保健支出1721元，增长10.2%。居民人均居住和交通通信消费都有小幅上涨，其中人均居住消费增长6.3%，交通通信消费增长3.4%。人均教育文化娱乐消费增长幅度超过大部分支出的增长幅度，人民更加注重教育文化娱乐消费。全年人均在外用餐消费1914元，增长18.3%，占食品消费的23.7%。食品价格的相对稳定，也使居民有余钱更多关注衣着和文化娱乐等消费。[③]

此外，2015年天津北方演艺集团宣布发行6万张"天津市文化惠民卡"，以帮助更多的市民走进剧场，把文化惠民和培育文化市场有机结合起来，以惠民促市场，引导更多的市民改变消费习惯，自己购票

---

① 资料来源：http://www.ccdy.cn/zhuanti/2014zt/bjblh/xiaofei/201412/t20141215_1034961.htm.

② 资料来源：http://www.chinanews.com/sh/2015/03-27/7162391.shtml.

③ 资料来源：http://www.tjcoc.gov.cn/html/2015/shujutongji_0129/31734.html.

走进剧场，推动天津市演艺市场逐步健全和发展。

第二节　文化产业的新推动力

一、文化跨界融合，推动中国经济结构转型升级

　　文化产业的发展将带动文化科技、文化金融、文化旅游等多个融合产业的快速兴起，也将进一步推动我国经济结构的转型升级。文化产业对经济发展的溢出效应、共振效应凸显，随着我国新型工业化、信息化、城镇化进程的加快，"融合"被认为是文化产业发展方式转变的重要手段，将成为"新常态"形势下的重要发展态势。随着产业发展的相互融合和渗透，文化企业必将实现经营业态的多元化。[①]促进产品与文化的深度融合，积极推动文创产业融入人们的工作和生活。通过产业融合突破产业分立，可以为文化产业扩大规模、扩展事业范围、扩张产业边界、开发新产品和新服务、创造新业态，推动文化资源在更大的范围内进行合理配置，进而促进文化产业跨越式发展。在跨界融合中要加强融合性，也就是"融合性+渗透力+辐射力"。文化产业因其融合性，在带动相关产业的发展、推动区域经济发展的同时，还可以辐射到社会的各个方面，在一定范围内、一定程度上提升人民群众的文化素质。

　　在跨界融合、混业经营成为大趋势的今天，应避免为融合而融合的"拉郎配"式的行为——缺乏市场基础和内在动力的融合，往往导致人力、物力和财力等资源的浪费。因此，在跨界融合中应做到：有机融合，是指要找准创意设计与相关产业的结合点，在这个结合点上展开的创意设计及其融合实践；创造性融合，就是要在有机融合基础上，进行富有创新性的实践，并能够形成独有的风格和独立的知识产

权；有效融合，不仅指符合行业特点和需要进行融合，而且还要适应相关产业市场拓展的需求与可能。①

二、骨干文化企业壮大，小微文化企业助力文化产业发展

骨干企业是一个行业中经济规模、生产效率、技术含量、发展势头、社会影响力等方面均具有重要影响和地位的企业。文化产业发展的规模、方向以及整体实力取决于骨干文化企业发展的质量和水平。骨干文化企业特别是国有文化企业要更加自觉地把导向管理融入企业发展的理念和制度体系中，形成符合现代企业制度要求、体现文化企业特点的资产组织形式和经营管理模式。

在新常态下，新兴产业、服务业、小微企业作用更凸显，生产小型化、智能化、专业化将成为产业组织新特征。小微文化企业是实现我国文化产业蓬勃发展的重要力量。小微文化企业的发展，丰富了文化产品和服务的供给，促进了文化市场的活跃与繁荣，激发了文化产业发展活力，扩大了文化领域就业，对于推动经济转型升级、促进社会和谐具有重要意义。小微文化企业数量多、个体小，活跃在文化产业中市场竞争最为充分的领域，对人民群众多层次、多样化的精神文化需求把握更为敏锐，能够从市场变化中及时发现商机，创造出新的文化产品甚至是文化消费、服务的模式与业态，形成自身的独特竞争优势。可以说，小微文化企业是我国文化领域最具创新活力的群体，推动了文化产品内容、文化表现形式、文化传播方式、文化服务模式等方面的创新。我们要更加关注和支持小微文化企业这些当代中国文化建设的"草根族""微力量"，进一步激发其发展的内生动力，进一步解放文化生产力。按照经济新常态的判断，2015年中国经济不可能保持高增长，而经济增长每回落一个百分点，就会影响到1000万人就业。小微文化企业由于创业门槛低、限制条件少、吸纳就业能力强，成为广大心有创意但条件有限的创业者实

---

① 资料来源：http://cul.jschina.com.cn/system/2015/05/15/024729893.shtml.

现梦想的理想选择，也为愿意从事文化产业的人们特别是年轻人提供了施展才华的广阔空间。小微文化企业的存在助力了大众创业万众创新。天津市出台的对小微文化企业的保护政策更好地促进了小微企业的发展，反过来小微企业也增加了就业，更加灵活地推动了天津市的经济增长。①

所以，天津市应一方面要通过横向和纵向整合，打造"文化航母"；另一方面更要促进民营企业、小微文化企业发展，为大众创业、万众创新积蓄动能通过纵向上下游并购打通链条，推动文化企业之间的联合重组，培育一批大型骨干文化企业集团；同时，骨干文化企业要通过资源和规模优势带动小微企业发展，促进"文化航母"和"护航舰队"之间形成多元互动的梯队布局。

三、以科技为核心的文化产业推动经济增长

文化与科技的融合，核心是互联网技术和文化产业的结合，文化产业与互联网融合发展将是未来发展的必然趋势。科技创新是文化发展的重要引擎，不断丰富文化发展的内涵、加快文化演进的步伐、延伸文化传播的领域。在文化产业中，雄厚的资金、厂房、设备等物质资本不再是企业成功与否的决定性要素，科技创新才是企业脱颖而出的重要保障。在2015中国天津茶业及茶文化博览会中，现场摆设最多的并不是茶叶和茶具，而是各种各样的二维码信息。通过搭建移动网络平台，配合线上线下活动，将这些做茶叶的人汇聚在一起。用互联网的用户体验模式将产品和活动推广出去。互联网+与茶文化的深度融合开创了互联网+茶文化创新 O2O 新模式。天津市在"互联网+"时代下，既面临挑战，又面临机遇，要接受挑战、抓住机遇，把数字文化这一核心产业做大做强。

---

① 资料来源：http://news.xinhuanet.com/fortune/2014-08/19/c_1112143672_2.htm.

第三节 新常态下文化产业的调整方向

一、用互联网推动文化产业发展

互联网与其他产业的融合提出已久，全社会对于"互联网+"的关注度及其意义的认识，达到前所未有的高潮。以"互联网+"为契机，文化产业业态创新加速，产业链条更加完善，随着网络、数字、信息技术的发展，动漫游戏、数字电影、网络视频、移动多媒体广播电视、公共视听载体、数字出版、手机出版等新兴文化产业迅速崛起，拓宽了文化产业的领域。互联网正在进入文化产业的各个领域，其庞大的用户基数也为文化产业带来新的增长可能。文化工作者首先要把自己变成"互联网人"，将互联网的商业模式和思维习惯引入文化产业管理，寻找到一条适合文化产业科学发展的道路。互联网既是文化潮流的新生呈现，又是文化传播的重要平台，如今网上商贸大行其道、电影网络售票占据半壁江山、报业杂志和广电离不开互联网等，都昭示着文化平台对于经济文化的影响之大。文化产业、文化企业抓住"互联网+"的机遇势在必行，互联网尤其是移动互联网在文化生产、传播等方面都至关重要。天津市文化建设应坚持以本土文化为核心，借助互联网、依靠经济新常态的制度建设和产业结构调整，不断促进文化产业发展。互联网对创客文化、创意经济的推动非常明显，它再次激发起全民创新、创业，以及文化产业、创意经济的无限可能，而这个过程中最重要的要素、最强大的动力就来自于跨界融合。跨界融合突破了过去狭窄的范围，以更大的优势和规模展开新发展。互联网金融的发展对于推动大众创业、万众创新有很大的积极作用。

（一）互联网激发文化消费意愿，提升服务升级

互联网对于文化产品商业模式产生了强烈的冲击，互联网以其传播优势，正在改变传统文化产业的营销渠道。互联网作为兼容性极强的主流平台，有很大的合作空间，可以和很多行业广泛合作。很多文

化企业开始与互联网技术、电商结合，对接线下营销，进行线上线下的合作。中国文化产业投资基金副总经理张元林指出，互联网平台颠覆了传统资讯生产的组织形式、传播途径、商业模式，借助互联网，资讯传播传递成本变得非常低廉。电商的发展不仅培养了新一代消费者网络购物的习惯，而且也使人们在知识、文化、艺术、美学等多方面的个性化需求得到满足，激发起人们的文化消费意愿。[①]

（二）互联网打通文化领域产业链，消除壁垒

随着网络技术的发展，人们对互联网的依赖性在不断增强。早年的"泛娱乐"战略融合发展模式抓住了市场需求，以网络平台为基础，展开电影、音乐、动漫等多领域、跨平台的商业拓展，从产业链上下游纵向看，它们贯通资金、内容制作、演艺明星、宣传推广、发行销售、衍生产品等各个环节。互联网颠覆了经济，也颠覆了文化产业，形成了新的文化产业生态链，文化产业要根据自身的情况不断提升，并在这个新的生态链中找准自己的位置。

（三）规范互联网文化生态，保护产权

文化产品的质量始终是决定产业和市场发展水准的关键，而互联网文化产品的核心是产权保护。保护网络版权、培育正版消费理念有利于激发内容创作者的活力，是促进文化产业振兴的基础，也有利于提升我国文化软实力。互联网企业既要不断创新商业模式，实现基于正版文化运营的盈利，也要发挥企业责任，积极打击盗版。

二、创造有生命力的文化产品，创建中国品牌

中国民族文化包含我国五千年的文明史和少数民族文化两方面。民族文化与文化产业互生共存，民族文化是文化产业的创意来源，民族文化是一个特定区域内的民族民众在长期的生活和生产中自发创造的，并为这个民族世世代代所喜爱和传承、凝聚着这个民族的精神和智慧、承载着这个民族文化血脉和情感因素的文化形态。文化产业是

---

① 资料来源：http://culture.people.com.cn/n/2015/0319/c22219-26717120.html.

民族文化的发展路径。中华民族文化积淀深厚、丰富多彩，是当今文化产业发展的土壤和根基，是取之不尽用之不竭的宝贵资源。将民族文化贯穿到文化产业的各个方面，使文化产品成为有着精神的杰作，才可以使文化产业发展的越来越深远。衡量文化产品的有效方法就是名牌的多少，拥有名牌的多少，也是一个国家经济实力的象征。名牌就是质量，就是效益，就是竞争力，就是生命力。比如，中国拥有生产 iPhone 的工厂，而美国拥有生产 iPhone 的创意，要想改变这样的格局，就必须仰赖由"中国制造"向"中国创造"的跨越。加快培育更多世界级企业和世界级品牌。天津市应坚持政府引导和市场运作相结合，培育激活文化演出市场，满足广大市民日益增长的文化消费需求，打造天津文化产业品牌。[①]

三、对文化产业进行顶层设计

未来十年，经济增速整体放缓，市场环境由大众化消费向小众化市场转变，这种外部环境与内部环境的悄然改变，决定了中国企业的转型升级已经迫在眉睫。然而，由于缺乏顶层设计，众多企业发展方向不明、经营战略缺失，导致转型升级陷入"不转型是等死、转型是找死"的困境。中国企业唯有注重顶层设计，在对未来趋势前瞻性预判的基础上，进行系统性、体系化的战略规划，并把战略和利益分配挂钩，把战略与管理部门职能转变挂钩，把战略与企业文化再造挂钩，才是实现企业转型升级、打造智慧企业的出路。文化产业说到底并非简单是文化的产业。比如目前网络视频和在线游戏已经成为电视生产的标配。再比如休闲农业作为从传统农业中衍生出的一种新型产业形态，兼具农业和旅游业的双重属性，也具有浓厚的文化内涵。这些都与目前正在进行的文化体制改革和一般意义上的文化产业促进又大有不同。而在中国这样一个拥有强大政府的国家里，产业的融合首先需要主管部门的融合。这必须进行"文化+"顶层设计。我国的文化体

---

① 叶琪.适应新常态发展繁荣文化[J]. 中国社会科学报，2015（6）.

制改革由浅到深，由外到内已经获得增量性的改革突破，但是未来还需要从文化体制、社会体制、经济体制、政治体制等几方面进一步的深化改革。

四、扩大对外开放合作，推动天津文化走出去

在走出去的过程中，应充分尊重当地人民的文化和宗教习俗，让本地区的开发者参与其中，对当地的文化、服饰、语言，给予充分的尊重和保留，让产品本地化。以传统文化为根基打造民族文化品牌，并针对不同客户需求，尽量与当地多元文化相融合，是天津文化产业打开国外市场大门的关键。《关于支持文化企业发展若干税收政策问题的通知》及《关于应税服务适用增值税零税率和免税政策的实施意见》有关政策中，认真落实国家营业税改征增值税的有关规定，对属增值税征收范围的文化服务贸易进口在国内环节征收增值税，出口符合免税规定的实行免税政策。文化服务类企业属增值税小规模纳税人的，按规定适用简易计税办法。为文化产品和服务出口提供通关便利。积极推动文化产品走出去，将更多的天津文化产品推向世界。联合天津海关和市公安局出入境管理局，共同探索建立与文化产品和服务出口以及相关人员出入境相适应的通关管理模式，在保障有效监管的前提下，为文化产品和服务出口提供通关便利。对境内（外）文化企业出（入）境演出、进行文化项目（产品）制作和后期加工需暂时进出境的货物，提供通关便利。①

五、实现人才聚集升级，推动创意阶层崛起

人才是文化产业的创造者、经营者。随着文化市场的繁荣发展，市场中优秀的文化人才不断涌现，但体制藩篱依然存在，国有体制内的单位转企改制时间短，人才市场化程度不高；民营企业也存在市场

---

① 资料来源：http://www.ccitimes.com/zhengce/zhengce/2013-10-14/9365993659.html.

人才储备不足，特别缺乏高端原创人才、管理人才、营销人才等，人才结构性短缺问题依然存在。在对文化企业进行调研过程中，我们发现文化产业领军人物必须是复合型人才，既要懂经营，又要懂文化；既要掌握国内需求，又要了解国际市场。尤其是在跨界融合将成为文化产业发展新趋势的情况下，对文化产业领军人物以及从业人员的素质要求也会变得更高。文化产业学科具有跨专业、跨学科、跨行业的特点，因此，在人才培养过程中首先应当在依托于传统的广播、影视、出版、艺术等专业培养的基础上更加注重学生综合素质、创意理念的培养。其次，注重专业理论教学与产业实践教学的结合，让学生们在理论学习的同时参与市场、了解市场、适应市场。最后，注重跨学科的借鉴与融合。文化产业领域的学科建设不仅仅是简单的多个学科的简单融合，而是多学科的融合和交叉。对此，就要求我们在结合新技术、新理念的同时交叉融合出新的专业、形成新的学科增长点。[1]

六、找寻文化产业发展的内生性增长动力机制

作为一种经济形态，文化产业的发展和经济发展是一种血脉相依的关系，但从其发生、发展的机理来看，因文化本体价值规律的作用，文化产业发展又有某种程度的延后性。因此，从时间角度看，2015年是中国经济进入新常态的"第二年"，也是全面深化改革的关键之年。

2014年末，习近平总书记在中央经济工作会议讲话时强调："认识新常态，适应新常态，引领新常态，是当前和今后一个时期我国经济发展的大逻辑。"也就是说，我国经济发展正从高速增长转向中高速增长，经济发展方式正从规模速度型的粗放增长转向质量效率型的集约增长，经济结构正从增量扩能为主转向调节存量、做优增量并存的深度调整，经济发展动力正从传统增长点转向新的增长点，而文化产业就是新的增长点之一。

为此，需要我们进一步认识的是，近年来文化产业的发展速度基

---

① 资料来源：http://edu.qq.com/a/20141212/048532.htm.

本保持在 15%以上，2013 年占 GDP 比重已达 3.77%。如此快速增长，固然有中国文化产业起点低、基数小的原因，特别是在诸多利好政策推动下，文化产业的发展迎来一个爆发期。今后一段时期，我们仍可乐观地认为，文化产业总体增长完全可能继续保持在 10%左右的增长率，特别是 2014 年，无论是在中央和国务院层面还是部委层面，文化产业政策均密集出台，这都为 2015 年文化产业新的发展创造了条件。但发展的速度不会一直在高位上运行，因为中国经济整体活力难以提供基本面的支撑。

因此，我们必须冷静地看到，近年来，地方文化产业园区空心化、主题公园亏损倒闭等问题不绝于报端，特别是以文化产业之名跑马圈地搞房地产开发给文化产业园区发展带来的隐性破坏等，均为文化产业的健康发展埋下了隐患，值得警惕。面对中国经济新常态的大背景，文化产业如何找寻和明确其内生性增长动力机制显然是个关键。因此，通过创新驱动，实现文化企业和文化产品转型升级，提高投资收益率，不仅是文化产业自身发展的内在需要，也是创造有效需求、引导文化消费、满足人民群众多样化文化需求的必然选择。

十八大以来，本着对内和对外双向开放的战略，党中央提出和强化了一系列新的发展战略，包括新型城镇化战略、"一路一带"、长江经济带和京津冀一体化协同发展战略，不仅为推动区域经济社会发展提供了新的路径，也为 2015 年区域文化产业空间布局、特色文化产业发展和文化走出去战略实施提供了想象和实践的空间以及新的重要支点，对此，无论是政府还是文化企业要有充分体认和感悟。

以长江经济带为例，东起长三角地区、西至云贵高原，覆盖上海、江苏、浙江、安徽、江西、湖北、湖南、四川、重庆、云南、贵州 11 个省（市），包括中国农业、工业、商业、文化教育和科学技术等方面最发达的地区，也连接着中国十分贫困的地区。正如李克强总理指出的，建设长江经济带，对于有效扩大内需、促进经济稳定增长、调整区域经济结构、实现中国经济转型升级具有重要意义。

因此，打破行政壁垒、地区分割，实现"产业接起来、要素流起来、市场通起来"，不只是经济领域也是文化市场和文化产业繁荣发展的应有之义。有鉴于此，为了更好地推进区域文化产业的健康发展，我们有必要重申和强调这样的观点：对于有着五千年历史文明和广阔国土空间的国家，应在国家战略的层面上对文化和文化产业的空间布局进行硬性约束，从而根据区位优势、资源禀赋和生产要素聚集程度的不同，结合十八大以来所提出的一系列国家战略，建立起符合我国东、中、西差序化发展现实的层级化文化产业布局。这将是 2015 年也是今后一个时期推动文化产业发展的重大问题之一。只有在空间布局清晰的背景下，文化产业园区的 3.0 版的生成与发展才能找到更清晰的定位，才有更大的发展空间。

　　另一方面，从调整产业结构的角度来看，文化产业作为现代服务业重要的组成部分，其繁荣是城市现代化的重要标志，也是推动城市产业结构优化升级的动力，特别是基于互联网的现代服务业正在深刻地改变着世界，网络信息服务业、电子商务、互联网金融等新业态、新模式不断催生新的增长点。因此，借力文化与科技融合以及互联网经济快速发展的潮流，推动整个文化产业升级转型，也是文化产业能否在 2015 年进入新常态的关键。

　　经过十余年的高速发展，特别是文化产业被确立为国家战略新兴产业，这不仅为完成"十二五"文化产业发展规划的任务赋予了新内涵，也为"十二五"规划的总结提出了新要求。

　　取势借力，一系列国家战略为 2015 文化产业提供了可期待的发展前景和转型升级的路径；蹄疾步稳，互联网经济浪潮为跨界融合的新型文化业态的生成与壮大创造了前所未有的发展空间；且行且珍惜，文化产业发展需要新常态。

参考文献

[1]袁海.中国文化产业区域差异的空间计量分析[J].统计与信息论坛，2011（2）：65-71

[2]高秋芳，曾国屏，杨君游.关于文化产业成为主导产业的投入产出分析[J].统计与决策，2012（1）：111-114

[3]成学真，李玉.文化产业发展对经济增长影响的实证研究[J].统计与决策，2013（3）：114-117

[4]施卫东，卫晓星.我国文化产业对经济增长的影响路径——基于PLS模型的验证[J].经济管理，2013（5）：139-148

[5]马骏.文化创意产业发展对经济增长影响研究[J].统计与决策，2014（20）：149-152

[6]安景文，刘颖，朱伟.北京市文化创意产业经济增长质量研究——基于细分行业的Malmquist指数分析[J].经济研究参考，2015（11）：91-94

[7]张荣刚.文化产业集群竞争力的演进动力机制分析[J].中国流通经济，2011（4）：70-74

[8]曾咏梅.文化产业集群形成机制分析[J].求索，2012（3）：86-87

[9]杨英法.文化产业集群与文化消费市场间良性互动机制的构建[J].云南社会科学，2013（2）：34-38

[10]麻敏，李勇.文化产业集群竞争力的评价方法[J].统计与决策，2014（1）：83-86

[11]方慧，魏文菁，尚雅楠.英国文化产业集群创新机制研究[J].世界经济研究，2014（1）：81-86

[12]钱明霞，金中坤，刘松.基于网络层次分析法的文化产业竞争力评价体系研究[J].科技管理研究，2011（17）：71-74

[13]梁君，黄慧芳.中国省级区域文化产业竞争力分析[J].统计与决策，2012（12）：91-94

[14]熊正贤，吴黎围.西部文化产业发展的区域竞合问题研究——博弈论角度[J].经济体制改革，2013（6）：46-50

[15]杨蕙馨，艾庆庆.全球文化产业竞争下的文化企业社会责任[J].广东社会科学，2014（1）：28-36

[16]胡惠林，单世联.文化产业研究读本[M].上海：上海人民出版社，2011.3-13

[17]韩顺法，杨建龙.文化的经济力量[M].北京：中国发展出版社，2014.103-112

[18]叶朗.中国文化产业年度发展报告（2014）[M].北京：北京大学出版社，2014.257-263

[19]高峰.天津文化产业发展现状及对策建议[J].环渤海经济瞭望，2013（10）：29-32

[20]韩顺法.文化产业对相关产业的带动效应研究[J].商业经济与管理，2012（7）：21-28

[21]蔡旺春.文化产业对经济增长的影响[J].中国经济问题，2010（5）：49-55

[22]莫童.文化产业与中国经济的可持续发展[J].中国文化产业评论，2004（2）：65-70

[23]丛琳.关于发展文化产业的思考[J].经济研究，2013（7）：43-48

[24]魏埙，刘骏民.现代西方经济学教程（上册）[M].天津：南开大学出版社，2001

[25]曼昆 G.经济学原理：微观经济学分册（第 5 版）[M].梁小民译.北京：北京大学出版社，2009

[26]高鸿业.西方经济学（微观部分）（第 5 版）[M].北京：中国人民大学出版社，2011

[26]顾江.文化产业经济学[M].南京：南京大学出版社，2007

[28]苏东水.产业经济学[M].北京：高等教育出版社，2010

[29]王慧炯.组织及有效竞争[M].北京：中国片经济出版社，1991

[30]张晓明，胡慧林.2009 年中国文化产业发展报告[M].北京：社会科学文献出版社，2009

[31]卡布尔 J.产业经济学前言问题[M].北京：中国税务出版社，2000

[32]史普博 D.管制与市场[M].上海：上海人民出版社，1999

[33]卡尔顿 D，佩罗夫 J.现代产业组织[M].上海：上海三联出版社，1997

[34]雷华.规制经济学理论研究综述[J].当代经济科学，2003（6）：84-88

[35]魏鹏举.文化产业的市场结构及其全球市场趋势研究[J].思想战线，2010（3）：64-67

[36]王乾厚.文化产业组织发展趋势及其研究意义[J].河南社会科学，2009（4）：56-58

[37]杨吉华.我国文化产业组织结构存在的问题及优化对策[J].现代经济探讨，2006（7）：26-29

[38]曲妍.文化产业集聚效应的城市体现——兼论天津文化产业的集聚发展[J].生产力研究，2013（1）：154-156

[39]张文龙，侯妍妍.论当前影响天津文化产业发展的制约性因素及解决对策[J].求知，2011（9）：10-11

[40]徐同修，鲍建辉，李树奇.京津冀文化产业协同发展探究[J].统计与管理，2015（1）：54-56

[41]刘长海.滨海新区今年积极推进文创与科技融合[EB/OL].天津市滨海新区文化产业网：http://www.bh.gov.cn/html/whcy/BHZX22818/2014-12-09/Detail_569488.htm

[42]徐恒秋.天津市文化产业快速发展 2013 年增加值占全市 GDP 比重达到 7.5%[EB/OL].人民网天津视窗：http://www.022net.com/2014/9-16/44665426306480.html

[43]天津概况[EB/OL].天津统计信息网：http://www.stats-tj.gov.cn/Category_1/Index.aspx

[44]黄满盈，邓晓红.中国金融服务贸易国际竞争力的影响因素：基

于"钻石模型"的实证分析[J].世界经济研究，2011（7）：3-9

[45]曲国明.中美创意产业国际竞争力比较——基于RCA、TC和"钻石"模型的分析[J].国际贸易问题，2012（3）：79-89

[46]李斌，刘会红，彭星.异质型人力资本对我国服务贸易竞争力的影响——基于"钻石"模型的实证分析[J].经济经纬，2013（6）：100-106

[47]施卓宏，朱海玲.基于钻石模型的战略性新兴产业评价体系构建[J].统计与决策，2014（10）：51-53

[48]于泽.基于"钻石理论模型"的城市文化产业竞争力评价体系设计[J].科技管理研究，2013（11）：88-92

[49]黄伟群.我国文化产业发展的主要影响因素实证分析[J].图书情报工作，2014（10）：19-23

[50]熊澄宇.世界文化产业研究[M].北京：清华大学出版社，2012

[51]周国梁.美国文化产业集群发展研究[D].长春:吉林大学博士学位论文，2010

[52]张琳.美国文化产业发展分析[D].长春:吉林大学硕士学位论文，2013

[53]肖江文.美国文化产业的发展分析及对我国的启示[D].北京：首都经济贸易大学硕士学位论文，2013

[54]夏义生.美国文化产业全球化战略及其启示[J].云梦学刊，2013，34（6）：6-8

[55]刘宗欣.英国文化创意产业的文化外交功能探析[D].北京：北京外国语大学硕士学位论文，2014

[56]汲立立.战后英国文化外交研究[D].北京：中共中央党校博士学位论文，2014

[57]陈美华，陈东有.英国文化产业发展的成功经验及对中国的启示[J].南昌大学学报，2012，45（5）：64-67

[58]李德芳.英国文化外交的世界影响力[J].当代世界，2012（4）：59~62

[59]白锰.法国文化软实力战略研究[D].北京：外交学院硕士学位论文，2009

[60]李璐.法国时尚产业研究[D].北京：首都经济贸易大学硕士学位

论文，2012

[61]王海冬.法国的文化政策及对中国的中国的历史启示[J].上海财经大学学报，2011，13（5）：11-17

[62]常静竹.日本文化产业政策及对我国的启示[D].河北：河北大学硕士学位论文，2013

[63]唐向红，李冰.日本文化产业的国际竞争力及其前景[J].现代日本经济，2012（4）：48-55

[64]庄严.日本文化产业制度安排及其创新[J].经济纵横，2013（11）102-109

[65]南银实.韩国文化产业发展战略对中国的启示[D].吉林：延边大学硕士学位论文，2012

[66]徐索菲，李建柱.韩国文化产业振兴举措对我国培育新经济增长点的启示[J].经济纵横，2014（4）：116-120

[67]张颖.文化产业发展与中国文化产业软实力的提升[D].山东：山东大学硕士学位论文，2012

[68]顾江.中国文化产业发展的机遇与挑战[J].人民论坛，2011（12）：36-37

[69]陈宪良.中国文化产业发展现状分析[J].黑龙江社会科学，2013（6）：48-53

[70]李怀亮，方英.国际文化市场报告[M].北京：首都经济贸易大学出版社，2014

[71]张晓明，王家新，张建刚.文化蓝皮书·中国文化产业发展报告（2014）[M].北京：社会科学文献出版社，2014

[72]王卓君.科学发展观指导下的文化创意产业发展研究[D].天津：天津理工大学硕士学位论文，2012

[73]顾江，郭欣茹.科技创新背景下我国文化产业升级路径选择[J].东岳论坛，2010（7）：72-75

[74]赵华.天津市文化产业发展战略研究[D].天津：天津大学硕士学位论文，2012

[75]孙诗雨，高峰，雷鸣.天津文化产业发展现状及问题研究[J].经济视野，2013（30）：183-185

[76]天津市文化体制改革工作领导小组办公室.加快天津文化产业发展的研究报告[J].求知，2011（4）：34-36

[77]郭鹏，高伟.天津发展文化产业的路径及模式选择[J].科学发展.生态文明——天津市社会科学界第九届学术年会，2013：560-567

[78]魏东，刘惠忠，朱司宇.天津市科技支撑文化产业发展现状及对策研究[J].天津经济，2013（8）：25-27

[79]范志杰.发展文化事业促进文化业政策研究[D].北京：财政部财政科学研究所博士学位论文，2013

[80]张亚丽.我国文化产业发展及其路径选择研究[D].吉林：吉林大学博士学位论文，2014

[81]胡静，顾江.中国民族文化产业发展战略与路径选择[J].经济管理，2007（21）：62-65

[82]卢福财，蔡盈洲.把文化产业培育成国民经济支柱产业[N].江西日报，2010-11-15（B03）

[83]王兰兰.关于推进文化产业成为国民经济支柱性产业的研究[J].改革与开放，2013（9）：10-11

[84]自治区重点课题《加快广西文化产业成为支柱性产业对策研究》课题组.加快推动广西文化产业成为国民经济支柱产业的对策建议[J].广西经济，2012（5）：24-26

[85]贾云平.文化产业成为国民经济支柱产业的几点思考[N].南方日报，2011-11-7（F02）

[86]陈玉国，陈子薇.文化产业成为国民经济支柱性产业研究综述[J].河南大学学报，2013（3）：56-60

[87]刘邦凡，冯颜利.加快发展文化产业增强文化产业整体实力和竞争力[J].学习"十八大"精神与河北沿海地区发展论坛，2012：15-30

[88]顾江.作为支柱产业的中国文化产业的发展[J].毛泽东邓小平理论研究，2011（12）：15-18

[89]霍步刚.国外文化产业发展比较研究[D].辽宁：东北财经大学博士学位论文，2009

[90]史征.论文化产业成为国民经济支柱产业的有效路径[J].改革与战略，2012（02）：121-124

[91]刘晓彬.中国工业化中后期文化产业发展研究[D].四川：西南财经大学博士学位论文，2012

[92]影响文化产业发展的诸要素[EB/OL].http://www.chinairn.com/doc/70310/356928.html

[93]天津市现代服务业重点产业三年行动计划汇编（2014—2016年）[EB/OL]. http://www.doc88.com/p-1718511854932.html

[94]曲明慧，郭鹏.天津文化产业品牌建设及策略研究[J].价值工程，2011（35）：113-114

[95]胡慧林，李康化.文化经济学[M].上海：上海交通大学出版社，2006

[96]侯燕.文化产业投资的特点及融资问题研究[J].特区经济.2010（9）

[97]何安瑞.金融支持文化产业的主要障碍——以宝鸡市为例[J].中国金融，2010（9）

[98]贾旭东.文化产业金融政策研究[J].福建论坛（人文社会科学版），2010（6）

[99]向吉英.经济转型期产业成长与产业投资基金研究[M].北京：中国金融出版社，2010

[100]施文俊.产业投资基金投融资模式选择[D].上海：上海社会科学研究院，2012：43-46

[101]刘娜.略论新型文化产业投资基金的构建[J].社会科学家.2011（2）：8-80

[102]王颖.中国文化产业投资基金发展研究[J].哈尔滨商业大学，2014

[103]黄亮.我国文化产业投资基金研究[D].北京:中国艺术研究院博士学位论文，2013

[104]高凌霄.文化产业投融资模式研究[D].湖南：中南大学硕士学位论文，2013：43-46

[105]温秀英.借助文化产业投资基金破解文化企业的投资困境[J].商界论坛，2012（11）：122

后 记

本书稿为天津市社科规划项目——推动天津市文化产业成为国民经济支柱性产业研究（项目编号 TJLJ12-016）的结项报告，历时两年多的辛勤耕耘，终于付梓出版。感谢我的研究生李红、张警予、朱莹、刘爽帮忙查找、整理文献资料，其中张警予撰写了第三章第三节，李红撰写了第十二章第一节法国和德国部分。其余章节由李云娥执笔。

南开大学出版社网址：http://www.nkup.com.cn

投稿电话及邮箱：　022-23504636　　QQ：1760493289
　　　　　　　　　　　　　　　　　　QQ：2046170045(对外合作)
邮购部：　　　　　022-23507092
发行部：　　　　　022-23508339　　Fax：022-23508542

南开教育云：http://www.nkcloud.net

App：南开书店 app

　　南开教育云由南开大学出版社、国家数字出版基地、天津市多媒体教育技术研究会共同开发，主要包括数字出版、数字书店、数字图书馆、数字课堂及数字虚拟校园等内容平台。数字书店提供图书、电子音像产品的在线销售；虚拟校园提供 360 校园实景；数字课堂提供网络多媒体课程及课件、远程双向互动教室和网络会议系统。在线购书可免费使用学习平台，视频教室等扩展功能。